CONTABILIDADE RURAL

O GEN | Grupo Editorial Nacional – maior plataforma editorial brasileira no segmento científico, técnico e profissional – publica conteúdos nas áreas de ciências sociais aplicadas, exatas, humanas, jurídicas e da saúde, além de prover serviços direcionados à educação continuada e à preparação para concursos.

As editoras que integram o GEN, das mais respeitadas no mercado editorial, construíram catálogos inigualáveis, com obras decisivas para a formação acadêmica e o aperfeiçoamento de várias gerações de profissionais e estudantes, tendo se tornado sinônimo de qualidade e seriedade.

A missão do GEN e dos núcleos de conteúdo que o compõem é prover a melhor informação científica e distribuí-la de maneira flexível e conveniente, a preços justos, gerando benefícios e servindo a autores, docentes, livreiros, funcionários, colaboradores e acionistas.

Nosso comportamento ético incondicional e nossa responsabilidade social e ambiental são reforçados pela natureza educacional de nossa atividade e dão sustentabilidade ao crescimento contínuo e à rentabilidade do grupo.

JOSÉ CARLOS MARION

CONTABILIDADE RURAL

AGRÍCOLA, PECUÁRIA E IMPOSTO DE RENDA

15ª EDIÇÃO

- O autor deste livro e a editora empenharam seus melhores esforços para assegurar que as informações e os procedimentos apresentados no texto estejam em acordo com os padrões aceitos à época da publicação, *e todos os dados foram atualizados pelo autor até a data de fechamento do livro.* Entretanto, tendo em conta a evolução das ciências, as atualizações legislativas, as mudanças regulamentares governamentais e o constante fluxo de novas informações sobre os temas que constam do livro, recomendamos enfaticamente que os leitores consultem sempre outras fontes fidedignas, de modo a se certificarem de que as informações contidas no texto estão corretas e de que não houve alterações nas recomendações ou na legislação regulamentadora.

- O autor e a editora se empenharam para citar adequadamente e dar o devido crédito a todos os detentores de direitos autorais de qualquer material utilizado neste livro, dispondo-se a possíveis acertos posteriores caso, inadvertida e involuntariamente, a identificação de algum deles tenha sido omitida.

- **Atendimento ao cliente: (11) 5080-0751 | faleconosco@grupogen.com.br**

- Direitos exclusivos para a língua portuguesa
  Copyright © 2020, 2021 (3ª impressão) by
  Editora Atlas Ltda.
  Uma editora integrante do GEN | Grupo Editorial Nacional
  Travessa do Ouvidor, 11
  Rio de Janeiro – RJ – 20040-040
  www.grupogen.com.br

- Reservados todos os direitos. É proibida a duplicação ou reprodução deste volume, no todo ou em parte, em quaisquer formas ou por quaisquer meios (eletrônico, mecânico, gravação, fotocópia, distribuição pela Internet ou outros), sem permissão, por escrito, da Editora Atlas Ltda.

- Capa: Caio Cardoso
- Imagem de capa: Andrey Dubrovskiy | 123RF
- Editoração eletrônica: Set-up Time Artes Gráficas

- Ficha catalográfica

CIP-BRASIL. CATALOGAÇÃO NA PUBLICAÇÃO
SINDICATO NACIONAL DOS EDITORES DE LIVROS, RJ

M295c
15. ed.

Marion, José Carlos
Contabilidade rural: agrícola, pecuária e imposto de renda / José Carlos Marion. – 15. ed. – [3. Reimpr.]. – São Paulo: Atlas, 2021.

ISBN: 978-85-97-02356-5

1. Contabilidade agrícola. 2. Administração rural. I. Título.

19-61312   CDD: 657.863
                                                                                           CDU: 631.162

Vanessa Mafra Xavier Salgado - Bibliotecária – CRB-7/6644

"Bem-aventurados os que lavam suas vestes no sangue do Cordeiro, para terem parte na *Árvore da Vida* e entrarem na cidade pelas portas."
(Jesus Cristo, em João, Apocalipse, 22,14)

Sobre o autor

José Carlos Marion é mestre, doutor e livre-docente em Contabilidade pela Faculdade de Economia, Administração e Contabilidade da Universidade de São Paulo (FEA/USP). É professor e pesquisador do Mestrado em Contabilidade na Pontifícia Universidade Católica de São Paulo (PUC-SP). Autor/coautor de 29 livros na área contábil.

Prefácio à 15ª edição

Esta obra passou por diversas atualizações. Na 11ª edição, atualizamos o conteúdo conforme a Lei nº 11.941/09. Na 10ª edição, focamos a Lei nº 11.638/07, que veio modernizar a Contabilidade no Brasil, dando-lhe uma perspectiva internacional. Na 8ª edição, enfatizamos o novo Código Civil (Lei nº 10.406 de 10-1-2002), que alterou substancialmente a parte legal das atividades rurais. Na 7ª edição, introduzimos a Demonstração dos Fluxos de Caixa, relatório este que passaria a ser obrigatório a partir de 2008 conforme a Lei nº 11.638/07.

Na 13ª edição, incluímos a principal novidade de todas as alterações na Contabilidade Rural: o CPC 29, que corresponde ao IAS 41, sobre ativos biológicos e produto agrícola. Com isso, o livro sofreu alterações relevantes. Por exemplo, excluímos o Capítulo 3 (Novos Projetos) e introduzimos um novo Capítulo 3 sobre ativos biológicos. A parte introdutória dos ativos biológicos já constava no Capítulo 1 do livro.

Esta 15ª edição foi atualizada de acordo com o Estatuto da Terra, com a revisão do CPC 08 (de 6-11-2016), com a Resolução 2015/NBCT 29 (R2), com alterações do CPC 29 (ativos biológicos), CPC 27, CPC 16 e CPC 01.

Nos Capítulos 1 a 3, contamos com a ajuda preciosa do mestre em Contabilidade pela PUC-SP Douglas Ribeiro (doutorando da FEA-USP), que é pesquisador em Ativos Biológicos.

Nos Capítulos 6 a 10, específicos à pecuária, mantivemos forte ênfase à teoria da Contabilidade, ora privilegiando a Contabilidade Gerencial, ora introduzindo aspectos dos ativos biológicos (CPC 29).

O Capítulo 11 (Imposto de Renda na Agropecuária), por ser um tema que passa por constantes alterações pela legislação tributária, também foi atualizado nesta edição pela equipe da Segato Consultores, de Jundiaí.

Colocamo-nos sempre à disposição para receber contribuições nesta especialização contábil tão relevante para a nossa profissão.

O Autor

Prefácio à 1ª edição

Os livros de Contabilidade Rural

Embora haja no Brasil alguns livros de Contabilidade Agropecuária, Contabilidade Agrária, Contabilidade Agrícola e Contabilidade Rural de excelente qualidade, nota-se que as matérias expostas nesses livros distanciam-se do conteúdo programático de um curso de Contabilidade Agropecuária ou Contabilidade Rural.

A razão por que tal fato acontece é muito simples: por um lado, há preocupação notória dos autores com as peculiaridades do setor agropecuário, estendendo-se em conceitos que abrangem desde economia agrária, legislação agrária, financiamentos, características de mão de obra... até conceitos técnicos de agronomia ou veterinária, deixando de enfatizar a Contabilidade Agrária, que é o objetivo maior do curso.

Por outro lado, esses mesmos autores preocupam-se demasiadamente em fornecer detalhes sobre o processo contábil de determinada atividade agrícola ou determinada criação, em vez de apresentar um raciocínio contábil próprio para a agropecuária, que permita contabilizar qualquer tipo de cultura ou criação, já que o universo é excessivamente amplo para se esgotar caso por caso.

O presente livro

Os argumentos apresentados não invalidam nem depreciam os livros existentes na área, pois, como já foi dito, são de excelente qualidade para as finalidades propostas.

Pretendemos, com este livro, preencher uma lacuna bibliográfica da Contabilidade no Brasil, concentrando o conteúdo programático na Contabilidade e legislação aplicada à Contabilidade (sem preâmbulos) para um curso de Contabilidade Rural.

Os cursos de Contabilidade Rural, normalmente ministrados semestralmente (quando anual, a carga horária é pequena), devem proporcionar aos estudantes de Ciências Contábeis uma aprendizagem suficiente para, pelo menos, se iniciarem na área sem grandes dificuldades.

Não se pretende, por um lado, em tão pouco tempo, num curso de Contabilidade Rural, esgotar o assunto. Também, por outro lado, não se pode aceitar uma abordagem genérica da Atividade Rural (economia, direito, legislação, apanhados técnicos...), sem dar tônica aos fluxos contábeis.

Daí a preocupação em apresentar um conteúdo prático e objetivo, deixando por conta do estudante a decisão de se aprofundar, se julgar necessário, nas peculiaridades econômicas e jurídicas da atividade rural, por meio de outras literaturas.

Conteúdo do livro

Basicamente, o livro é dividido em cinco partes distintas:

- Contabilidade Agrícola (Capítulos 1 a 5);
- Contabilidade da Pecuária (Capítulos 6 a 10);
- Imposto de Renda – Pessoa Jurídica (Capítulo 11);
- O Fluxo de Caixa no Setor Rural (Capítulo 12)

Após rápida e despretensiosa introdução sobre conceitos de atividade e Contabilidade Rural, passa diretamente para a Contabilidade Agrícola; destacam-se as diferenças básicas na contabilização das culturas temporária e permanente, e apresenta-se uma abordagem, ainda que superficial, de novas culturas permanentes em empresas novas e em empresas com outras culturas em andamento. Aborda-se também o tratamento contábil que deve ser dado ao desmatamento, destocamento, e a outros cuidados ao solo para o cultivo.

O Capítulo 4, talvez um dos mais importantes, trata da depreciação na Agropecuária, assunto que, embora fundamental, é pouco tratado na bibliografia da área rural.

Encerrando a parte agrícola, introduz-se um pequeno plano de contas para as empresas agrícolas, bem como são feitos comentários sobre o funcionamento das principais contas (Capítulo 5).

O Capítulo 6 introduz a Contabilidade da Pecuária. No início apresenta-se uma noção geral dos métodos de contabilização e, em seguida, um plano de contas na Contabilidade da Pecuária.

Nos Capítulos 7, 8, 9 e 10 apresenta-se o Capítulo 6 pormenorizadamente: Contabilidade da Pecuária – método de custo, custo na Pecuária e método do valor de mercado.

Faz-se ainda uma abordagem prática do Imposto de Renda aplicado à atividade rural (Capítulo 11). E por fim tratamos a Demonstração dos Fluxos de Caixa.

Pesquisas na Agropecuária

Em 1980 tivemos de optar por um tema para nossa dissertação de mestrado.

Na oportunidade observávamos que profissionais contábeis, técnicos, e mesmo empresários, procuravam o Departamento de Contabilidade e Atuária e a biblioteca da Faculdade de Economia e Administração da USP em busca de subsídios para a

Contabilidade dirigida à Agropecuária. Em nada podíamos ajudar essas pessoas, porquanto nada tínhamos para oferecer.

Inconformados com essa situação, tomamos a ousada decisão de dirigir nossa pesquisa para a Agropecuária, no sentido de desenvolver uma dissertação que não ficasse adormecida nas prateleiras de nossa biblioteca, mas que fosse útil como base de consulta à comunidade empresarial e a profissionais contábeis atuantes na Agropecuária.

Nosso plano, bastante ambicioso para a época, era composto de três fases distintas:

- primeira fase: dissertação de mestrado – Contabilidade da Pecuária;
- segunda fase: livro didático – Contabilidade Rural;
- terceira fase: tese de livre-docência – Contabilidade de Reflorestamento.

Ao iniciarmos a primeira parte da pesquisa, um desânimo muito grande conviveu conosco por algum tempo. A bibliografia nacional, quase inexistente, era inadequada para esse tipo de trabalho (veja a introdução desse prefácio); a bibliografia estrangeira é inadaptável à nossa realidade (imagine o ciclo operacional de um rebanho bovino americano confinado ou uma criação intensiva na Argentina, que não ultrapassa dois anos, em confronto com nossa criação extensiva que, normalmente, ultrapassa quatro anos; ou imagine a mão de obra organizada e valorizada na Grã-Bretanha em comparação com nosso "boia-fria", e assim sucessivamente).

Na pesquisa de campo, na qual pudemos visitar muitas fazendas, graças aos recursos fornecidos pela FAPESP, nada obtivemos de concreto. Os poucos dados que se detectavam eram fechados a "sete chaves". Por fim, restava-nos o último "cartucho para queimar": os escritórios de auditoria. Para nossa surpresa, alguns escritórios que nos abriram as portas nada tinham para oferecer, salvo uma fidelidade excessiva ao "princípio do custo histórico como base de valor", que prejudicava terrivelmente a qualidade dos relatórios contábeis.

Tomando novamente uma injeção de ânimo, partimos para uma metodologia inédita nos meios acadêmicos: sucessivas rodadas de palestras, seminários e cursos por nós ministrados, cujos sustentáculos eram uma razoável base de teoria contábil que suportava nossos argumentos; um pequeno domínio das escassas regras fiscais evidenciadas pelo Imposto de Renda e uma boa dose de humildade para confessar aos participantes desses encontros nossa ignorância no assunto.

Os debates sugeridos nesses encontros com profissionais contábeis e empresários da agropecuária bastante sedentos de conhecer mais profundamente essa área permitiram-nos um aperfeiçoamento e, consequentemente, o estabelecimento de fórmulas simples e objetivas para o exercício da Contabilidade Pecuária e, agora, da Contabilidade Rural.

Com o lançamento deste livro, e conscientes de nossas limitações, com o desejo sincero de contribuir, ainda que superficialmente, para essa sequiosa área da Contabilidade Rural, damos por encerrada a segunda fase do nosso plano de pesquisa.

Ressaltamos, todavia, que nossa pesquisa (nem sei se podemos denominar isto de pesquisa) trata de algo estritamente introdutório e incipiente e deixa enormes lacunas para que companheiros continuem desbravando essa área contábil tão esquecida em nosso país.

Estamos abertos para, dentro das nossas limitações, colaborar, de maneira plena e total, com aqueles que desejarem dar novos passos para o aperfeiçoamento da Contabilidade Rural.

O Autor

Agradecimentos

Todo o meu trabalho, ainda que modesto, tem como suporte algumas colunas (normalmente ocultas) que sustentam e aperfeiçoam as atividades da minha vida, principalmente as profissionais.

A principal coluna, denominada por mim de "fator de equilíbrio", chama-se Marcia Maria, esposa e senhora da minha vida, que dá um toque de poesia e beleza para cada minuto por mim vivido. Se tudo isso não bastasse, a "minha rainha" proporcionou novas colunas, quatro fontes de alegrias: os meus filhos Daniela, Melissa, Arnaldo e Nathan Levi.

Achando que essas dádivas não eram completas, com um gesto de amor e nobreza, ela voluntariamente renunciou à sua atividade profissional para se tornar mãe e esposa, conceitos esses um pouco esquecidos no "desajustado" mundo em que vivemos.

Assim, tenho um lar constituído de vidas preciosas. Sem elas, a minha vida seria vazia, insípida e infértil. Sem elas, não teria a alegria renovada a cada dia, quando volto para casa e sinto a emoção de alguém atirar-se ao meu pescoço, como se há meses não me visse. Sem elas, não poderia testemunhar às pessoas como são maravilhosos o casamento e uma família.

Foi preciso, todavia, um "arquiteto com um amor maior" para construir essas colunas e conservá-las. Seu nome Jesus Cristo, filho de Deus, ao qual eu e minha casa servimos. É ele quem nos dá sua herança maior, o Espírito Santo de Deus, base de toda inspiração e sabedoria que ilumina a nossa atividade. Amém!

Material Suplementar

Este livro conta com os seguintes materiais suplementares:
- Plano de contas completo para uma empresa agropecuária (acesso livre);
- Manual do Mestre (restrito a docentes).

- O acesso ao material suplementar é gratuito. Basta que o leitor se cadastre e faça seu *login* em nosso *site* (www.grupogen.com.br), clicando em GEN-IO, no *menu* superior do lado direito.
- *O acesso ao material suplementar online fica disponível até seis meses após a edição do livro ser retirada do mercado.*
- Caso haja alguma mudança no sistema ou dificuldade de acesso, entre em contato conosco (gendigital@grupogen.com.br).

GEN-IO (GEN | Informação Online) é o ambiente virtual de aprendizagem do GEN | Grupo Editorial Nacional

Sumário

1 **Atividade Rural – Conceitos Básicos, 1**
   1.1   Empresas rurais, 1
        1.1.1   Atividade agrícola, 2
        1.1.2   Atividade zootécnica (criação de animais), 2
        1.1.3   Atividade agroindustrial, 2
   1.2   Contabilidade rural, 3
   1.3   Ano agrícola × exercício social, 3
        1.3.1   Regra geral, 3
        1.3.2   Atividade agrícola, 4
        1.3.3   Produtos agrícolas com colheitas em períodos diferentes, 5
        1.3.4   Atividade pecuária, 5
        1.3.5   Exercício social e imposto de renda, 6
   1.4   Forma jurídica de exploração na agropecuária, 6
        1.4.1   Pessoa física × pessoa jurídica, 6
        1.4.2   Atividade rural no Código Civil, 7
        1.4.3   Associação na exploração da atividade agropecuária (aspectos econômicos e não jurídicos), 8
            1.4.3.1   Investidor agropecuário com a propriedade da terra, 8
            1.4.3.2   Parceria, 8
            1.4.3.3   Arrendamento, 9
            1.4.3.4   Comodato, 9
            1.4.3.5   Condomínio, 9
        1.4.4   Ativos biológicos e produto agrícola, 9
            1.4.4.1   Normas contábeis, 9
            1.4.4.2   Objetivo, 10
            1.4.4.3   Alcance, 10
            1.4.4.4   Algumas definições no CPC 29 com comentários, 11
            1.4.4.5   Exemplos de ativos biológicos no CPC 29, 11
            1.4.4.6   Mensuração do ativo biológico conforme o CPC 29, 12

2 Fluxo Contábil na Atividade Agrícola, 17
- 2.1 Culturas temporárias, 17
  - 2.1.1 Custo × despesa, 18
  - 2.1.2 Colheita, 18
  - 2.1.3 Custo de armazenamento, 19
- 2.2 Culturas permanentes, 21
  - 2.2.1 Tratos culturais (da cultura permanente), 22
  - 2.2.2 Colheita ou produção (da cultura permanente), 23
- 2.3 Alguns comentários sobre cultura permanente, 24
  - 2.3.1 Custos indiretos, 24
  - 2.3.2 Início da depreciação, 26
  - 2.3.3 Perdas extraordinárias (involuntárias), 26
  - 2.3.4 Aumento da vida útil, 26
  - 2.3.5 Contabilização das despesas financeiras, 26
  - 2.3.6 Classificação dos encargos financeiros, 27
  - 2.3.7 Divulgação adicional para ativo biológico cujo valor justo não pode ser mensurado de forma confiável (conforme o CPC 29), 28

3 Ativos Biológicos, 37
- 3.1 Introdução, 37
- 3.2 Métodos de avaliação do ativo, 38
- 3.3 Cultura temporária considerando o valor justo, 39
  - 3.3.1 Exemplo estimando valor justo dos ativos biológicos de uma cultura temporária quando há mercado ativo, 42
- 3.4 Culturas permanentes e outros ativos de longo prazo de maturação, 44
  - 3.4.1 Culturas permanentes e outros ativos de longo prazo de maturação que promovem colheitas sucessivas: plantas portadoras, 44
  - 3.4.2 Culturas permanentes e outros ativos de longo prazo de maturação que promovem uma única colheita final, 46
- 3.5 Mensuração dos ativos biológicos em formação quando não há mercado ativo na condição atual, 46
  - 3.5.1 Fluxo de caixa descontado, 47
  - 3.5.2 Exemplo de fluxo de caixa de ativos florestais replantados, 48
  - 3.5.3 Contabilização do ativo biológico, 48
  - 3.5.4 Aspectos tributários, 50
  - 3.5.5 Exemplo de fluxo de caixa de ativo biológico oriundo de planta portadora, 53

4 Depreciação na Agropecuária, 61
  4.1 Conceitos conforme a teoria da contabilidade, 61
  4.2 Entendimento fiscal (na agropecuária), 62
  4.3 Casos de depreciação, 62
     4.3.1 Cultura agrícola (Ativos Biológicos), 62
     4.3.2 Implementos agrícolas (tratores, máquinas...), 63
        4.3.2.1 Mão de obra não produtiva, 66
     4.3.3 Pecuária (Ativos Biológicos), 66
  4.4 Casos de exaustão, 68
     4.4.1 Florestas e espécies vegetais de menor porte (Ativos Biológicos), 68
     4.4.2 Cana-de-açúcar, 69
     4.4.3 Pastagens, 70
  4.5 Amortização, 71
  4.6 Taxas de depreciação, 71
     4.6.1 Recuperação do Ativo (*Impairment Test*), 74

5 Planificação Contábil na Atividade Agrícola, 79
  5.1 Objetivos, 79
  5.2 Resumo dos principais itens que compõem o balanço patrimonial e a demonstração do resultado do exercício de uma empresa industrial, 80
  5.3 Adequação de alguns itens para empresas agrícolas, 81
     5.3.1 Estoques, 81
     5.3.2 Imobilizado, 83
  5.4 Operacionalização do plano de contas, 84
     5.4.1 Apuração do custo – inventário periódico, 86
     5.4.2 Apuração do custo – inventário permanente, 89
  5.5 Sistema Auxiliar de Contas, 90

6 Contabilidade da Pecuária – Introdução, 97
  6.1 Introdução, 97
  6.2 Tipos de atividade pecuária, 98
  6.3 Classificação do gado no balanço patrimonial, 98
     6.3.1 Gado bovino, 98
     6.3.2 Classificação segundo o Fisco, 99
     6.3.3 Classificação do gado para corte e para reprodução (Ativos Biológicos), 99
  6.4 Curto e longo prazos na pecuária, 100
  6.5 Plano de contas, 100
     6.5.1 Balanço patrimonial, 101

6.5.2 Demonstração do resultado do exercício, 103
6.6 Sistema auxiliar de conta, 104
    6.6.1 Custo de produção, 104
    6.6.2 Outros gastos – fazenda, 105
6.7 Variação patrimonial líquida (Ajustes a Valor Justo), 105
    6.7.1 Nas empresas em geral, 105
    6.7.2 Na pecuária, 106
    6.7.3 Variação patrimonial líquida, 106
    6.7.4 Superveniências ativas × insubsistências ativas (conforme a teoria da contabilidade), 106
6.8 Método de custo × método a valor de mercado (Valor Justo), 107
    6.8.1 Método de custo, 107
    6.8.2 Método a valor de mercado, 108
6.9 Nascimento do bezerro, 110
    6.9.1 Método do valor de mercado, 110
    6.9.2 Métodos de custo, 111

7 Contabilidade da Pecuária – Contabilização pelo Método de Custo, 115
7.1 Conceito, 115
7.2 Técnica para utilização do custo histórico na pecuária (Ativos Biológicos), 116
7.3 Dados para o exemplo (custo histórico), 117
    7.3.1 Durante o ano X1, 117
    7.3.2 Durante o ano X2, 120
    7.3.3 Durante o ano X3, 123
    7.3.4 Durante o ano X4, 126
    7.3.5 Apuração do resultado bruto, 131

8 Custos na Pecuária, 139
8.1 Críticas ao custo histórico utilizado na pecuária, 139
8.2 Exceções ao custo histórico aceitas, 140
8.3 Uma proposição de contabilidade na pecuária, 141
8.4 Uma proposição de contabilidade de custos na pecuária, 142
    8.4.1 Necessidade de custo, 142
    8.4.2 Custos extracontábeis, 142
    8.4.3 Custos extracontábeis com correção monetária dos estoques, 143
    8.4.4 Exemplo de custo corrigido, 144

9 Contabilidade da Pecuária – Método de Avaliação pelo Preço de Mercado (Valor Justo), 153

- 9.1 Princípio da realização da receita e da confrontação da despesa, 153
  - 9.1.1 Receita realizada antes da venda, 154
- 9.2 Reconhecimento da receita na pecuária, 155
  - 9.2.1 Ciclo operacional, 155
  - 9.2.2 Crescimento natural, 155
  - 9.2.3 Avaliação de mercado objetiva e estável, 156
  - 9.2.4 Avaliação do bezerro, 157
- 9.3 Reconhecimento da receita na pecuária e repercussão na distribuição de dividendos e no imposto de renda, 157
  - 9.3.1 Dividendos, 157
  - 9.3.2 Imposto de renda, 158
- 9.4 Momento da avaliação, 158
  - 9.4.1 Nascimentos planejados, 158
  - 9.4.2 Avaliação na mudança de categoria (anual), 159
  - 9.4.3 Avaliação na mudança de categoria (semestral), 159
  - 9.4.4 Avaliação na mudança de categoria e no encerramento do balanço, 159
  - 9.4.5 Avaliação no encerramento do balanço, 160
- 9.5 Confrontação da despesa, 160
  - 9.5.1 Provisionamento das despesas de distribuição, 160
- 9.6 Exemplo de contabilidade na pecuária através do estoque avaliado a preço de mercado, 161
  - 9.6.1 Ano X1, 161
  - 9.6.2 Ano X2, 162
  - 9.6.3 Ano X3, 163
- 9.7 Exemplo de Contabilização de Ativos Biológicos conforme o CPC 29, 165
  - 9.7.1 Exemplo 1, 165
  - 9.7.2 Exemplo 2 – Mudança física e mudança de preço, 168

10 Cálculo do Custo do Bezerro, 175

- 10.1 Introdução, 175
- 10.2 Custo médio do rebanho, 176
- 10.3 Custo médio dos reprodutores, 179
- 10.4 Custo específico, 181
- 10.5 Custo corrigido considerando os bezerros a nascer, 181

11 Atividades Rurais – Tratamento Tributário, 189
    11.1   Definição de atividade rural para fins de Imposto de Renda, 189
            11.1.1   Receita da atividade rural, 190
            11.1.2   Resultado da atividade rural, 190
                    11.1.2.1   Resultado da venda de reprodutores ou matrizes, 191
                    11.1.2.2   Resultado da venda do imobilizado, 191
                    11.1.2.3   Alienação da terra nua, 191
    11.2   A importância do planejamento tributário para escolher a forma menos onerosa de pagar imposto de renda, 191
    11.3   Formas de tributação, 191
            11.3.1   Lucro Real, 191
                    11.3.1.1   Incentivos fiscais admitidos às pessoas jurídicas que optam pelo Lucro Real, 193
                    11.3.1.2   Benefício dos bens do ativo não circulante imobilizado, depreciados integralmente, 193
                    11.3.1.3   Custos ou despesas que podem ser atribuídos à atividade rural, 194
                    11.3.1.4   Investimentos que podem ser atribuídos à atividade rural, 195
                    11.3.1.5   Como deverão ser comprovadas as receitas e as despesas de custeio, gastos e investimentos da atividade rural?, 195
                    11.3.1.6   Avaliação de estoques, 195
                    11.3.1.7   Diferimento da receita de avaliação do estoque, 196
                    11.3.1.8   A escrituração das operações relativas a atividade rural, 196
            11.3.2   Lucro Presumido ou Arbitrado, 196
            11.3.3   Simples Nacional, 197
    11.4   Pessoa Física, 199
            11.4.1   Quem se beneficia, 199
            11.4.2   Como calcular o resultado na exploração rural, 200
            11.4.3   Tributação simplificada e parceria, 202
            11.4.4   Prejuízos, 202
            11.4.5   Outras considerações, 202

12 O Fluxo de Caixa no Setor Rural, 209
    12.1   Contabilidade à base do caixa (método de caixa) nos EUA, 209
            12.1.1   Regime de Competência *versus* Caixa, 210

12.2 Demonstração dos fluxos de caixa e sua importância na agropecuária quando integrada com o fluxo econômico, 211
12.3 Estrutura da demonstração dos fluxos de caixa, 212
    12.3.1 Método direto, 213
    12.3.2 Método indireto, 213
12.4 Análise do fluxo de caixa em negócios rurais, 215
    12.4.1 Um exemplo de análise da parte operacional da Demonstração dos Fluxos de Caixa, 218

Bibliografia, 223

Índice Remissivo, 227

Atividade Rural – Conceitos Básicos

 VEJA NESTE CAPÍTULO

- O que é uma empresa rural?
- As diferenças entre atividades agrícola, zootécnica e agroindustrial.
- O que é Contabilidade Rural?
- Como se estabelece o exercício social numa atividade rural, considerando-se o ano agrícola.
- As diferenças entre a exploração da atividade rural na forma de pessoa física e pessoa jurídica.
- Os tipos de sociedades na agropecuária:

  – sociedade empresária: $\begin{cases} \text{autônomo} \\ \text{empresário individual} \\ \text{sociedade empresária} \end{cases}$

  – parcerias, arrendamento, comodato, condomínio
- Ativos biológicos e produto agrícola.

1.1 Empresas rurais

Empresas rurais são aquelas que exploram a capacidade produtiva do solo por meio do cultivo da terra, da criação de animais e da transformação de determinados produtos agrícolas.

O campo de atividades das empresas rurais pode ser dividido em três grupos distintos:

- produção vegetal – atividade agrícola;
- produção animal – atividade zootécnica;
- indústrias rurais – atividade agroindustrial.

1.1.1 Atividade agrícola

Pode ser dividida em dois grandes grupos:

- Culturas hortícola e forrageira:
  - cereais (feijão, soja, arroz, milho, trigo, aveia...);
  - hortaliças (verduras, tomate, pimentão...);
  - tubérculos (batata, mandioca, cenoura...);
  - plantas oleaginosas (mamona, amendoim, menta...);
  - especiarias (cravo, canela...);
  - fibras (algodão, pinho);
  - floricultura, forragens, plantas industriais...
- Arboricultura:
  - florestamento (eucalipto, pinho...);
  - pomares (manga, laranja, maçã...);
  - vinhedos, olivais, seringais etc.

1.1.2 Atividade zootécnica (criação de animais)

- apicultura (criação de abelhas);
- avicultura (criação de aves);
- cunicultura (criação de coelhos);
- pecuária (criação de gado);
- piscicultura (criação de peixes);
- ranicultura (criação de rãs);
- sericicultura (criação do bicho-da-seda);
- outros pequenos animais.

Como o Brasil ostenta um dos maiores rebanhos bovinos do mundo e sua pecuária representa uma atividade econômica de grande relevância, nada mais justo que este livro, além da atividade agrícola, dê ênfase, sobretudo, à atividade pecuária.

Pecuária é a "arte de criar e tratar gado".

Gados "são animais geralmente criados no campo para serviços de lavoura, para consumo doméstico ou para fins industriais e comerciais". Como exemplos de gado podemos citar: bovinos, suínos, caprinos, equinos, ovinos, muares etc.

Entre os tipos de gado, prevalece o bovino, também chamado *gado vacum*. A ele daremos maior atenção neste livro.

1.1.3 Atividade agroindustrial

- beneficiamento do produto agrícola (arroz, café, milho);
- transformação de produtos zootécnicos (mel, laticínios, casulos de seda);

♦ transformação de produtos agrícolas (cana-de-açúcar em álcool etanol, açúcar e aguardente; soja em óleo e farelo; uvas em vinho e vinagre; moagem de trigo e milho).

1.2 Contabilidade rural

A Contabilidade pode ser estudada de modo geral (para todas as empresas) ou particular (aplicada a certo ramo de atividade ou setor da economia).

Quando estudada de forma genérica, a Contabilidade é denominada Contabilidade Geral ou Contabilidade Financeira. Quando aplicada a um ramo específico, normalmente é denominada de acordo com a atividade daquele ramo. Assim, há:

- ♦ Contabilidade Rural: é a Contabilidade Geral aplicada às empresas rurais.
- ♦ Contabilidade Agrícola: é a Contabilidade Geral aplicada às empresas agrícolas.
- ♦ Contabilidade Zootécnica: é a Contabilidade Geral aplicada às empresas que exploram a Zootecnia.
- ♦ Contabilidade da Pecuária: é a Contabilidade Geral aplicada às empresas pecuárias.
- ♦ Contabilidade Agropecuária: é a Contabilidade Geral aplicada às empresas agropecuárias.
- ♦ Contabilidade da Agroindústria: é a Contabilidade Geral aplicada às empresas agroindustriais.

1.3 Ano agrícola × exercício social

1.3.1 Regra geral

Uma pergunta constante na atividade agropecuária é quanto ao término do exercício social: deveria ser encerrado normalmente em 31/12, como ocorre com a maioria das empresas comerciais, industriais e de serviços, coincidindo-se com o ano civil? A resposta é *não*.

Observe-se que as empresas de maneira geral têm receitas e despesas constantes durante os meses do ano, não havendo dificuldade quanto à fixação do mês de encerramento do exercício social para a apuração de resultado. Qualquer mês escolhido refletirá o resultado distribuído de maneira quase equitativa ao longo dos 12 últimos meses.

Daí a opção para o mês de dezembro, não só pelo fato de ser o último mês do ano, mas também pela redução ou até interrupção da atividade operacional, propiciando férias coletivas e, consequentemente, condições mais adequadas para o inventário das mercadorias.

As usinas que produzem açúcar e álcool encerram seu exercício social em 31 de dezembro de cada ano, e as empresas que produzem grãos encerram o exercício em 30 de junho de cada ano, por exemplo.

1.3.2 Atividade agrícola

Na atividade agrícola, porém, a receita concentra-se, normalmente, durante ou logo após a colheita. Ao contrário de outras atividades cuja comercialização se distribui ao longo dos 12 meses, a produção agrícola, essencialmente sazonal, concentra-se em determinado período que pode traduzir-se em alguns dias de um determinado mês do ano.

Ao término da colheita e, quase sempre, da comercialização dessa colheita, temos o encerramento do ano agrícola. Ano agrícola é o período em que se planta, colhe e, normalmente, comercializa-se a safra agrícola. Algumas empresas, em vez de comercializarem o produto, desde que possível, armazenam a safra para obter melhor preço. Nesse caso, considera-se ano agrícola o término da colheita, e a nova safra é normalmente iniciada no início da colheita da safra subsequente. Os estoques da safra anterior que não foram vendidos antes do término da safra são considerados estoques de passagem.

Ora, não existe melhor momento para medir o resultado do período, senão logo após a colheita e sua respectiva comercialização. Não há lógica para se esperar 6, 8 ou mais meses até o final do ano (se a colheita for no início do ano) para mensurar o resultado (lucro ou prejuízo) da safra agrícola.

Evidentemente, a apuração de resultado quando realizada logo após a colheita e a comercialização contribui de forma mais adequada na avaliação do desempenho da safra agrícola; não há por que esperar meses para se conhecer o resultado que é tão importante para a tomada de decisões, sobretudo a respeito do que fazer no novo ano agrícola.

Se o ano agrícola terminar em março, o exercício social poderá ser encerrado em 31/3 ou 30/4, e assim sucessivamente.

Dessa forma, evita-se a cultura em formação, por ocasião da apuração do resultado. Se o exercício social fosse encerrado antes da colheita (defasagem em relação ao ano agrícola), teríamos plantas em crescimento, o que seria difícil de avaliar, e mesmo inadequado.

Imagine-se uma cultura de milho em formação, com 1 metro de altura, a dois meses da colheita. Encerrando-se o exercício social antes da colheita, não se poderia apurar o resultado (não houve ainda venda), embora seja possível estimar o valor econômico potencial dessa cultura em formação por meio da mensuração a valor justo dos ativos biológicos que trataremos adiante. Dessa forma, se realizada, a contabilidade seria de pouca utilidade. Por isso, recomenda-se fixar para após a colheita e a comercialização (término do ano agrícola) o encerramento do ano social.

1.3.3 Produtos agrícolas com colheitas em períodos diferentes

Há empresas que diversificam suas culturas e apresentam colheitas em períodos diferentes no ano.

Nesse caso, recomenda-se que o ano agrícola seja fixado em função da cultura que prevaleça economicamente.

Assim, se a empresa em cultura conjugada planta feijão entre os pés de café, ou milho nas ruas de uva, certamente o período de colheita do café e da uva é que determinará o ano agrícola, mesmo que no seu encerramento haja uma cultura secundária em formação (o que é inevitável). Assim sendo, seria feita a avaliação da cultura em formação, e a avaliação, ainda que não perfeita, não traria grandes distorções à contabilidade, pois o valor apurado não seria relevante em relação à cultura principal.

O mesmo raciocínio é válido para diversas culturas, mesmo que não conjugadas. Assim, se uma atividade tivesse culturas de milho, soja e cana-de-açúcar, simultaneamente, por exemplo, o ano agrícola (consequentemente, o exercício social) seria fixado com base na cultura de maior representatividade econômica.

1.3.4 Atividade pecuária

O período adequado para o encerramento do exercício social, assim como da atividade agrícola, não é o ano civil. O ideal é realizá-lo logo após o nascimento dos bezerros ou do desmame.

De maneira geral, o nascimento de bezerros concentra-se em determinado período do ano.

Há empresas pecuárias que planejam lotes de nascimento para determinados períodos do ano (em virtude de seca e inverno, períodos de pastagem ruim; observe-se que o bezerro inicialmente não pasteja) por meio da inseminação artificial ou da estação de monta[1] planejada, aceleração dos "cios" etc.

Ora, havendo a ocorrência do nascimento de bezerros, a contabilidade por intermédio de relatórios contábeis informará imediatamente aos usuários sobre tal fato. Para tanto, há necessidade do encerramento do exercício social e de confecção do Balanço Patrimonial.

O raciocínio que se deve utilizar aqui é o mesmo utilizado para a colheita agrícola. Nesse caso, todavia, o bezerro será o "fruto", o produto final que valoriza o patrimônio da empresa.

Logicamente, as empresas que não planejam períodos de nascimentos terão dificuldades na fixação do mês de encerramento, porquanto os nascimentos se espalham ao longo do ano. Mesmo assim, existirá uma concentração de nascimentos que determinará o mês do término do exercício social.

---

[1] Período de cruzamento de touro e vaca.

Há empresas pecuárias que fixam o exercício social com base no mês seguinte em que concentram a venda das reses para o frigorífico. Esse critério é igualmente válido quanto ao nascimento dos bezerros.

1.3.5 Exercício social e imposto de renda

Com o advento da Lei nº 7.450/85, o Imposto de Renda tornou-se obrigatório para todas as empresas, o exercício social coincidindo com o ano civil, ou seja, de 1º/1 a 31/12.

Essa imposição veio trazer sérios prejuízos à contabilidade rural, já que esse setor, necessariamente, deveria ter seu exercício social coincidente com o ano agrícola, para avaliar de forma melhor o desempenho da empresa. No entanto, esse requerimento é somente para apuração dos tributos sobre o lucro.

Ressaltamos que nada impede que se faça de acordo com o que descrevemos nos itens anteriores para fins societários, o que gerencialmente será de extrema relevância.

1.4 Forma jurídica de exploração na agropecuária

1.4.1 Pessoa física × pessoa jurídica

Na atividade rural encontramos as duas formas jurídicas possíveis de exploração com bastante frequência: pessoa física e pessoa jurídica.

Pessoa física é a pessoa natural; é todo ser humano, é todo indivíduo (sem nenhuma exceção). A existência da pessoa física termina com a morte.

Pessoa jurídica é a união de indivíduos que por meio de um trato reconhecido por lei formam uma nova pessoa, com personalidade distinta da de seus membros. As pessoas jurídicas podem ter fins lucrativos (empresas industriais, comerciais etc.) ou não (cooperativas, associações culturais, religiosas etc.). Normalmente, as pessoas jurídicas denominam-se empresas.

No Brasil prevalece ainda a exploração na forma de pessoa física, por julgar-se que seja menos onerosa que a de pessoa jurídica. Essa premissa pode ser verdadeira para pequenas atividades, pois pode proporcionar mais vantagens de ordem fiscal.

As pessoas físicas tidas como pequenos e médios produtores rurais[2] não precisam para fins de Imposto de Renda fazer escrituração regular em livros contábeis, e podem utilizar apenas um livro-caixa e efetuar uma escrituração simplificada, embora seja requerida.

Todavia, as pessoas físicas tidas como grandes produtores rurais serão equiparadas às pessoas jurídicas para fins contábeis, devendo fazer escrituração regular por intermédio de profissional contábil qualificado, utilizando como base o método das

---

[2] O conceito de pequeno, médio e grande produtor rural é fixado conforme a Receita Bruta (Vendas), cujo montante é fixado pelo Imposto de Renda (veja Capítulo 11).

partidas dobradas (lançamentos a débito e a crédito, simultaneamente). Evidentemente, a tônica deste livro será para a contabilidade de pessoas jurídicas e para pessoas físicas equiparadas às jurídicas, que possuem suas demonstrações contábeis elaboradas de acordo com o regime de competência.

1.4.2 Atividade rural no Código Civil

Até 2002, as sociedades eram divididas em sociedade comercial e sociedade civil. A partir do início de 2003, entra em cena o atual Código Civil, que revoga a primeira parte do Código Comercial Brasileiro de 1850.

O atual Código Civil define o termo **empresário** como aquele que exerce profissionalmente atividade econômica organizada para produção ou circulação de bens ou serviços. Assim, o produtor rural passa a ser chamado de empresário rural em função da definição mencionada, desde que se inscreva na Junta Comercial. Não se inscrevendo na Junta Comercial, ele será um *produtor rural autônomo*.

Em relação à sociedade, o atual Código Civil considera **sociedade empresária** quando pessoas celebram contrato, e reciprocamente se obrigam a contribuir com bens e serviços para o exercício de atividade econômica, e a partilha, entre si, dos resultados. Assim, a expressão *sociedade empresária* substitui a expressão anterior (*sociedade comercial*). Dessa forma, a *sociedade rural* (quando houver a união de duas ou mais pessoas) passa a ser vista como uma sociedade empresária.

De maneira geral, conforme o atual código, o empresário, cuja atividade rural constitua sua principal profissão, pode exercer essa atividade nas seguintes formas jurídicas:

- Autônomo, sem registro na Junta Comercial.
- Empresário Individual, quando inscrito na Junta Comercial (é optativo conforme art. 971 do Código Civil).
- Sociedade Empresária, inscrita na Junta Comercial (na forma de sociedade limitada, ou sociedade anônima etc.).

O Código Civil diz que a lei assegurará tratamento favorecido, diferenciado e simplificado ao empresário rural quanto à inscrição e aos efeitos daí decorrentes. Nesse caso, não haveria necessidade de contabilista, escrituração (...) como descrito na legislação tributária (Imposto de Renda).

Por fim, o Código Civil diz que não se considera empresário quem exerce profissão intelectual de natureza científica, literária ou artística. Essas atividades anteriormente eram tratadas como civis. Assim, quando sociedade, eram tratadas como *sociedade civil*, hoje denominada "simples". Dessa forma, a sociedade empresária na atividade rural não poderá ser na forma de simples.

1.4.3 Associação na exploração da atividade agropecuária (aspectos econômicos e não jurídicos)

Nas explorações agropecuárias, encontram-se dois tipos de investimentos:

- *Capital fundiário*: terra, edifícios e edificações rurais, benfeitorias e melhoramentos na terra, cultura permanente, pastos etc. São todos recursos fixos, vinculados à terra, e dela não retiráveis. O capital fundiário, na agropecuária, representa aquilo que nas indústrias transformadoras corresponde aos edifícios e seus anexos.
- *Capital de exercício* (capital operacional, ou capital de trabalho): gado para reprodução, animais de trabalho, equipamentos, trator etc. É o instrumental necessário para o funcionamento do negócio. Esse capital pode ser permanente (não se destina à venda, de vida útil longa), ou circulante, ou de giro (recursos financeiros e valores que serão transformados em dinheiro ou consumidos a curto prazo).

Observam-se também duas personalidades economicamente distintas nas associações dos capitais fundiário e de exercício na atividade agropecuária:

- O proprietário da terra, que participa no negócio com o capital fundiário.
- O empresário, que participa com o capital de exercício, explorando o negócio agropecuário independentemente de ser ou não proprietário da terra.

A partir das combinações dessas duas personalidades, observam-se as formas de associação nas explorações agropecuárias enumeradas a seguir.

1.4.3.1 Investidor agropecuário com a propriedade da terra

Neste caso, somam-se os capitais fundiário e de exercício, isto é, o proprietário da terra também a utiliza, na condução do negócio agropecuário. O proprietário investe em capital de exercício e administra seus negócios.

1.4.3.2 Parceria

Ocorre parceria quando o proprietário da terra contribui no negócio com o capital fundiário e associa-se a terceiros em forma de parceria, que contribuem com o capital de exercício. A parceria está estabelecida no Estatuto da Terra que determina que os parceiros compartilhem os riscos e benefícios da atividade rural. Assim, somente há divisão dos lucros se a atividade tiver sucesso. A definição do percentual de cada parceiro é negociada, mas limitada por lei entre 20% e 75%, a depender da forma de parceria.

Esse tipo de associação assemelha-se a uma sociedade de capital e indústria, em que há duas espécies de sócios:

- **Parceiro outorgante** (proprietário): entra com a propriedade;
- **Parceiro outorgado**: entra com investimento, execução do trabalho e gerência do negócio.

1.4.3.3 Arrendamento

Quando o proprietário da terra aluga seu capital fundiário (dificilmente aluga o capital de exercício) por determinado período a um empresário, tem-se o que se chama Sistema de Arrendamento. O arrendador recebe do arrendatário uma retribuição certa, que é o aluguel. O recebimento do arrendador independe da produção, mas pela disponibilização do capital fundiário (propriedade).

1.4.3.4 Comodato

Empréstimo gratuito, em virtude do qual uma das partes cede por empréstimo para que se use pelo tempo e nas condições preestabelecidas. Nesse caso, o proprietário cede seu capital sem nada receber do comodatário.

1.4.3.5 Condomínio

É a propriedade em comum, ou a copropriedade, em que os condôminos proprietários compartilham dos riscos e dos resultados, da mesma forma que a parceria, na proporção da parte que lhes cabe no condomínio, normalmente estabelecida na produção de cada safra.

1.4.4 Ativos biológicos e produto agrícola

1.4.4.1 Normas contábeis

O Comitê de Pronunciamentos Contábeis (CPC), no Pronunciamento Técnico CPC 29 sobre ativo biológico e produto agrícola, foi aprovado pela Deliberação CVM nº 569/09 e entrou em vigor na data da sua publicação no *Diário Oficial da União*, aplicando-se, inclusive, no que se refere à revogação de que trata o item II, aos exercícios encerrados a partir de dezembro de 2010 e às demonstrações financeiras de 2009, que foram divulgadas em conjunto com as demonstrações de 2010 para fins de comparação.

Aprovado pela Resolução CFC nº 1.186, de 24 de julho de 2009, entrou em vigor nos exercícios iniciados a partir de 1º de janeiro de 2010, sendo recomendada sua adoção antecipada. A norma internacional correspondente é o IAS 41.

Em 6 de novembro de 2016, foi publicada a Revisão de Pronunciamentos Técnicos 08, que introduziu o conceito de planta portadora e alterou significativamente o registro, mensuração e divulgação das empresas que possuem plantas que geram produtos agrícolas por meio de safras sucessivas, como veremos adiante. Essa alteração foi aprovada pela Resolução 2015/NBCTG29(R2) e aplicável nos exercícios iniciados a partir de 1º de janeiro de 2016. A Revisão CPC 13 também alterou o item 2 do CPC 29.

1.4.4.2 Objetivo

O objetivo deste Pronunciamento (CPC 29) é estabelecer o tratamento contábil e as respectivas divulgações relacionados aos ativos biológicos e aos produtos agrícolas no ponto de colheita.

1.4.4.3 Alcance

1. Este Pronunciamento (CPC 29) deve ser aplicado para contabilizar os seguintes itens relacionados com as atividades agrícolas:

    a) ativos biológicos, exceto plantas portadoras;

    b) produção agrícola no ponto de colheita;

    c) subvenções governamentais relacionadas aos ativos biológicos.

2. Este Pronunciamento (CPC 29) não é aplicável em:

    a) terras relacionadas com atividades agrícolas (Pronunciamentos Técnicos CPC 27 – Ativo Imobilizado e CPC 28 – Propriedade para Investimento);

    b) plantas portadoras relacionadas à atividade agrícola (ver CPC 27). Contudo, este pronunciamento aplica-se ao produto dessas plantas portadoras;

    c) subvenção e assistências governamentais relacionadas às plantas portadoras;

    d) ativos intangíveis relacionados com atividades agrícolas (ver CPC 04 – Ativo Intangível); e

    e) ativos de direito de uso decorrentes de arrendamento de terrenos relacionados à atividade agrícola (ver CPC 06 – Operações de Arrendamento Mercantil).

3. Este Pronunciamento (CPC 29) deve ser aplicado para a *produção agrícola*, assim considerada aquela obtida somente no momento e no ponto de colheita dos produtos advindos dos ativos biológicos da entidade. Após esse momento, o CPC 16 – Estoques, ou outro Pronunciamento Técnico mais adequado, deve ser aplicado. Portanto, este Pronunciamento não trata do processamento dos produtos agrícolas após a colheita, como por exemplo o processamento de uvas para a transformação em vinho por vinícola, mesmo que ela tenha cultivado e colhido a uva. Tais

itens são excluídos deste Pronunciamento, mesmo que seu processamento, após a colheita, possa ser extensão lógica e natural da atividade agrícola, e os eventos possam ter similaridades.

1.4.4.4 Algumas definições no CPC 29 com comentários

- **Atividade agrícola**: refere-se ao gerenciamento da transformação biológica e da colheita de ativos biológicos para venda, e à produção agrícola ou em ativos biológicos adicionais, por uma entidade. A falta de gerenciamento da transformação biológica leva ao não reconhecimento de florestas nativas e peixes ainda não pescados no oceano como ativos biológicos.
- **Ativo biológico**: é definido como um animal ou planta vivos. Embora a planta portadora tenha vida, ela não é considerada ativo biológico na norma contábil.
- **Transformação biológica**: compreende o processo de crescimento, degeneração, produção e procriação que causa mudança qualitativa ou quantitativa em um ativo biológico. O gerenciamento agrícola prevê o controle sobre todas ou parte significativa da transformação biológica.
- **Produção agrícola**: é definida como o produto resultante do ativo biológico no momento da colheita. Embora saibamos que podemos ter produção pecuária como resultado da atividade pecuária.
- **Colheita**: é a extração do produto de um ativo biológico ou a interrupção da vida de um ativo biológico. Considerado o derradeiro instante em que o ativo biológico passa a ser um produto agrícola.

1.4.4.5 Exemplos de ativos biológicos no CPC 29

Ativos biológicos	Produto agrícola	Produtos resultantes do processamento após a colheita
Carneiros	Lã	Fio, tapete
Floresta replantada	Árvore cortada	Tora, madeira serrada, celulose
Plantação	Algodão colhido Cana colhida Café colhido	Fio de algodão, roupa Açúcar, álcool etanol Café limpo em grão, moído, torrado
Gado de leite	Leite	Queijo
Porcos e suínos	Carcaça	Salsicha, presunto, bacon
Arbustos	Folhas	Chá, tabaco

As árvores frutíferas atendem à definição de planta portadora e estão no alcance do CPC 27. O produto da planta portadora enquanto em formação, e fisicamente ligado à planta portadora até o momento da colheita, é considerado ativo biológico (produto agrícola em formação) e está no escopo do CPC 29.

1.4.4.6 Mensuração do ativo biológico conforme o CPC 29

Os ativos biológicos devem ser reconhecidos inicialmente e em períodos subsequentes a cada data de reporte pelo seu *valor justo* menos os custos estimados no ponto de venda, a menos que o valor justo não possa ser mensurado de forma confiável.

A definição de "valor justo" possui uma noção de troca de ativos e saída para passivos:

> "Valor justo, como o preço que seria recebido pela venda de um ativo ou que seria pago pela transferência de um passivo em uma transação não forçada entre participantes do mercado na data de mensuração".

Observação: o processo contábil considerando o Valor Justo será tratado no Capítulo 3, para Produtos Agrícolas em formação, e no Capítulo 5, para Animal.

Todavia, quando a mensuração pelo Valor Justo não for confiável (cujo valor deveria ser determinado pelo mercado, pelo mercado ajustado ou por alguma metodologia de mensuração), o ativo biológico pode ser mensurado ao *custo*, menos qualquer depreciação e perda por irrecuperabilidade acumuladas.

Observação: o processo contábil considerando o custo será tratado no Capítulo 2.

TESTES

Em cada teste há apenas uma alternativa correta. Indique-a.

1. Como exemplo de atividade agrícola, temos:
    - ( ) a) Hortaliças
    - ( ) b) Avicultura
    - ( ) c) Moagem de trigo
    - ( ) d) Metalúrgica

2. Como exemplo da atividade zootécnica, temos:
    - ( ) a) Hortaliças
    - ( ) b) Avicultura
    - ( ) c) Moagem de trigo
    - ( ) d) Metalúrgica

3. Como exemplo da atividade agroindustrial, temos:
   - ( ) a) Hortaliças
   - ( ) b) Avicultura
   - ( ) c) Moagem de trigo
   - ( ) d) Metalúrgica

4. Em relação a Ativos Biológicos, Produto Agrícola e Produtos Resultantes do Processamento após Colheita, podemos considerar respectivamente:
   - ( ) a) Hortaliças, vinho e chá
   - ( ) b) Avicultura, queijo e leite
   - ( ) c) Moagem de trigo, plantas e madeira
   - ( ) d) Ovinocultura, lã e tapete

5. A atividade pecuária:
   - ( ) a) Bovinocultura é ativo biológico
   - ( ) b) Suinocultura não é ativo biológico, pois não se sabe o Valor Justo
   - ( ) c) Caprinocultura não é ativo biológico, pois não é tratado no CPC 29
   - ( ) d) Equinocultura não é ativo biológico, pois não tem Valor de Mercado

6. A Contabilidade Agropecuária é aplicada:
   - ( ) a) Apenas às empresas agrícolas
   - ( ) b) A todas as empresas rurais
   - ( ) c) Apenas às empresas agropecuárias
   - ( ) d) Apenas às empresas zootécnicas

7. A Contabilidade Rural é aplicada, no que tange a ativo biológico:
   - ( ) a) Apenas às empresas agrícolas
   - ( ) b) A todas as atividades rurais definidas no CPC 29
   - ( ) c) Apenas às empresas agropecuárias
   - ( ) d) Apenas às empresas zootécnicas

8. As empresas agropecuárias constituídas na forma de S.A. são:
   - ( ) a) Sociedade de Amigos de Bairro
   - ( ) b) Sociedade camuflada
   - ( ) c) Sociedade empresária
   - ( ) d) Sociedade anormal

9. A fixação do ano agrícola é importante para:
   - ( ) a) Determinar o plano de contas

( ) b) Determinar a atividade operacional
( ) c) Determinar os planos da empresa
( ) d) Determinar o exercício social

10. Em uma atividade agrícola, com diversas culturas em períodos de colheitas diferentes, prevalece o ano agrícola com base em:
    ( ) a) Cultura permanente (cultura que proporciona várias colheitas)
    ( ) b) Cultura temporária (cultura anual, uma só colheita)
    ( ) c) Participação econômica de cada cultura
    ( ) d) Tempo da colheita

EXERCÍCIOS

1. A Fazenda Santo Agostinho S.A. tem diversas culturas com a seguinte participação no faturamento total:

Milho – colheita em novembro/dezembro	8%
Fumo – colheita em abril/maio	10%
Feijão – colheita em março	10%
Uva – colheita em janeiro/fevereiro	22%
Cana-de-açúcar – colheita em março/abril	30%
Café – colheita em julho/agosto	15%
Outras culturas	5%
	100%

   Qual seria o melhor mês para o encerramento do balanço (exercício social) diante da Teoria da Contabilidade?

2. Explique as diferenças básicas na agropecuária, entre:
   a) Conceitos de Contabilidade:
      ♦ Contabilidade Rural
      ♦ Contabilidade Agropecuária
      ♦ Contabilidade Agrícola
      ♦ Contabilidade Agrária
      ♦ Contabilidade Pecuária
   b) Sociedades:
      ♦ Empresária
      ♦ Simples
   c) Forma jurídica de exploração:
      ♦ Pessoa física
      ♦ Pessoa jurídica

d) Capital:
   ♦ Fundiário
   ♦ De exercício
e) Exploração da terra:
   ♦ Parceria
   ♦ Arrendamento

3. Constantino Ribeiro e Ildefonso Cabral resolvem constituir uma atividade agropecuária, cujo objeto social é a produção do sêmen extraído de gado de raça pura. A venda de sêmen acontecerá em qualquer mês do ano, já que serão adquiridos equipamentos de congelamento e armazenamento desse produto. Eles planejam vender anualmente um montante superior a 5.000,00 (pequeno produtor). Se os empreendedores optarem por pessoa jurídica constituirão uma sociedade por cota de responsabilidade limitada, já que essa é menos onerosa, em termos de obrigações sociais, que a sociedade anônima.

   Com base nessas informações, responder às questões:

   a) Pode-se dizer que a atividade será uma empresa rural?
   b) Em que campo de atividade poderia ser enquadrada tal empresa?
   c) Pela teoria da contabilidade, qual seria o melhor período para estabelecer como exercício social?
   d) Para fins contábeis, qual a forma jurídica de exploração recomendada: pessoa física ou jurídica?
   e) Se pessoa jurídica, a empresa será sociedade empresária ou há outras possibilidades?
   f) Se optassem por pessoa física, que tipo de associação os empreendedores poderiam fazer: parceria, arrendamento, comodato ou condomínio?
   g) A produção de sêmen extraído do gado pode ser considerada um ativo biológico?

2

Fluxo Contábil na Atividade Agrícola[1]

 VEJA NESTE CAPÍTULO

- A diferença entre cultura temporária e cultura permanente.
- A diferença entre custo e despesa na agropecuária.
- A contabilização, desde o plantio até a colheita.
- Como se contabiliza o beneficiamento da colheita?
- Quando a cultura é classificada no Imobilizado (Não Circulante) e quando é classificada como estoque (Ativo Circulante).
- Quando se inicia a depreciação das culturas.
- Onde podem ser classificadas as perdas agrícolas (geadas, secas, granizos...)?
- E os custos indiretos na agricultura?

2.1 Culturas temporárias

No que tange à Contabilidade Agrícola, devemos considerar basicamente o tipo de cultura existente: cultura temporária ou cultura permanente (perene ou semiperene).

Culturas temporárias são aquelas sujeitas ao replantio após uma única colheita. Normalmente, o período de vida é curto (menor que 12 meses). Após a colheita, são arrancadas do solo para que seja realizado novo plantio, ou então é realizado o plantio direto na palha. Exemplos: soja, milho, arroz, feijão, batata, legumes... Esse tipo de cultura é também conhecido como anual.

Esses produtos são contabilizados no Ativo Circulante, como se fossem um "Estoque em Andamento" numa indústria, mas são denominados Ativos biológicos

---

[1] Ativo Biológico ao Valor Justo (mercado) será tratado no Capítulo 3.

(produtos agrícolas em formação). Dessa forma, todos os custos serão acumulados em uma subconta com título específico da cultura em formação (arroz, ou trigo, ou alho, ou cebola, ou...) da conta "Culturas Temporárias". Os custos que compõem esta rubrica são: sementes, fertilizantes, mudas, demarcações, mão de obra, encargos, energia elétrica, encargos sociais, combustível, seguro, serviços profissionais, inseticidas, depreciação de tratores e outros imobilizados na cultura em apreço.

Observe-se que, em se tratando de uma *única cultura* (o que é muito raro ocorrer), todos os custos se tornam diretos à cultura, sendo apropriados diretamente. Todavia, existindo várias culturas cultivadas ao mesmo tempo, fato que ocorre com maior frequência para melhor otimização da terra disponível para plantio, há a necessidade do rateio dos custos indiretos, proporcional a cada cultura.

Por ser um ativo biológico, o custo da cultura em formação deve ser comparado ao valor justo em cada data de balanço e a diferença deve ser lançada em subconta de ajuste ao valor justo de ativos biológicos em contrapartida com o resultado operacional (ganho ou perda).

2.1.1 Custo × despesa

Acreditamos ser oportuno um rápido comentário sobre a diferença entre o custo da cultura e a despesa do período para a atividade agrícola.

Por convenção, e para facilitar a comunicação deste assunto, consideram-se *custo de cultura* todos os gastos identificáveis direta ou indiretamente com a cultura (ou produto), como sementes, adubos, mão de obra (direta ou indiretamente), combustível, depreciação de máquinas e equipamentos utilizados na cultura, serviços agronômicos e topográficos etc.

Como *despesa do período*, entendem-se todos os gastos não identificáveis com a cultura, não sendo, portanto, acumulados no estoque (culturas temporárias), mas apropriados como despesa do período. São as despesas de venda (propaganda, comissão de vendedores...), despesas administrativas (honorários dos diretores, pessoal de escritório...) e despesas financeiras (juros, taxas bancárias...).

2.1.2 Colheita

Todo o custo da colheita será acumulado na conta "Cultura Temporária" e, após o término da colheita, essa conta será baixada pelo seu valor de custo somado ao ajuste ao valor justo apurado no momento da colheita, e transferida para uma nova conta, denominada "Produtos Agrícolas", sendo especificado, como subconta, o tipo de produto (soja, milho, batata...).

Embora não se assemelhe a um estoque em formação, mas a um estoque acabado, recolhido ao depósito ou ao armazém, essa conta também compõe o Ativo Circulante.

A essa conta de "Produtos Agrícolas" serão somados todos os custos posteriores à colheita (para acabamento do produto ou para deixá-lo em condições de ser vendido, consumido ou reaplicado, tais como beneficiamentos, acondicionamentos etc.) e todos os custos para manutenção desse estoque: silagem, congelamento etc.

As normas contábeis mencionam que os produtos agrícolas não estão no escopo da norma do CPC 16 – Estoques, mas reconhecem que os produtores de produtos agrícolas podem utilizar o custo ou o valor realizável líquido para mensurar os produtos agrícolas, e os comerciantes de produtos agrícolas *commodities* (*tradings*, cooperativas etc.) podem mensurar os produtos agrícolas pelo valor justo deduzido dos custos de venda. Caso o valor realizável líquido ou o valor justo seja utilizado para mensuração dos produtos agrícolas em estoque, as diferenças entre os custos devem ser lançadas em subcontas, no estoque de cada cultura em contrapartida com o resultado operacional.

À medida que a produção agrícola é vendida, dá-se proporcionalmente baixa na conta "Produtos Agrícolas" e transfere-se o valor de custo para a conta "Custo do Produto Vendido" (resultado), especificando-se o tipo de produto agrícola vendido (trigo, tomate, abóbora...). Dessa forma, haverá o confronto entre a Receita e o Custo do Produto Vendido, podendo-se apurar o Lucro Bruto. (Ver Demonstrativo A.)

2.1.3 Custo de armazenamento

Quando o produto agrícola estiver pronto para venda, totalmente acabado, não devendo sofrer mais nenhuma alteração, será comum, em alguns casos, armazená-lo, no sentido de vendê-lo em momento oportuno, esperando o preço oscilar para cima.

Esses gastos são normalmente tratados como Despesa de Vendas no grupo Despesa Operacional, e não Custo do Produto. Dessa forma, são considerados custo do período, e não do produto.

Todavia, considerando que o produto agrícola pode ficar em estoque para vendas futuras (especulação), algumas vezes ultrapassando um ano, há quem prefira contabilizar o gasto de armazenamento acumulando no custo (estoque), identificando melhor o custo do produto no momento da venda.

Ainda há casos em que os produtos devem ser transportados e beneficiados para que possam estar em condições de serem vendidos no porto após a formação de lotes. Nesses casos, os gastos são acumulados também no custo dos estoques.

DEMONSTRATIVO A

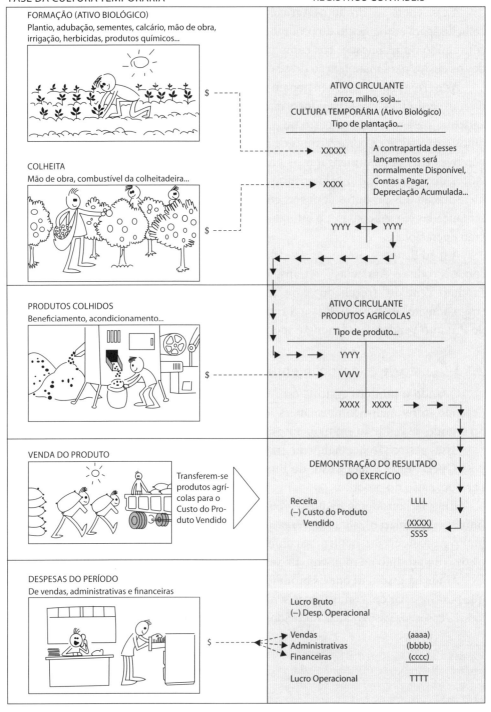

2.2 Culturas permanentes[2]

As culturas permanentes, ou semiperenes, são aquelas que permanecem vinculadas ao solo e proporcionam mais de uma colheita ou produção. Basta a cultura durar mais de um ano e propiciar mais de uma colheita para que ela seja permanente. Exemplos: cana-de-açúcar, citricultura (laranjeira, limoeiro...), cafeicultura, silvicultura (essências florestais, plantações arbóreas), oleicultura (oliveira), praticamente todas as frutas arbóreas (maçã, pera, jaca, jabuticaba, goiaba, uva...).

No caso de cultura permanente, os custos necessários para a formação da cultura serão considerados Ativo Não Circulante – Imobilizado na conta denominada planta portadora. Os principais custos são: adubação, formicidas, forragem, fungicidas, herbicidas, mão de obra, encargos sociais, manutenção, arrendamento de equipamentos e terras, seguro da cultura, preparo do solo, serviços de terceiros, sementes, mudas, irrigação, produtos químicos, depreciação de equipamentos utilizados na cultura etc.

É importante ressaltar que as despesas administrativas e de vendas não compõem o gasto de formação da cultura, mas são apropriadas diretamente como "despesa do período" e não são, portanto, ativadas.

Os custos para formação da cultura são acumulados na conta "Cultura Permanente em Formação", da mesma forma como acontece com a conta "Imobilização em Andamento", ou em curso, em uma indústria.

Dentro da conta "Cultura Permanente em Formação" há subcontas que indicam especificamente o tipo de cultura: café, pastagem, florestamento (araucária, eucaliptos...), guaraná, seringueira etc.

Após a formação da cultura, que pode levar vários anos (antes do primeiro ciclo de produção ou maturidade, ou antes da primeira florada, ou da primeira produção), transfere-se o valor acumulado da conta "Cultura Permanente em Formação" para a conta "Cultura Permanente Formada", identificando-se uma subconta por tipo de cultura específica. Comparando-se tal fato com uma indústria que constrói máquinas para seu próprio uso, estaríamos no estágio em que a máquina está pronta para produzir. Daí por diante, na fase produtiva, os custos compõem o Imobilizado, e são depreciados à medida que a colheita dos produtos agrícolas (frutos) é realizada. A despesa como depreciação é acumulada ao custo dos estoques de produtos agrícolas. Há caso em que a cultura permanente não passa do estágio de cultura em formação para cultura formada, pois, no momento de se considerar acabada, ela é ceifada.

Culturas permanentes normalmente são: cana-de-açúcar, árvores frutíferas, como laranjeira, macieira, limoeiro, palmito, eucalipto quando há condução da rebrota,

---

[2] Com o advento da Lei nº 11.941/09, deixa de existir o subgrupo Ativo Permanente, passando a ser denominado Ativo Não Circulante (incluindo o Realizável a Longo Prazo). Todavia, continuaremos a denominar "Cultura Permanente" aquela cultura que difere da "Cultura Temporária", indicando sua perenidade.

palma e outras culturas extirpadas do solo ou cortadas para brotarem novamente. (Ver Demonstrativo B.) Sobre a cultura de cana-de-açúcar, veja ainda o item 4.2 do Capítulo 4 deste livro.

DEMONSTRATIVO B – PLANTA PORTADORA

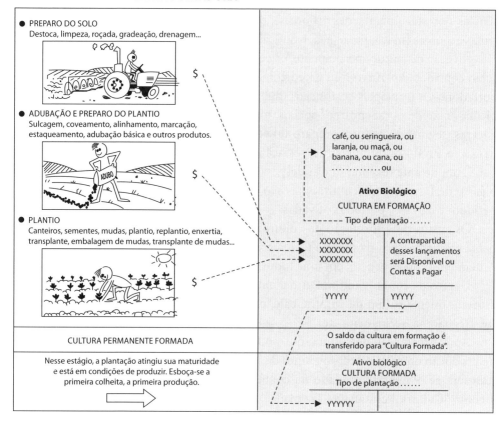

2.2.1 Tratos culturais (da cultura permanente)

Os gastos de tratos culturais incorridos após a maturidade de planta portadora são reconhecidos como custos dos ativos biológicos, representados pelos frutos em formação (produtos agrícolas em formação) que fisicamente estão atrelados à planta portadora.

Esses ativos biológicos são classificados no ativo circulante até o momento da colheita, que normalmente é realizada no período de 12 meses ou menos. Outra característica dos tratos culturais é que eles são realizados anualmente após cada colheita. São necessários para formação dos produtos agrícolas a serem colhidos na safra seguinte. Sem os gastos de tratos culturais, possivelmente não teríamos a safra.

DEMONSTRATIVO B1 – ATIVOS BIOLÓGICOS

Os ativos biológicos devem ser mensurados ao valor justo a cada data de balanço, e no momento da colheita, e a diferença entre o custo é lançada em subconta de ajuste ao valor justo em contrapartida com o resultado operacional (ganho ou perda).

O custo dos ativos biológicos compreende os gastos de tratos culturais (poda, capina, aplicação de herbicida, desbrota, raleação...), produtos químicos (para manutenção da árvore, das flores, dos frutos...), custo com irrigação (energia elétrica, transporte de água, depreciação dos motores...), custo do combate a formigas e outros insetos, seguro da safra, serviços de terceiros etc. durante todo o ciclo de floração, formação e maturação do produto, que normalmente é longo mas menor que 12 meses.

2.2.2 Colheita ou produção (da cultura permanente)

A partir desse momento, a preocupação é com a primeira colheita ou a primeira produção, com sua contabilização e apuração do custo.

A colheita caracteriza-se, portanto, como um Estoque em Andamento, uma produção em formação, destinada à venda. Daí sua classificação no Ativo Circulante.

Pode-se criar uma conta de "Colheita em Andamento", sempre identificando o tipo de produto que foi colhido.

Essa conta é composta de todos os custos necessários para a realização da colheita: mão de obra e respectivos encargos sociais.

Adiciona-se ao custo da colheita a depreciação (ou exaustão) da "Cultura Permanente Formada" (Ativo Biológico), sendo consideradas as quotas anuais compatíveis com o tempo de vida útil de cada cultura. A Depreciação/Exaustão normalmente é o principal item do cálculo do custo da colheita; por isso, ainda neste livro será dado tratamento especial para esse tópico (Capítulo 4).

Se durante a colheita, ou a qualquer momento, forem aplicados recursos à cultura permanente para melhorar a produtividade ao longo dos anos ou aumentar a vida útil da cultura, evidentemente não se deve sobrecarregar a safra do ano, mas o imobilizado, e este ativo será diluído às safras por meio da depreciação (ou exaustão).

Após o término da colheita, transfere-se o total acumulado de "Colheita em Andamento" para "Produtos Agrícolas". Nessa conta são acumulados, se houver, custos de beneficiamentos, de acondicionamentos (embalagens), de silagem etc.

À medida que a produção agrícola é vendida, dá-se proporcionalmente baixa na conta "Produtos Agrícolas" e transfere-se o valor do custo à conta "Custo do Produto Vendido" (resultado do exercício), especificando-se o tipo de produto agrícola vendido (algodão, café, uva...). Dessa forma, haverá o confronto entre a Receita e o Custo do Produto Vendido, podendo-se apurar o Lucro Bruto (ver Demonstrativo C).

2.3 Alguns comentários sobre cultura permanente

2.3.1 Custos indiretos

No período da "Cultura em Formação" (Planta Portadora) como já foi visto, todos os custos voltados para a referida cultura serão acumulados nessa conta, inclusive a depreciação dos bens utilizados, desde a preparação do solo até a maturidade da plantação. Incluem-se também nessa conta os adiantamentos concedidos a fornecedores por conta de fornecimento de adubos, sementes, mudas etc. É evidente que havendo mais culturas os *custos indiretos* deverão ser rateados e apropriados à "Cultura Permanente em Formação" (Planta Portadora), conforme sua atribuição para essa cultura. Assim, considera-se o número de horas que o trator da fazenda destinou especificamente à cultura em análise; o número de horas que determinados funcionários estiveram à disposição da cultura em formação, e assim sucessivamente.

DEMONSTRATIVO C

CULTURA PERMANENTE – COLHEITA ATÉ VENDA — **REGISTROS CONTÁBEIS**

PERÍODO DE FORMAÇÃO DO PRODUTO
(e não da planta que é Ativo Não Circulante)

- PODA/FLORAÇÃO
- HERBICIDA/INSETICIDA
- RALEAÇÃO/DESBASTES
- CUIDADOS AGRONÔMICOS/IRRIGAÇÃO
- COLHEITA

ATIVO CIRCULANTE
COLHEITA EM FORMAÇÃO
Tipo de plantação

XXXX	
XXXX	A contrapartida desses
XXXX	lançamentos será
XXXX	normalmente Disponível,
XXXX	Contas a Pagar,
XXXX	Depreciação Acumulada
YYYY	YYYY

PRODUTOS COLHIDOS
Beneficiamento, acondicionamento...

ATIVO CIRCULANTE
PRODUTOS AGRÍCOLAS
Tipo de produto...

YYYY	
VVVV	
XXXX	XXXX

VENDA DO PRODUTO

Transferem-se Produtos Agrícolas para o Custo do Produto Vendido

DEMONSTRAÇÃO DO RESULTADO DO EXERCÍCIO

Receita LLLL
(–) Custo do Produto Vendido

Lucro Bruto
(–) Desp. Operacional (XXXX)
SSSS

DESPESAS DO PERÍODO
De vendas, administrativas e financeiras

Vendas (aaaa)
Administrativas (bbbb)
Financeiras (cccc)
Lucro Operacional TTTT

2.3.2 Início da depreciação

Enquanto a cultura estiver em formação ela não sofrerá *depreciação* (ou exaustão), já que nesse período não existe perda da capacidade de proporcionar benefícios futuros, mas, muito pelo contrário, essa potencialidade aumenta na proporção do crescimento da planta. A depreciação (ou exaustão), portanto, pode ser iniciada por ocasião da primeira colheita, ou primeira produção.

2.3.3 Perdas extraordinárias (involuntárias)

As culturas, todavia, em formação ou formadas, estão constantemente sujeitas a *perdas extraordinárias* decorrentes de incêndios, geadas, inundação, granizo, tempestades, secas e outros eventos desta natureza. A ocorrência de um desses fatos provoca perda de capacidade parcial e, em alguns casos, até total; deve, sem dúvida, ser baixada do Ativo Não Circulante e ser considerada como perda do período, indo diretamente para o Resultado do Exercício, mesmo que tal perda esteja coberta por seguro, não importando se culturas formadas ou em formação. Essas perdas serão classificadas como Despesas Operacionais.

Normalmente, não se caracterizam perdas extraordinárias as que se apresentarem como simples *frustração ou retardamento de safra* agrícola.

Todavia, tratando-se de perdas normais, inerentes à própria plantação, sendo previsíveis, fazendo parte da expectativa da empresa, farão parte do custo dos produtos agrícolas (não sendo baixado como perda extraordinária).

2.3.4 Aumento da vida útil

No que tange às culturas formadas, saliente-se que os gastos que beneficiam mais de uma safra, ou que aumentam a vida útil da plantação incrementando sua capacidade produtiva, devem ser adicionados ao valor da cultura formada para serem depreciados até o final da vida útil da cultura, ou pelo período que se espera que seja o benefício de aumento da capacidade produtiva.

2.3.5 Contabilização das despesas financeiras

Quando se faz um financiamento para capital de giro, por exemplo, à medida que o tempo for decorrendo (mais comum, mensalmente), vai-se contabilizando a despesa financeira proporcional ao tempo decorrido, independentemente do pagamento dos juros.

Na agropecuária, esses financiamentos para capital de giro denominam-se *financiamentos para custeio*.

Os financiamentos para custeio, de modo geral, visam cobrir uma safra (colheita) específica. A pergunta que normalmente se faz é se as despesas financeiras de um financiamento contraído num *ano agrícola 1* para custear a safra do *ano agrícola 2* devem ser contabilizadas proporcionalmente ao tempo decorrido no ano 1 ou no ano 2, no qual a safra será colhida e vendida.

Alguns entendem que as despesas financeiras, como as despesas do período, deveriam ser contabilizadas proporcionalmente ao tempo decorrido no ano 1 e no ano 2. Esse procedimento traria vantagens fiscais, já que se antecipariam despesas, reduzindo o lucro do ano 1 (reduz Imposto de Renda do ano 1).

Outros preferem contabilizar despesas financeiras no ano 2 para associar a Despesa com a respectiva Receita, propiciando melhor confronto (princípio da Realização da Receita e confrontação da Despesa), considerando que há produtos agrícolas em formação com longo prazo de maturação.

Para manutenção da boa técnica contábil, somos favoráveis à segunda corrente: o perfeito confronto de Receita com Despesa quando isso for possível.

2.3.6 Classificação dos encargos financeiros

Pode haver polêmicas em relação à classificação dos juros referentes aos financiamentos. Se um agricultor tomar um financiamento para o plantio de soja (mão de obra, sementes, fertilizantes etc.), normalmente ele o chamaria de empréstimo para custeio. Onde seriam contabilizados os juros desse empréstimo?

1. Provavelmente o agricultor o colocaria em sua planilha como *Custo*, pois se trata de custeio, custo para o plantio.
2. O contador atualizado em leis o lançaria como *Despesa Operacional ou Resultado Financeiro*, conforme determinação da Lei das S.A.[3]
3. O contador voltado para a globalização lançaria como *Despesa Não Operacional*, conforme fazem alguns países (EUA e outros).
4. O *Contador Gerencial* poderia argumentar que como se trata de Dividendos (remuneração ao Capital Próprio) na Demonstração das Mutações do Patrimônio Líquido como distribuição de lucro (e não despesa) deveria se tratar de Encargos Financeiros (remuneração ao Capital de Terceiros). Nesse caso, não entraria na Demonstração do Resultado do Exercício, mas na Demonstração das Mutações do Patrimônio Líquido.

A pior hipótese para análise gerencial seria a alternativa 1. Jamais deveríamos tratar os encargos financeiros como custo. Imagine um agricultor que teve um custo de $ 600, no plantio de soja, mais encargos financeiros de $ 380 para custear esse plantio. Após a venda por $ 1.000, poderia ser feita a seguinte Demonstração do Resultado do Exercício, considerando que não houve outras despesas:

---

[3] Pela Contabilidade Moderna não é mais necessário (e desaconselhável) separar Despesas Operacionais e Não Operacionais na DRE.

| | Alternativas ||||
DRE	1 Custos	2 Desp. Op.	3 Desp. Não operacionais	4 DLP Acumulados
Receita da Soja	1.000	1.000	1.000	1.000
(–) **Custo do Produto Agrícola**	(980)	(600)	(600)	(600)
Lucro Bruto	20	400	400	400
(–) **Despesa Operacional***	0	380	0	0
Lucro Operacional	20	20	400	400
(–) **Desp. Não Operacional***	0	0	(380)	0
Lucro Antes do Imp. de Renda	20	20	20	400

* Pelas normas internacionais e brasileiras não existem Despesas Não Operacionais.

A alternativa 1 poderia induzir o agricultor a dizer: "Nunca mais vou plantar soja, é um péssimo negócio". Na verdade, o ruim nesse caso é trabalhar com capital de terceiros (financiamento), parecendo ser os juros altos. Além do mais, se optássemos pela alternativa 1, não poderíamos comparar a DRE desse agricultor com a DRE de outro agricultor, pois elas não teriam a mesma base para comparabilidade, o que traria prejuízo para a Contabilidade.

A alternativa 4, ainda que interessante, não seria boa para a publicação das Demonstrações Financeiras, já que fugiria aos padrões da Lei das S.A.

As alternativas 2 e 3 seriam as melhores. Poderíamos dizer que a 3 seria a ideal, pois encargos financeiros referem-se a problemas de capital (ter ou não ter dinheiro) e não ao ramo de atividade (plantar soja ou comercializar sementes).

A prática contábil atual determina que os encargos financeiros incorridos durante o período de formação devem ser reconhecidos no custo da planta portadora até o período em que atinge a maturidade da planta. No caso dos ativos biológicos de longa maturação, trata-se de uma escolha contábil.

2.3.7 Divulgação adicional para ativo biológico cujo valor justo não pode ser mensurado de forma confiável (conforme o CPC 29)

Há casos em que os ativos biológicos não podem ser mensurados a valor justo em sua condição atual, seja porque não possuem qualquer referência de valor por não possuírem mercado ativo, ou por estarem em estágio inicial de formação do fruto. Nesses casos, há possibilidade de mensurar os ativos biológicos pelo custo, embora exista a premissa de que todos os ativos biológicos possam ter a sua mensuração a valor justo.

Se a entidade mensura ativos biológicos pelo custo, menos qualquer depreciação e perda do valor recuperável acumuladas, no final do período deve divulgar:

a) uma descrição dos ativos biológicos;
b) uma explicação da razão pela qual o valor justo não pode ser mensurado de forma confiável;
c) se possível, uma faixa de estimativas dentro da qual existe alta probabilidade de se encontrar o valor justo;
d) o método de depreciação utilizado;
e) a vida útil ou a taxa de depreciação utilizada; e
f) o total bruto e a depreciação acumulada (adicionada da perda por irrecuperabilidade acumulada) no início e no final do período.

Se durante o período corrente a entidade mensura os ativos biológicos ao seu custo menos depreciação e perda do valor recuperável acumuladas, deve divulgar qualquer ganho ou perda reconhecido sobre a venda de tais ativos biológicos, e a conciliação requerida deve evidenciar o total relacionado com tais ativos, separadamente. Adicionalmente, a conciliação deve conter os seguintes montantes, incluídos no resultado e decorrentes daqueles ativos biológicos:

a) perdas irrecuperáveis;
b) reversão de perdas no valor recuperável; e
c) depreciação.

Se o valor justo dos ativos biológicos, previamente mensurados ao custo, menos qualquer depreciação e perda no valor recuperável acumuladas se tornar mensurável de forma confiável durante o período corrente, a entidade deve divulgar (veja Capítulo 3):

a) uma descrição dos ativos biológicos;
b) uma explicação da razão pela qual a mensuração do valor justo se tornou mensurável de forma confiável; e
c) o efeito da mudança.

Independentemente de os ativos serem mensurados ao custo durante o período de formação enquanto estiverem ligados à planta portadora, o valor justo deverá ser mensurado no momento da colheita e reconhecido no custo do produto agrícola.

TESTES

1. Cana-de-açúcar é:
   ( ) a) Cultura temporária
   ( ) b) Cultura em erradicação
   ( ) c) Cultura permanente
   ( ) d) Cultura flutuante

2. Milho é:
   - ( ) a) Cultura temporária
   - ( ) b) Cultura em erradicação
   - ( ) c) Cultura permanente
   - ( ) d) Cultura flutuante

3. Cultura temporária em formação é classificada como:
   - ( ) a) Ativos biológicos
   - ( ) b) Investimento
   - ( ) c) Imobilizado
   - ( ) d) Intangível

4. Cultura permanente em formação é classificada como:
   - ( ) a) Estoque
   - ( ) b) Investimento
   - ( ) c) Imobilizado
   - ( ) d) Intangível

5. Mão de obra de plantio e tratos culturais nas culturas temporárias é:
   - ( ) a) Despesa
   - ( ) b) Custo
   - ( ) c) Perda
   - ( ) d) Patrimônio Líquido

6. Juros de financiamentos agrários são considerados:
   - ( ) a) Despesa
   - ( ) b) Custo
   - ( ) c) Ativo Não Circulante
   - ( ) d) Patrimônio Líquido

7. Cultura permanente formada é considerada:
   - ( ) a) Despesa
   - ( ) b) Custo
   - ( ) c) Ativo Imobilizado
   - ( ) d) Patrimônio Líquido

8. Cultura temporária colhida e não vendida é considerada:
   - ( ) a) Despesa
   - ( ) b) Custo

( ) c) Ativo Circulante
( ) d) Patrimônio Líquido

9. O lucro agropecuário será contabilizado como:
( ) a) Despesa
( ) b) Custo
( ) c) Ativo Realizável a Longo Prazo (Não Circulante)
( ) d) Patrimônio Líquido

10. Inundações, incêndios e geadas são considerados:
( ) a) Custo
( ) b) Perda
( ) c) Despesa
( ) d) Ganho

EXERCÍCIOS

1. A Cia. Milharal prepara muitos hectares para plantar milho doce voltado para produtos alimentícios. Sabendo-se que o ciclo vegetativo do milho não ultrapassa 180 dias, que o período de semeadura será entre setembro e novembro, que o ano agrícola, consequentemente o exercício social, está fixado para 31/3, os custos para a referida cultura foram:

Cultura do Milho → de setembro a janeiro

	Em $
Adubo	58.000
Semente	122.800
Outros custos	36.000
Mão de obra – serviços de terceiros:	
→ lavra, plantação, desbaste, capina, colheita	21.000
› debulha (destacar o grão da espiga)	4.200
→ de janeiro a março	
Armazenamento em paiol (dois meses – aluguel)	6.500

A colheita totalizou 20.400 sacas; em 25/3, a produção foi totalmente vendida, à vista, a $ 20,00 a saca. Considerando-se que todos os custos acima foram à vista, que a empresa contraiu despesas operacionais no período, também à vista, no total de $ 120.060,00, apurar o *Lucro Operacional* do período, sabendo-se que a situação patrimonial ao final de agosto era:

Em $

ATIVO		PASSIVO e PL	
Circulante		*Circulante*	
Disponível	510.000	–	– 0 –
Cultura em formação	– 0 –	*Patrimônio Líquido*	
Produtos agrícolas	25.000	Capital	2.000.000
Não Circulante		Lucros Acumulados	335.000
Imobilizado	1.800.000		
Total	2.335.000	**Total**	2.335.000

Observações:

a) Como neste exercício se solicita apenas o Lucro Operacional, não será feita a Provisão para Imposto de Renda.

Pede-se: contabilizar as operações apresentadas e apresentar as demonstrações financeiras.

b) O estoque de produtos agrícolas no valor de $ 25.000,00 deve permanecer no balanço. Para esse item não se dará tratamento mais aprofundado.

c) Está-se admitindo que não houve depreciação e que todo o Imobilizado é composto de terrenos.

d) Se se quiser descer a um nível de maior detalhe, pode-se abrir uma conta intermediária entre "Cultura em Formação" e "Produtos Agrícolas", com o título "Cultura (ou Produtos) em Beneficiamento", em que se tem o gasto de mão de obra para a debulha.

e) Normalmente, no encerramento do Balanço Patrimonial, o saldo da conta "Cultura em Formação" é zero, pois o balanço é levantado após a colheita (ano agrícola). O mesmo pode ocorrer em situações em que haja cultura secundária em formação por ocasião do término do ano agrícola da cultura principal. Todavia, o valor da cultura em formação deverá ser pouco relevante.

2. A Cia. PUC Agropecuária apresentou os seguintes gastos para a cultura em formação da maçã:

	Em $
Destoca, limpeza do solo	10.800
Adubação e preparo para plantio	1.200
Mudas	6.000
Mão de obra geral	16.000
Tratamento fitossanitário	4.000

Nesse período, o exercício social é encerrado. No período seguinte, há novos gastos:

	Em $
Manutenção da cultura em crescimento	5.000
Mão de obra	12.000
Outros gastos	10.000

Novamente, o período é encerrado.

Está prevista uma colheita anual de maçã durante 20 anos. Na primeira colheita, os gastos sem depreciação foram de $ 38.000.

Evidenciar no grupo Estoque e Imobilizado os dados apresentados, considerando a primeira colheita terminada e não vendida.

3. A Fazenda Grande S.A. apresenta o seguinte Balanço Patrimonial em 31-12-X8:

Em $ mil

ATIVO		PASSIVO	
Circulante		*Circulante*	
Disponível	100	Fornecedores	4.000
Insumos	800	Impostos a Pagar	1.000
Prod. agrícolas	4.000	Contas a Pagar	500
	4.900		5.500
Não Circulante		*Patrimônio Líquido*	
Imobilizado		Capital	20.000
Terras	14.100	Res. Capital	5.000
Cafeeiro	10.000	Res. Legal	1.000
Trator	2.000	Res. Estatutária	2.000
Bens de escritório	4.000	Lucros Acumulados[4]	1.500
	30.100		29.500
Total	**35.000**	**Total**	**35.000**

São efetuadas as seguintes operações a partir de 1º-01-X9:

1) Início do plantio da soja, cujos custos iniciais são:
   - Insumo (constante em estoque) $ 700
   - Adubos adquiridos a prazo $ 1.800
   - Mão de obra paga $ 80
   - Outros custos $ 420

---

[4] Conforme a Lei nº 11.638/07, a conta Lucros Acumulados terá que ter saldo zero no final do exercício para as Sociedades Anônimas.

Para suportar "Outros Custos" foi obtido um empréstimo de $ 500, para pagar em 14-01-X10, com juros totais de 50% ao ano, sendo devolvido junto com o principal.

2) Foi vendida metade da colheita do café à vista, constante no Estoque, por $ 6.000.

3) A empresa iniciou a colheita da próxima safra de café, tendo os seguintes custos:
   - Mão de obra paga $ 1.500
   - Outros custos à vista $ 1.400

4) A depreciação do trator é distribuída: metade para soja e metade para a colheita do café, já que ele é usado na manutenção e na colheita.

5) Os valores brutos do Imobilizado são:

	Terrenos	Cafeeiros	Tratores	Bens de Escritório
Valor Total	14.100	20.000	4.000	5.000
(–) Deprec. Acum.	–	(10.000)	(2.000)	(1.000)
Taxa Deprec.	0	5% a.a.	25% a.a.	10% a.a.

6) As Despesas Operacionais à vista, além dos juros, são:

   Vendas (ocorreram após o item "b" abaixo) 1.200
   Administrativa (não inclui depreciação) 800

   Considerando que a empresa está isenta de Imposto de Renda, pede-se:

   a) Os lançamentos contábeis em razonetes, sabendo-se que os custos finais à vista foram:

   Soja: 1.080
   Café (colheita): 950

   Obs.: a empresa ainda não constituiu nova reserva.

   b) Apurar o Resultado do Período, sendo que 1/3 da soja colhida foi vendida à vista por $ 5.000.

   c) Apresentar o Balanço Patrimonial e a DRE, sabendo-se que não houve mais venda de café, embora a colheita já esteja terminada. A colheita de soja ainda não foi concluída.

7) Compare a Nova Estrutura do Balanço Patrimonial com a anterior:

Ativo (Atual)	Passivo (Atual)
Circulante	**Circulante**
Não Circulante	**Não Circulante**
♦ Realizável a Longo Prazo	**Patrimônio Líquido**
♦ Investimentos	
♦ Imobilizado	
♦ Intangível	

3

Ativos Biológicos[1]

 VEJA NESTE CAPÍTULO

- Métodos de avaliação do ativo.
- Cultura temporária considerando o valor justo.
- Culturas permanentes e outros ativos de longo prazo de maturação.
- Mensuração dos ativos biológicos em formação quando não há mercado ativo na condição atual.
- Fluxo de caixa descontado.
- Contabilização do ativo biológico.

3.1 Introdução

A contabilidade de ativos biológicos abrange tudo aquilo que nasce, cresce e morre, desde as culturas temporárias e permanentes até animais, rebanhos de reprodução e corte.

Com a entrada do Brasil na rota da contabilidade internacional e com a chegada das IFRS (*International Financial Reporting Standards*) editadas pelo CPC (Comitê de Pronunciamentos Contábeis), no caso dos Ativos Biológicos, o CPC 29, o Brasil, com mais de 140 países, passa a praticar um novo modelo contábil na atividade rural.

Considerando que o setor de agronegócios no Brasil é o maior do mundo, tem sido grande o impacto na nossa economia em função dessa nova modalidade do processo contábil.

---

[1] Agradecemos a Douglas Ribeiro, mestre em Contabilidade pela PUC-SP e doutorando nessa área pela FEA-USP, que contribuiu significativamente para este capítulo.

3.2 Métodos de avaliação do ativo

A grande mudança encontra-se na avaliação dos Ativos Biológicos.

O método tradicional de avaliação pelo custo é substituído pelo Valor Justo (Valor de Mercado), considerando que esses ativos crescem e/ou engordam com o passar do tempo.

Dessa forma, Ativos Biológicos estão em constantes mudanças, merecendo contínuas avaliações. Essas avaliações, normalmente positivas, além de aumentar o Ativo, produzem ganho econômico para a entidade, devendo ser reconhecido como Receita na Demonstração de Resultado enquanto o produto não for vendido.

Balanço Patrimonial		
Ativo		**Passivo**
Biológicos	XXXX	
	++++	
	X+X+	
Planta portadora	XXXX	
	++++	
	X+X+	

Demonstração de resultado	
Receita Bruta	
Receita Econômica	++++
(–) Custos	– – – –
Lucro Bruto	+–+–

Os métodos usados para mensuração do valor justo são:

a) mercado: pode ser uma cotação feita no mercado para a *commodity*;
b) se o preço não estiver disponível no mercado, deve-se utilizar preço cotado em mercado não ativo ou preço de mercado ajustado;
c) método de mensuração com base em dados não observáveis como o fluxo de caixa descontado, ou seja, estabelece-se o preço final (data esperada para o desenvolvimento), trazendo-se ao valor presente com uma taxa de desconto.

Normalmente, em qualquer das alternativas a tendência é aumentar o Patrimônio Líquido proporcionalmente, por exemplo, ao desenvolvimento da cultura, crescimento da floresta ou engorda do rebanho. Essa premissa é válida somente para os ativos biológicos, pois a planta portadora tem o seu potencial futuro de geração de benefícios econômicos reduzidos a cada safra, pela colheita.

Pelo método dos custos incorridos na produção (veja Capítulo 2), todos os custos são adicionados ao ciclo de vida do ativo, sendo que o ganho será reconhecido (aumentando o Patrimônio Líquido) só por ocasião da venda.

3.3 Cultura temporária considerando o valor justo

Vamos imaginar a cultura temporária "X" (período de vida curto) que tem valores de mercado bem-definidos.

Inicialmente, contabilizamos o custo do plantio, adubação, sementes, mão de obra etc. Admita que esse valor seja de $ 1.000 (valor hipotético). Ressaltamos que já é um Ativo Biológico.

Custo da Cultura "X" (A. B.)	Caixa/Fornecedores
1.000	1.000

Em um momento seguinte, vamos considerar o Valor Justo desta cultura considerando a área plantada (hectare, por exemplo) e o número médio de sacas a ser colhido pela área; multiplica-se esse número de sacas pelo seu valor de mercado.

Antes do crescimento significativo, portanto, o plantio é avaliado a preço de custo. Já com a cultura em formação, passamos ao Valor Justo (mercado) sendo estimado em $ 1.500. Os custos estimados para a venda são de 5%.

→ **Atualização a Valor de Mercado:**

Ativo Biológico: Custo da Cultura "X"	Ajuste ao Valor Justo
1.000	500

Ativo Biológico: Valor Justo	
500	

→ **Despesas previstas de Vendas: 5% × $ 1.500 = $ 75:**

Ativo Biológico: Valor Justo		Ajuste ao Valor Justo	
500	75	75	500
425			425

→ **Custo de Colheita ($ 100).**

Ativo Biológico: Custo da Cultura "X"		Caixa/Fornecedores	
(si) 1.000			1.000 (si)
100			100
1.100			1.100

Ativo Biológico: Valor Justo		Ajuste ao Valor Justo	
425	100	100	425
325			325

→ O Produto Agrícola colhido de Ativos Biológicos deve ser mensurado ao Valor Justo, menos a despesa de venda, no momento da colheita. No nosso exemplo, admitiremos que o valor de mercado não mudou (hipótese A).

Ativo Biológico: Custo da Cultura "X"		Estoque Prod. Agrícola "X"		Ajuste ao Valor Justo	
1.100	1.100	1.100			325
		325			
		1.425			

Ativo Biológico: Valor Justo	
325	325

→ Venda do Produto Agrícola por $ 1.500 à vista como previsto:

Caixa/Bancos		Vendas		Estoque		Custo Prod. Agríc. Vendido	
(a) 1.500	75 (b)		1.500 (a)	1.425	1.425 (c)	(c) 1.425	

Desp. Vendas	
(b) 75	

Após o encerramento das contas de Resultados, teremos a seguinte DRE:

Demonstração do Resultado do Exercício	
Receita Bruta	1.500
(−) C. P. Ag. Vendido	(1.425)
Ajuste ao valor justo	325
Lucro Bruto	400
(−) Despesa de Vendas	(75)
Lucro na Atividade	325

Vamos admitir numa *hipótese B* que no momento da colheita o Valor Justo seja de $ 1.700; continuam o custo da colheita de $ 100 e as despesas de vendas de $ 10 sobre o adicional ($ 200 × 5%):

Ativo Biológico: Custo da Cultura "X"

(si)	1.000		
(a)	100		
	1.100	1.100	(e)

Ajuste ao Valor Justo

(b)	100	425	(si)
(d)	10	200	(c)
		515	

Caixa/Fornecedores

		1.000	(si)
		100	(a)

Ativo Biológico: Valor Justo

(si)	425	100	(b)
(c)	200	10	(d)
	515	515	(f)

Estoque Prod. Agríc. "X"

(e)	1.100	
(f)	515	
	1.615	

Admita, ainda, que no momento da venda o valor à vista tenha sido de $ 1.750:

Estoque Prod. Agríc. "X"

(si)	1.615	1.615	(h)

Vendas

	1.750	(g)

Custo do Prod. Agríc. Vendido

(h)	1.615	
	1.615	

Caixa e Bancos			Desp. Vendas		Ajuste ao Valor Justo	
(g) 1.750	85	(j)	(j) 85		515	(si)

Após o encerramento das Contas de Resultados, teremos a seguinte DRE:

Receita Bruta	1.750
(–) Custo Prod. Agríc. Vendido	(1.615)
Variação no valor justo	515
Lucro Bruto	650
(–) Despesas de Vendas	(85)
Lucro na Atividade	565

3.3.1 Exemplo estimando valor justo dos ativos biológicos de uma cultura temporária quando há mercado ativo[2]

A entidade Agrícola S.A. que possui lavouras no Mato Grosso do Sul produz e comercializa soja. Os ativos biológicos referem-se ao plantio e cultivo de soja. Os produtos agrícolas são vendidos a terceiros. Conforme requerimentos do Pronunciamento Técnico CPC 29, os ativos biológicos da entidade são mensurados ao valor justo, deduzidos dos custos estimados de venda quando o vegetal atinge crescimento biológico significativo.

Antes do crescimento significativo, os ativos biológicos são mensurados ao custo, que é próximo do valor justo, conforme demonstrado a seguir:

	4º trimestre			1º trimestre			2º trimestre			3º trimestre			4º trimestre		
Setembro	Outubro	Novembro	Dezembro	Janeiro	Fevereiro	Março	Abril	Maio	Junho	Julho	Agosto	Setembro	Outubro	Novembro	Dezembro
Plantio															
	Tratos culturais														
						Colheita									
									Embarques/faturamento						

A entidade determinou que não há crescimento significativo até o enchimento dos grãos, período após o plantio que possibilita a concretização da produtividade da lavoura. Dessa forma, os gastos capitalizáveis incorridos na constituição dos ativos biológicos são reconhecidos:

---

[2] Contribuição de Douglas Ribeiro – Doutorando em Contabilidade pela FEA/USP, atuando como Consultor contábil para entidades no agronegócio.

		Débito	Crédito
D	Ativos biológicos (soja)	$ 5	
C	Caixa (insumos)		$ 5

Após a fase determinada, e até o momento de colheita (período total de aproximadamente 3 a 4 meses), os ativos biológicos são mensurados ao valor justo.

Considerando que há mercado ativo para a soja após colhida e beneficiada, a entidade utiliza os preços no mercado futuro (quando será realizada a colheita) para mensurar o valor justo da soja até a colheita. A entidade considera mais algumas estimativas na determinação do valor justo, quais sejam: custos necessários para que o produto agrícola esteja em condições de venda, custo do arrendamento ou de capital, taxa de desconto e volume de produtividade.

Premissas:

		Janeiro	Fevereiro	Março	Abril	Maio
Entradas de caixa		$ 60	$ 60	$ 60	$ 60	$ 60
Saídas de caixa		$ (35)	$ (35)	$ (35)	$ (35)	$ (35)
Fluxos líquidos		$ 25	$ 25	$ 25	$ 25	$ 25
Taxa de desconto anual	8%					
Valor justo líquido		$ 123				

Valor justo menos a despesa de venda até o momento da colheita:

		Débito	Crédito
D	Ativos biológicos (ajuste ao valor justo)	$ 123	
C	Variação no valor justo dos ativos biológicos (margem bruta)		$ 123

Colheita dos ativos biológicos em 31 de janeiro (houve alteração do valor justo):

		Débito	Crédito
D	Estoque	$ 61	–
C	Variação no valor justo dos ativos biológicos (margem bruta)		$ 1
C	Ativos biológicos		$ 25
C	Custos incorridos		$ 35

O valor justo menos a despesa de venda até o momento da colheita:
Premissas utilizadas:

	31 de dezembro	31 de janeiro
Quantidade a ser colhida em janeiro	10 sacas	10 sacas
Preço realizável em janeiro	$ 6	$ 6,1
Custos	$ 3,5	$ 3,5
Total	$ 25	$ 26

DRE	31 de dezembro	31 de janeiro
Receita líquida, sendo:		$ 61
Soja faturada ($ 6,1 × 10)	–	$ 61
Variação no valor justo dos ativos biológicos	$ 25	–
Custo dos produtos vendidos, sendo:	–	($ 61)
CPV ($ 4 × 10)	–	($ 35)
Variação no valor justo dos ativos biológicos	–	($ 26)
Margem bruta	$ 25	$ 0

Em 31 de janeiro, a margem já reconhecida na receita líquida em 31 de dezembro passa a fazer parte do custo. Venda da soja colhida em 31 de janeiro:

		Débito	Crédito
D	CPV	$ 61	
C	Estoques		$ 61

3.4 Culturas permanentes e outros ativos de longo prazo de maturação[3]

3.4.1 Culturas permanentes e outros ativos de longo prazo de maturação que promovem colheitas sucessivas: plantas portadoras

Culturas permanentes compreendem ativos biológicos que não serão colhidos totalmente e que gerarão produção por vários anos, tais como pomar de frutas (laranja, maçã, limão), palma, coco, cana-de-açúcar, plantações de erva-mate etc.

---

[3] Contribuição de Mauro Quirino, Mestre em Contabilidade pela PUC-SP.

Estes ativos possuem longos prazos para atingir a maturidade, mas propiciam colheitas sucessivas por muitos anos.

A planta portadora é uma planta viva que:

- tem a capacidade, e é utilizada na produção ou fornecimento de produtos agrícolas;
- é cultivada para produzir frutos por mais de um período, ou safras sucessivas e anuais;
- tem uma probabilidade remota de ser vendida como produto agrícola, exceto para venda residual como "sucata". Portanto, o valor da venda da planta portadora não costuma ser relevante quando comparado com a geração de fluxo de caixa dos frutos ao longo de toda a vida útil econômica da planta portadora por meio das colheitas sucessivas.

Admita uma cultura de laranja (permanente) com dez colheitas previstas.

O custo do plantio foi de $ 5.000. Na primeira florada (antes da primeira colheita) houve uma previsão de valor de mercado (valor justo) – trazido a valor presente (Fluxo de Caixa Descontado)[4] de $ 1.000 (para as dez colheitas).

Por ocasião da primeira colheita, dá-se baixa em 10% do Ajuste ao Valor Justo; considere ainda a exaustão e o gasto com colheita.

Caixa			Não Circulante Imobilizado				Circulante Ajuste ao Valor Justo (Ativo)				Circulante Contas a receber	
xxxx	5.000	①	①	5.000	500	④a	③	250	250	④b	⑤ 1.000	
	200	②										
	50	④c										

Circulante Estoques				Ajuste ao Valor Justo (DRE)		CPV			Receita	
④a	500	1.000	⑥	250 ③		⑥ 1.000			1.000	⑤
④b	250									
④c	50									
④d	200									

---

[4] Veja comentários e exemplo de Fluxo de Caixa Descontado no item 4.1.

Ativos Biológicos
   (Circulante)

2	200	200	4d

Legenda:
1 – Custo do plantio de $ 5.000.
2 – Custo de tratos culturais anuais de $ 200
3 – Fluxo de caixa descontado[5] no valor de $ 1.000 referente aos produtos agrícolas em formação (frutos) na primeira avaliação ao valor justo. Neste caso temos que descontar $ 50 de custo do plantio e $ 500 de remuneração da planta portadora.
4 – Exaustão (depreciação) da 1ª colheita ($ 500) + outros custos de $ 50.
5 – Venda da primeira colheita no valor de $ 1.000.
6 – Apuração do custo da primeira colheita.

Após o encerramento das Contas de Resultados, teremos a seguinte DRE:

Receita Bruta	1.000
(–) Custo Prod. Agríc. Vendido	(1.000)
Variação no valor justo	250
Lucro Bruto	250

3.4.2 Culturas permanentes e outros ativos de longo prazo de maturação que promovem uma única colheita final

Alguns ativos biológicos possuem longos prazos de maturação, com ou sem colheitas intermediárias, como florestas replantadas, por exemplo. São considerados ativos biológicos em sua totalidade, e devem ser mensurados a valor justo e contabilizados da mesma forma que apresentamos no item 3.1, já citado.

A única diferença é que a classificação do ativo é não circulante, pois a colheita será realizada em período maior que 12 meses da data do balanço. Entendemos que existe a possibilidade de apresentar a floresta que está próxima ao período de maturidade ou madura no ativo circulante, embora não seja a prática utilizada atualmente pelas empresas do setor.

3.5 Mensuração dos ativos biológicos em formação quando não há mercado ativo na condição atual

Devido à característica de longo prazo dessas culturas e a inexistência de preços durante o período de formação, uma forma adequada de mensuração é o **Fluxo de Caixa Descontado**, pois normalmente não existe mercado para esses ativos, mas

---
[5] Veja item 5 – mensuração do valor justo pelo fluxo de caixa descontado.

apenas para o seu fruto no momento da colheita, ou do produto agrícola beneficiado e disponibilizado no mercado consumidor. Da mesma forma, alguns ativos biológicos de longos prazos de maturação ainda não possuem mercado ativo no momento de avaliação, pois não estão prontos para colheita.

3.5.1 Fluxo de caixa descontado

O conceito básico da avaliação por fluxo de caixa descontado está no cálculo do valor presente dos fluxos de caixa livres que o ativo gerará no futuro. Pelo fato desses fluxos serem gerados em datas futuras distintas, é necessário trazê-los a valor presente por uma taxa de desconto adequada. Essa taxa de desconto será uma função do grau de risco inerente aos fluxos de caixa estimados, com taxas maiores para ativos mais arriscados e taxas menores para projetos mais seguros.

A estimativa do fluxo de caixa futuro e a determinação da taxa de desconto são dois processos críticos e preponderantes na definição da magnitude do valor do ativo. A elaboração do fluxo de caixa envolve a determinação dos seguintes itens:

- volume de produção futura em cada período de vida do ativo;
- preço de venda, que pode ser baseado em valores passados, correntes ou estimativa futura;
- custos de manutenção futura do ativo, que podem ser administrativos, operacionais ou gastos com ativo fixo (planta portadora, máquinas, equipamentos, veículos etc.). Podem ser estimados tomando como base custos passados, correntes ou estimativas futuras;
- despesas para vender o produto resultante do ativo;
- valores residuais.

A taxa de desconto deve ser a mais adequada ao ativo biológico que está sendo avaliado. Uma taxa comumente utilizada é o CMPC (Custo Médio Ponderado do Capital), que é a média ponderada do custo do capital de terceiro (CT) e do capital próprio (CP).

Supondo que uma empresa, para investir em ativo biológico, contraiu empréstimos para financiar 40% desse investimento a um custo de 11% ao ano, e que donos da empresa esperam um retorno de 15% ao ano, então o CMPC será:

CMPC = (% CT × custo do CT × (1 − IR)) + (% CP × custo do CP)
CMPC = (40% × 11%) × (1 − 34%) + (60% × 14%)
CMPC = 11,30%

O IR da equação é a alíquota do imposto de renda, 34%. Os encargos financeiros do empréstimo são dedutíveis no cálculo do imposto de renda e, portanto, o custo efetivo do empréstimo é o percentual contratado menos o percentual do imposto de renda.

Os fluxos de caixa e as taxas de desconto podem ser reais ou nominais. Um fluxo de caixa é real quando não se adicionam os efeitos inflacionários. Da mesma forma, a taxa de desconto também é real quando não se consideram os efeitos inflacionários. Assim, a taxa SELIC, por exemplo, é nominal, pois nela está incluída a inflação. Deve-se sempre manter a coerência entre taxas reais e nominais e fluxos de caixa real e nominal.

Para transformar a taxa calculada anteriormente de nominal para real, pode-se utilizar a seguinte fórmula, considerando-se inflação de 5%:

Taxa real = (1 + Taxa Nominal)/(1 + Inflação)
Taxa real = (1 + 11,30%)/(1 + 5%)
Taxa real = 6,00% ao ano

3.5.2 Exemplo de fluxo de caixa de ativos florestais replantados

Demonstramos a seguir um modelo de fluxo de caixa de ativo biológico florestal.

- Ativo biológico: 10.000 hectares de floresta.
- Idade de colheita das árvores: 7 anos.
- Produção anual: 600.000 metros cúbicos em uma área de 1.429 hectares (10.000/7 anos).
- Preço de venda da madeira: $/m^3: 80,00.

Os valores estão apresentados na forma real sem considerar os efeitos da inflação nas entradas e saídas de caixa. Dessa forma, a taxa de desconto de 6% também é real. Caso o fluxo de caixa fosse inflacionado com 5% de inflação, a taxa de desconto seria de 11,30%, conforme calculado anteriormente.

3.5.3 Contabilização do ativo biológico

O ativo biológico é contabilizado no ativo circulante quando a cultura é de curto prazo, menor que 12 meses. No caso de cultura permanente, todo o valor é contabilizado no ativo não circulante, inclusive a parcela que se espera colher nos próximos 12 meses. A variação no valor do ativo é contabilizada contra o resultado operacional do período.

Cap. 3 • Ativos Biológicos   49

Ano	1	2	3	4	5	6	7
Área em cada ano – hectares	10.000	8.571	7.143	5.714	4.286	2.857	1.429
Vendas	48.000.000	48.000.000	48.000.000	48.000.000	48.000.000	48.000.000	48.000.000
Custo de colheita, transporte a carregamento	– 20.400.000	– 20.400.000	– 20.400.000	– 20.400.000	– 20.400.000	– 20.400.000	– 20.400.000
Estradas para retirada da madeira	– 1.200.000	– 1.200.000	– 1.200.000	– 1.200.000	– 1.200.000	– 1.200.000	– 1.200.000
Custo de manutenção da floresta	– 3.200.000	– 2.742.857	– 2.285.714	– 1.828.571	– 1.371.429	– 914.286	– 457.143
Despesas Administrativas	– 2.000.000	– 2.000.000	– 2.000.000	– 2.000.000	– 2.000.000	– 2.000.000	– 2.000.000
Máquinas e equipamentos florestais		– 2.000.000			– 2.000.000		
Resultado antes do Imposto de Renda	**21.200.000**	**19.657.143**	**22.114.286**	**22.571.429**	**21.028.571**	**23.485.714**	**23.942.857**
Imposto de Renda	– 7.072.000	– 7.072.000	– 7.072.000	– 7.072.000	– 7.072.000	– 7.072.000	– 7.072.000
Resultado líquido	**14.128.000**	**12.585.143**	**15.042.286**	**15.499.429**	**13.956.571**	**16.413.714**	**16.870.857**
Taxa de desconto 6%							
Fator de desconto	0,94340	0,89000	0,83962	0,79209	0,74726	0,70496	0,66506
Valor presente líquido	**13.328.302**	**11.200.732**	**12.629.793**	**12.276.999**	**10.429.162**	**11.571.021**	**11.220.084**
Valor justo	**82.656.093**						

No exemplo apresentado, supondo que no período zero o valor do ativo biológico florestal fosse $ 75 milhões, a variação de $ 7.656.093 seria lançada como aumento do valor do ativo biológico e a contrapartida no resultado do exercício, da seguinte forma:

D. Ativo Não Circulante	Débito	Crédito
Ativo Biológico Florestal	7.656.093	
C. Mudança no valor justo do ativo biológico		7.656.093

Caso ocorresse redução do valor no período, o lançamento envolveria as mesmas contas, mas com crédito no ativo, pela redução do valor.

O CPC 29 sugere ainda que a mudança no valor justo seja separada entre a parte atribuível a mudanças físicas, e a parte atribuível a mudanças de preços.

3.5.4 Aspectos tributários

A Lei nº 11.638, de dezembro de 2007, adotou o padrão internacional de contabilidade para alinhar métodos e critérios contábeis brasileiros àqueles prevalecentes globalmente, aplicáveis aos relatórios financeiros das empresas brasileiras. A Lei também assegura a neutralidade tributária na adoção dos novos critérios. Dessa forma, as alterações no valor do ativo biológico pela mensuração ao valor justo não impactarão o cálculo do Imposto de Renda, mas sim a depreciação e a exaustão, como ocorria anteriormente.

No exemplo anterior, o Imposto de Renda corrente foi calculado da seguinte forma:

Ano	1	2	3	4	5	6	7
Vendas	48.000.000	48.000.000	48.000.000	48.000.000	48.000.000	48.000.000	48.000.000
Custo de colheita, transporte e carregamento	−20.400.000	−20.400.000	−20.400.000	−20.400.000	−20.400.000	−20.400.000	−20.400.000
Estradas para retirada da madeira	−1.200.000	−1.200.000	−1.200.000	−1.200.000	−1.200.000	−1.200.000	−1.200.000
Despesas Administrativas	−2.000.000	−2.000.000	−2.000.000	−2.000.000	−2.000.000	−2.000.000	−2.000.000
Depreciação e exaustão	−3.600.000	−3.600.000	−3.600.000	−3.600.000	−3.600.000	−3.600.000	−3.600.000
Resultado antes do Imposto de Renda	**20.800.000**	**20.800.000**	**20.800.000**	**20.800.000**	**20.800.000**	**20.800.000**	**20.800.000**
Imposto de Renda 34,00%	7.072.000	7.072.000	7.072.000	7.072.000	7.072.000	7.072.000	7.072.000

Gastos com manutenção de floresta não são dedutíveis e incorporarão o valor do ativo para fins fiscais. Serão dedutíveis apenas no momento da colheita, contabilizados como exaustão. Da mesma forma, a aquisição de máquinas e equipamentos representa saída de caixa, mas serão dedutíveis apenas através da depreciação. O cálculo do imposto de renda pode também ser demonstrado da seguinte forma:

Ano	1	2	3	4	5	6	7
Resultado do fluxo de caixa	21.200.000	19.657.143	22.114.286	22.571.429	21.028.571	23.485.714	23.942.857
Custo de manutenção da floresta	3.200.000	2.742.857	2.285.714	1.828.571	1.371.429	914.286	457.143
Máquinas e equipamentos florestais	0	2.000.000	0	0	2.000.000	0	0
Depreciação e exaustão	−3.600.000	−3.600.000	−3.600.000	−3.600.000	−3.600.000	−3.600.000	−3.600.000
Resultado antes do Imposto de Renda	**20.800.000**	**20.800.000**	**20.800.000**	**20.800.000**	**20.800.000**	**20.800.000**	**20.800.000**
Imposto de Renda 34,00%	7.072.000	7.072.000	7.072.000	7.072.000	7.072.000	7.072.000	7.072.000

O imposto de renda corrente calculado no fluxo de caixa descontado não deve ser confundido com os tributos diferidos, imposto de renda e contribuição social sobre o lucro, calculados sobre a diferença entre o custo e o valor justo dos ativos biológicos.

3.5.5 Exemplo de fluxo de caixa de ativo biológico oriundo de planta portadora

A agroindústria ABC Açúcar e Álcool S.A. possui canaviais, e utiliza a cana-de-açúcar para a produção de açúcar e álcool.

A cana-de-açúcar é uma cultura permanente que possui um período de maturação de 12 a 18 meses para o primeiro corte. A soqueira (raiz) tem a capacidade de produzir cana por cinco anos em média. Os cortes da cana em pé são realizados anualmente e a produtividade do canavial é reduzida a cada corte efetuado.

A entidade usa o modelo de valor justo para reconhecer os ativos biológicos, conforme exigido pelo CPC 29 e emite relatórios anualmente. O exercício social da entidade encerra em 31 de março de cada ano.

Abril	Maio	Junho	Julho	Agosto	Setembro	Outubro	Novembro	Dezembro	Janeiro	Fevereiro	Março
Safra – Colheita								Entressafra – Plantio			

Reconhecimento inicial do plantio:

		Débito	Crédito
D	Ativos biológicos (plantio)	$ 100	
C	Caixa (compra dos insumos)		$ 100

Reconhecimento dos tratos culturais:

		Débito	Crédito
D	Ativos biológicos (tratos culturais)	$ 100	
C	Caixa (compra dos insumos)		$ 100

Os gastos capitalizáveis com preparo de solo e plantio que são realizados no estágio inicial de constituição da soqueira (raiz), são adicionados ao ativo imobilizado em formação. Após a conclusão, são transferidos para a lavoura formada.

Os gastos com tratos culturais, realizados após a constituição da soqueira e após cada corte anual, são adicionados ao valor dos ativos biológicos. Os gastos que não fazem parte da formação da lavoura (plantio) ou dos tratos culturais da cana em pé são contabilizados diretamente no resultado quando incorridos.

Valor justo no momento inicial menos custo para colheita na data da emissão do relatório em 31 de março (antes da colheita).

Como não há mercado ativo para a cana-de-açúcar, a agroindústria faz um cálculo de fluxo de caixa descontado para estimar o valor justo. O cálculo é ilustrado da seguinte forma:

Corte	Área (ha)	Ano 1 TCH	Ton. Cana
Cana nova	55	134	7.370
2º corte	50	100	5.000
3º corte	35	92	3.220
4º corte	40	76	3.040
5º corte	50	70	3.500
Total (A)	230		22.130
Entradas de caixa:			
Kgs ATR por ton. (B)			135,46
Valor ATR (C)			0,38
$/ton. cana (E = A × B × C)			1.139.137
Saídas de caixa:			
(–) Corte, carregamento e transporte ($ 20/ton.)			(442.600)
(–) Tratos culturais ($ 800/hectare)			(184.000)
(–) Remuneração da soqueira ($ 900/hectare)			(207.000)
Total (F)			(833.600)
Resultado antes dos impostos sobre o lucro (G = E – F)			305.537
Impostos sobre o lucro (34%)			(103.883)
Fluxos líquidos			201.655
Taxa de desconto ao ano		10%	(18.332)
Valor justo			183.323

Legenda:
ha = hectare
TCH: produtividade do canavial demonstrada através de toneladas de cana por hectare
ATR (açúcar total recuperável): grandeza que demonstra a quantidade de açúcar obtida em uma tonelada de cana-de-açúcar

Notas

- Impostos sobre a venda de cana foram desconsiderados.
- Custo de capital foi desconsiderado.
- Benefício da amortização dos impostos foi desconsiderado.

As áreas são divididas pelo estágio de corte, pois cada estágio possui uma produtividade esperada e fluxos de caixa futuros. Como exemplo, a área que está no quarto estágio de corte significa que três cortes já foram realizados, portanto, a soqueira tem condições de gerar entradas de caixa por mais dois anos (quarto e quinto ano).

Historicamente, a produtividade do canavial é determinada em toneladas de cana por hectare em 134, 100, 92, 76 e 70 do primeiro ao quinto corte, respectivamente. O valor do ATR é determinado através de projeções dos preços do açúcar e do álcool com base na quantidade esperada de produção e preços futuros da bolsa de mercados e futuros, se houver. O valor do ATR também considera qual a quantidade necessária de cana para produção dos insumos.

O custo de corte, carregamento e transporte, foi projetado com base no histórico dos últimos anos e na previsão de gastos com base no planejamento da colheita de cada safra futura. Os tratos culturais foram projetados com base no custo dos insumos utilizados e nos gastos de mão de obra utilizada para aplicá-los à lavoura.

Os tributos sobre o lucro foram apurados conforme a taxa fiscal, e a taxa de desconto utilizada foi a do custo médio ponderado de capital, determinada através de dados do setor sucroalcooleiro.

Reconhecimento do ganho do valor justo na emissão do relatório

Vamos considerar que o total dos gastos incorridos de tratos culturais para constituição da cana em pé (produto agrícola em formação) até a data de emissão do relatório foi $ 150.000,00. O valor líquido no final do ano apurado conforme o fluxo de caixa descontado foi de $ 183.323.

		Débito	Crédito
D	Ativos biológicos (ajuste ao valor justo)	$ 33.323	
C	Resultado do exercício (custo)		$ 33.323

Reconhecimento dos tributos sobre o lucro diferido (34%):

		Débito	Crédito
D	Tributos sobre o lucro (resultado)	$ 11.329	
C	Tributos diferidos (passivo não circulante)		$ 11.329

De acordo com a legislação fiscal brasileira, os gastos dos ativos biológicos devem ser incluídos no resultado tributável no período em que ocorrer a venda. Portanto, a ajuste ao valor justo dos ativos biológicos, eles são considerados diferenças temporárias e devem ter seus efeitos nos tributos diferidos.

Colheita do ativo biológico (transferência de ativos biológicos para estoque):

		Débito	Crédito
D	Estoques (produto agrícola)	$ 183.323	
C	Ativos biológicos		$ 183.323

Antes da contabilização da colheita, o valor justo dos ativos biológicos deve ser atualizado, o que requer implementação de controles internos para apuração do valor justo de cada grupo de ativo biológico no momento da colheita, pois este passa a ser o custo do produto agrícola nos períodos subsequentes.

Esta mensuração é bastante complexa, pois o fluxo de caixa descontado demonstrado anteriormente foi realizado na data de emissão do relatório para apresentação nas demonstrações financeiras com os ativos biológicos agrupados. A colheita é realizada diariamente, e o valor justo dos ativos biológicos deve ser apurado para cada item que está sendo colhido antes de sua entrada nos estoques como produto agrícola.

TESTES

1. Cultura temporária em formação é classificada quando avaliada a mercado:[6]
   - ( ) a) Estoque
   - ( ) b) Investimento
   - ( ) c) Imobilizado
   - ( ) d) Ativo Biológico

2. Cultura permanente em formação é classificada quando avaliada a mercado:[6]
   - ( ) a) Estoque
   - ( ) b) Investimento
   - ( ) c) Imobilizado planta portadora
   - ( ) d) Intangível

3. Mão de obra nas culturas temporárias ao Valor Justo:
   - ( ) a) Despesa
   - ( ) b) Custo, na Conta Ativo Biológico – Circulante

---

[6] Valor Justo.

( ) c) Perda
( ) d) Patrimônio Líquido

4. Juros de financiamentos agrários são considerados:
   ( ) a) Despesa
   ( ) b) Custo
   ( ) c) Ativo Não Circulante
   ( ) d) Patrimônio Líquido

5. Cultura permanente formada é avaliada, quando possível:
   ( ) a) Ativo Biológico a Valor Justo
   ( ) b) Custo
   ( ) c) Ativo Imobilizado em Formação
   ( ) d) Patrimônio Líquido

6. Cultura temporária colhida e não vendida é considerada:
   ( ) a) Ativo Biológico
   ( ) b) Custo na DRE
   ( ) c) Estoque de Produtos Agrícolas
   ( ) d) Patrimônio Líquido

7. O método mais comum para avaliação de Ativos Biológicos a Valor Justo é:
   ( ) a) Fluxo de Caixa Descontado
   ( ) b) Bolsa de Valores
   ( ) c) Bolsa de Chicago
   ( ) d) Tabela de Preço do Governo Federal

8. Ativos Biológicos são:
   ( ) a) Estoque de Produtos Agrícolas
   ( ) b) Somente culturas e animais no Ativo Circulante
   ( ) c) Somente culturas e animais no Ativo Não Circulante
   ( ) d) É tudo aquilo que nasce, cresce e morre (culturas e animais)

9. O lucro agropecuário será considerado:
   ( ) a) Apenas na ocasião da venda
   ( ) b) Por ocasião da avaliação ao Valor Justo
   ( ) c) Ativo Realizável a Longo Prazo (Não Circulante)
   ( ) d) Somente para Ativos a Valor de Custo

10. Inundações, incêndios e geadas são considerados em relação aos Ativos Biológicos:
    ( ) a) Custo
    ( ) b) Perda
    ( ) c) Despesa
    ( ) d) Ganho

EXERCÍCIOS

1. A Cia. Milho Moderno prepara muitos hectares para plantar milho doce voltado para produtos alimentícios. Sabendo-se que o ciclo vegetativo do milho não ultrapassa 180 dias, que o período de semeadura será entre setembro e novembro, que o ano agrícola, e consequentemente o exercício social, está fixado para 31/3, os custos para a referida cultura foram:

    Em 31/12, 3 meses antes do término do Exercício Social, o valor justo era de $ 19,50 por saca e havia uma previsão de 20.000 sacas para serem colhidas.

    Cultura do Milho → de setembro a janeiro

	Em $
Adubo	58.000
Semente	122.800
Outros custos	36.000
Mão de obra – serviços de terceiros:	
→ lavra, plantação, desbaste, capina, colheita	21.000
→ debulha (destacar o grão da espiga)	4.200
→ de janeiro a março	
Armazenamento em paiol (dois meses – aluguel)	6.500

    A colheita totalizou 20.400 sacas. Em 25/3, a produção foi totalmente vendida à vista, a $ 20,00 a saca. Considerando-se que todos os custos citados foram à vista, e que a empresa contraiu despesas operacionais no período, também à vista, no total de $ 120.060,00, apurar o *Lucro da Atividade* do período.

2. A Cia. Macieira apresentou os seguintes gastos para a cultura em formação da maçã:

	Em $
Destoca, limpeza do solo	10.800
Adubação e preparo para plantio	1.200

Mudas 6.000
Mão de obra geral 16.000
Tratamento fitossanitário 4.000

Antes da primeira florada, considerando os produtos agrícolas em formação da próxima safra, ao Fluxo de Caixa Descontado, o Valor Justo do Ativo Biológico é de $ 50.000,00.

Na primeira venda, a Receita a prazo foi de $ 60.000,00, sendo que nessa primeira colheita os gastos sem a depreciação foram de $ 15.000,00 à vista.

Nesse período, o exercício social é encerrado. No período seguinte há novos gastos:

Em $

Manutenção da cultura em crescimento 5.000
Mão de obra 12.000
Outros gastos 10.000

Antes da segunda safra vendida, fazer as contabilizações.

3. A Fazenda Granada S.A. apresenta o seguinte Balanço Patrimonial em 31-12-X8:

Em $ mil

ATIVO		PASSIVO	
Circulante		**Circulante**	
Disponível	100	Fornecedores	4.000
Insumos	800	Impostos a Pagar	1.000
Prod. agrícolas (café em grão)	4.000	Contas a Pagar	500
	4.900		5.500
Não Circulante		**Patrimônio Líquido**	
Imobilizado		Capital	20.000
Terras	14.100	Res. Capital	5.000
Cafeeiro	10.000	Res. Legal	1.000
Trator	2.000	Res. Estatutária	2.000
Bens de escritório	4.000	Lucros Acumulados[7]	1.500
	30.100		29.500
Total	35.000	**Total**	35.000

São efetuadas as seguintes operações a partir de 1º-1-X9:

---
[7] Conforme a Lei nº 11.638/07, a conta Lucros Acumulados deverá ter saldo zero no final do exercício para as Sociedades Anônimas.

1. Início do plantio da soja, cujos custos iniciais são:

Insumo (constante em estoque)	$ 700
Adubos adquiridos a prazo	$ 1.800
Mão de obra paga	$ 80
Outros custos	$ 420

   O valor de mercado (valor justo) da soja é de $ 15.000.

2. No início de X9, a empresa aplica o CPC 29 e constata que seu Ativo Biológico (cafeeiro) deverá ser avaliado a Valor Justo. Para a próxima colheita prevista, o Fluxo de Caixa Descontado para o cafeeiro é de $ 12.000.

3. Foi vendida metade da colheita do café à vista, constante no Estoque, por $ 6.000.

4. A empresa iniciou a colheita da próxima safra de café, tendo os seguintes custos:

Mão de obra paga	$ 1.500
Outros custos à vista	$ 1.400

5. A depreciação do trator é distribuída, sendo metade para soja e metade para a colheita do café, já que ele é usado na manutenção e na colheita.

6. Os valores brutos do Imobilizado são:

	Terrenos	Cafeeiros	Tratores	Bens de Escritório
Valor Total	14.100	20.000	4.000	5.000
(–) Deprec. Acum.	–	(10.000)	(2.000)	(1.000)
Taxa Deprec.	0	5% a.a.	25% a.a.	10% a.a.

7. As Despesas Operacionais à vista, além dos juros, são:

Vendas (ocorreram no item "b" a seguir)	1.200
Administrativa (não inclui depreciação)	800

   Considerando que a empresa está isenta de Imposto de Renda, pede-se:

   a) Os lançamentos contábeis em razonetes, sabendo-se que os custos finais à vista foram:

Soja	1.080
Café (colheita)	950

   Obs.: A empresa ainda não constituiu nova reserva.

   b) Apurar o Resultado do Período, sendo que 1/3 da soja colhida foi vendida à vista por $ 5.000.

   c) Apresentar o Balanço Patrimonial e a DRE, sabendo-se que não houve mais venda de café, embora a colheita já esteja terminada. A colheita de soja ainda não foi concluída.

4

Depreciação na Agropecuária

 VEJA NESTE CAPÍTULO

- As diferenças dos termos depreciação, exaustão e amortização na agropecuária.
- Como se depreciam as plantações que dão frutos: café, laranja... As extirpadas do solo: cana-de-açúcar, palmito, reflorestamento...
- A depreciação dos equipamentos agrícolas e cálculo do custo por hora de um trator.
- Como fazer a depreciação dos touros e das vacas reprodutoras.
- E quanto às pastagens, como fazer?
- Veja as taxas de depreciação, exaustão e amortização na agropecuária.

Algumas divergências existem na utilização dos termos *depreciação*, *exaustão* e *amortização* na Contabilidade Agropecuária. Daí a preocupação de iniciar este capítulo com alguns conceitos.

4.1 Conceitos conforme a teoria da contabilidade

Alkindar de Toledo Ramos, em sua tese de doutoramento (*O Problema da Amortização dos Bens Depreciáveis e as Necessidades Administrativas das Empresas*), sugere que "a amortização, em sentido amplo, seria aplicada a quaisquer tipos de bens do ativo fixo, com vida útil limitada. *Depreciação* seria sinônimo de amortização, em sentido amplo, porém sendo aplicada somente aos bens tangíveis, como máquinas, equipamentos, móveis, utensílios, edifícios etc. *Exaustão* seria sinônimo de amortização em sentido amplo, porém sendo aplicada somente aos recursos naturais exauríveis, como reservas florestais, petrolíferas etc. *Amortização*, em sentido restrito, se confundiria com o seu sentido amplo, mas somente quando aplicada aos bens intangíveis de duração limitada, como as patentes, as benfeitorias em propriedades de terceiros etc."[1]

4.2 Entendimento fiscal (na agropecuária)

Conforme disposições contidas no Parecer Normativo CST nº 18, de 9-4-79, o Fisco dá sua interpretação no caso específico da agricultura, em nada contradizendo os conceitos expostos.

No que tange às culturas permanentes, às florestas ou árvores e a todos os vegetais de menor porte, somente se pode falar em *depreciação* em caso de empreendimento próprio da empresa e do qual serão extraídos os frutos. Nesta hipótese, o custo de aquisição ou formação da cultura é depreciado em tantos anos quantos forem os de produção de frutos. Exemplo: café, laranja, uva etc.

Quando se trata de floresta própria (ou vegetação em geral), o custo de sua aquisição ou formação (excluído o solo) será objeto de quotas de *exaustão*, à medida que seus recursos forem exauridos (esgotados). Aqui, não se tem a extração de frutos, mas a própria árvore é ceifada, cortada ou extraída do solo: reflorestamento, cana-de-açúcar, pastagem etc.

O termo *amortização*, por sua vez, é reservado tecnicamente para os casos de aquisição de direitos sobre empreendimentos de propriedade de terceiros, apropriando-se o custo desses direitos ao longo do período determinado, contratado para a exploração.

4.3 Casos de depreciação

4.3.1 Cultura agrícola (Ativos Biológicos)

Conforme os conceitos apresentados, toda a cultura permanente que produzir frutos (Ativos Biológicos) será alvo de depreciação. Por um lado, a árvore produtora não é extraída do solo; seu produto final é o fruto e não a própria árvore. Um cafeeiro produz grãos de café (frutos), mantendo-se a árvore intacta.

Um canavial, por outro lado, tem sua parte externa extraída (cortada), mantendo-se a parte contida no solo para formar novas árvores.

Segundo esse raciocínio, sobre o cafeeiro incidirá depreciação e sobre o canavial, exaustão.

Assim, cafeeiro, laranjeiras, pereiras, videiras, castanheiras, macieiras, jabuticabeiras, abacateiros, jaqueiras, mamoeiros etc. serão alvos de depreciação.

---
[1] Boletim 54 da FEA/USP – Departamento de Contabilidade e Atuária, 1968.

Na cultura de chá, o desbastamento das folhas é considerado depreciação, pois a folha é o produto final e não a árvore, o caule. O mesmo acontece com a bananeira que, após produzir o cacho de bananas, tem seu tronco cortado; daí, a depreciação.

Uma pergunta natural que pode surgir neste momento é quanto à taxa de depreciação. E ela só pode ser respondida por agrônomos, técnicos em agronomia ou pelos próprios agricultores que conhecem a vida útil ou o número de anos de produção da árvore, que varia não só em função do tipo de solo, clima, manutenção etc., mas também em virtude da qualidade ou tipo de árvore.

Assim, se uma videira tipo niágara rosada, na região de Valinhos – SP, produzir frutos, em média, durante 15 anos, a taxa de depreciação média anual será de 6,67% (100/15 anos), considerando-se taxas constantes (linha reta).

Pode-se também calcular a taxa de depreciação de acordo com a produção estimada da cultura permanente. Admitindo-se colher 1.000.000 de caixas de uva-itália de determinada videira, cuja produção do primeiro ano foi de 70.000 caixas, a depreciação será de 7% (70.000/1.000.000) e variará anualmente. O uso desse método oferece, por um lado, a vantagem de se ter menos custo de depreciação nos anos de safras ruins (já que a taxa é calculada proporcionalmente à produção), de não haver redução excessiva de lucro (ou prejuízo) e de evitar grandes oscilações nos resultados no decorrer de vários anos. Por outro lado, no ano de maior produção a depreciação será maior.

Todavia, fique bem definido que a depreciação passa a incidir sobre a cultura após formada (nunca em formação), a partir da primeira colheita, inclusive.

4.3.2 Implementos agrícolas (tratores, máquinas...)

Uma das dificuldades encontradas para calcular o custo das lavouras ou das safras é o cálculo exato do custo dos equipamentos agrícolas utilizados na cultura agrícola.

Esse item ganhou bastante significado nos últimos tempos em virtude do esforço que se faz para a implantação da mecanização agrícola com o objetivo de melhorar a produtividade na agricultura.

Alguns desvios têm sido cometidos no cálculo do custo pelo uso desses equipamentos. Um deles é atribuir o custo de reposição de peças[2] ou custo por dias parados, por defeito ou quebra, à cultura que na ocasião era beneficiada pelo equipamento. Certamente, a cultura não deveria ser sobrecarregada em virtude da improdutividade ou da reposição de peças do implemento agrícola.

O problema maior, todavia, está no cálculo da depreciação dos implementos agrícolas.

---

[2] A reposição de peças, quando aumenta a vida útil do trator, deve ser ativada (Imobilizado), dando-se baixa como "perda" na peça antiga substituída.

Normalmente se tem cometido o equívoco de calcular a depreciação a uma taxa anual, com critérios fiscais, apropriando-se a depreciação do ano entre as diversas culturas.

Implementos agrícolas como tratores, colhedeiras, aparelhos agrícolas etc. não são utilizados ininterruptamente durante o ano (como normalmente são os equipamentos industriais) em virtude de entressafra, chuvas, geadas, ociosidades etc. Dessa forma, recomenda-se a apropriação da depreciação em decorrência do uso às respectivas culturas ou projetos. Daí a necessidade de se calcular a depreciação por hora, estimado-se um número de horas de trabalho por equipamento, em vez da quantidade de anos de vida útil.

Há quem rejeite essa proposição pela dificuldade de estimativa da vida útil em horas.

No entanto, deve-se consultar o fabricante do equipamento, que normalmente tem condições de estimar a vida útil em horas.

Observa-se, porém, que todas as taxas de depreciação, principalmente as fixadas pelo Imposto de Renda, são estimadas. Quando, por exemplo, a taxa de máquinas é fixada em 10%, nota-se que pode haver desvios significativos: há máquinas cuja vida útil não ultrapassa três anos, enquanto outras ultrapassam dez anos. Isto, sem dúvida, dá um estímulo maior para tais estimativas.

Em vez de se calcular a depreciação de um trator em quatro anos (25% ao ano), como permite o Fisco, na falta de melhores dados, poderemos utilizar padrões para os países em desenvolvimento propostos pelo Programa Cooperativo do Banco Mundial/ FAO,[3] cujas estimativas são:

- tratores de pneus – 8.000 horas aproximadas de trabalho;
- tratores de esteira – 9.000 horas aproximadas de trabalho.

Pressupõe-se que após esse número de horas de trabalho o valor residual desse equipamento seja desprezível.

Há empresas agropecuárias que limitam a vida útil de um trator a um número de horas bastante inferior à vida útil proposta acima, evitando-se assim um ônus elevado de manutenção nos últimos anos de vida útil, já que o trator seria vendido antes da manutenção acentuada. Nesse caso, a fixação de horas de trabalho é mais fácil, porquanto o gerente fixa o limite, por exemplo, de 4.000 horas de trabalho. Atingindo esse marco, o trator seria vendido. Optando-se por essa situação, teríamos de fixar um valor residual, já que o trator terá um "bom" preço de mercado no momento da sua venda.

Dessa forma, o cálculo da depreciação horária do trator ou outros implementos agrícolas seria:

---

[3] SMEYERS, F. (coord.) *Quick cost estimates for use agricultural machinery*. FAO.

$$\frac{\text{Valor do equipamento}[4]}{\text{Número estimado de horas de trabalho}} = \$ \text{ Depreciação p/hora}$$

O cálculo do custo por hora pelo uso do trator é obtido considerando-se as seguintes variáveis:

Depreciação = $\dfrac{\text{Valor do trator}}{8.000 \text{ horas } (9.000 \text{ horas} - \text{esteira})}$ = $ _____

Manutenção e reparos (para não sobrecarregar as culturas específicas, recomenda-se estimar esse dado). Dados aproximados[5]

Trator { Pneus: 1,0 × 1 hora de depreciação; Esteira: 0,8 × 1 hora de depreciação } por hora = $ _____

Combustível – nº de litros por hora × $ ....por litro = $ _____

Outros custos indiretos (lubrificação, seguro, depreciação da oficina...). Calcula-se um percentual sobre a depreciação ou a soma dos custos até o momento = $ _____

Salário por hora do tratorista + encargos sociais = $ _____

Total do custo por hora = $ _____

Custo por hectare

Para calcular o custo por hectare (ou por alqueire), precisamos conhecer o número de horas necessárias para passar o trator num hectare.

Multiplicando-se o número de horas pelo custo de uma hora, temos o custo por hectare.

Normalmente, considera-se para esse cálculo o tempo improdutivo que o trator despende no percurso da oficina ao campo, voltas em torno do campo agrícola, trocas de equipamentos adicionais para a tratoragem etc. Normalmente, o acréscimo de tempo improdutivo sugerido é de 15%. Assim, temos:

Custo por hectare (trator + equipamentos) = {(Custo do trator por hora + Custo do equipamento por hora + salário do tratorista por hora) × Número de horas trabalhadas por hectare} × 1,15

---

[4] Se houver valor residual de venda, reduzir deste montante.

[5] O gasto mais acentuado para o trator de pneus é quanto à reposição de pneus.

O índice de 15%, também estimado, pode ser consideravelmente aumentado para fazendas onde o cultivo é longe da sede, ou onde o trator precisa fazer muitas manobras para o trabalho.

No caso de se depreciar o trator à base de taxa fixa e este trabalhar mais de um turno, a taxa de depreciação será multiplicada por 1,5 para dois turnos, e por 2,0 para três turnos.

4.3.2.1 Mão de obra não produtiva

Como se trata aqui das horas improdutivas do trator, é justo também tratar de mão de obra improdutiva na agropecuária.

É comum na agropecuária a interrupção do trabalho devido à chuva, mau tempo, falta de trabalho etc.

Os tempos ociosos, em virtude da falta de trabalho ou período entre ciclo de produção, ou mesmo por problemas de chuvas, geadas etc., *desde que relevantes*, não deverão sobrecarregar a lavoura em andamento, mas ser acumulados em uma conta "Tempo Improdutivo" dentro dos custos indiretos para posterior rateio a todas as culturas e criação do período.

Se a interrupção (extraordinariamente) atingir montantes exagerados, como, por exemplo, um mês de serviço improdutivo, os valores da folha de pagamento poderão ser apropriados como perdas do período, em uma despesa não operacional (evitando sobrecarregar injustamente as culturas em andamento).

4.3.3 Pecuária (Ativos Biológicos)

No caso de gados reprodutores (touros e vacas), animais de trabalho e outros animais constantes do Ativo Imobilizado (por considerar que se trata de ativo tangível de vida útil limitada, pois com o passar dos anos há uma perda da capacidade normal de trabalho – no caso de animais de trabalho –, assemelhando-se nesse aspecto à perda da capacidade de produção de uma máquina ou equipamento qualquer), as deduções dos valores são também denominadas *Depreciação*.

No período de crescimento do gado destinado à reprodução, não haverá, evidentemente, depreciação. A vida útil do rebanho de reprodução, para efeito de depreciação, será contada a partir do momento em que estiver em condições de reprodução (estado adulto). Já em plena reprodução, o animal, principalmente o touro, tende a atingir um estágio de máxima eficiência para, a seguir, iniciar o processo de declínio, até perder sua utilidade para esse fim.

Não há dúvida de que o ideal seria detectar o início do processo de declínio para iniciar a depreciação. Todavia, como na prática não é fácil detectar esse ponto, normalmente a depreciação é iniciada no momento em que o rebanho começa a ser utilizado para a reprodução. Aliem-se a esse argumento o fato de que o gado envelhece a cada ano que passa e há necessidade de distribuição de seu custo.

Um dos problemas na depreciação do gado de reprodução é quanto ao método a ser utilizado, considerando-se que o declínio de potencialidade de reprodução é acelerado no final da sua vida útil. Entretanto, pela dificuldade (causada pela variabilidade das raças, do clima, das condições de vida, das distâncias a percorrer etc.) em estabelecer uma curva de eficiência do gado de reprodução, o método mais utilizado é o da linha reta.

Outro problema é determinar a vida útil do rebanho. Podem-se observar variações em regiões próximas, que oscilam de quatro a dez anos (após o início da atividade de reprodução). Considerando-se a moda como medida estatística, constatam-se os seguintes prazos de vida útil:

- gado reprodutor mestiço — cinco anos;
- gado matriz mestiça — sete anos;
- gado reprodutor puro — oito anos;
- gado matriz pura — dez anos.

Ressalte-se, todavia, que o veterinário é a pessoa mais indicada para determinar a vida útil do gado reprodutor.

Outro aspecto importante na determinação da depreciação do gado de reprodução é que se deveria considerar o valor residual correspondente ao seu peso multiplicado pelo preço por arroba que se conseguiria no frigorífico, por ocasião de sua venda, após castrado e engordado para abate, o que acontece sempre que não é mais utilizado como reprodutor.

Em alguns casos, o touro, mesmo que não sirva para monta, é útil para o fornecimento do sêmen (inseminação artificial), e não é descartado de imediato para a venda ao frigorífico. O período de captação do sêmen também será considerado como tempo de vida útil para a taxa de depreciação. Exemplo:

Vamos admitir que um touro avaliado em $ 55.000 tenha vida útil estimada de oito anos para permanecer junto às vacas para procriação (monta) e de mais dois anos para coleta de sêmen (inseminação artificial), totalizando dez anos (taxa de depreciação: 10%). Esse touro pesa aproximadamente 800 kg e, se fosse vendido hoje para corte (frigorífico), valeria $ 2.000. Supondo-se que seu peso deverá ser mantido após o término da vida útil, o valor a ser depreciado será de $ 53.000 ($ 55 – $ 2 mil). Assim teremos:

Depreciação do 1º ano

Valor Contábil	$ 55.000
(–) Valor Residual	$ (2.000)
Valor Depreciável	$ 53.000
Taxa de Depreciação	× 10%
Depreciação do 1º ano	$ 5.300

Ativo Não Circulante	
Imobilizado	
Touro	55.000
(–) Depreciação Acumulada	(5.300)
Valor Líquido	49.700

Destaca-se que o valor residual, para efeito de depreciação, para fins gerenciais e não fiscais também deverá ser corrigido monetariamente, à mesma taxa do valor contábil do touro (quando houver inflação relevante). Dessa forma, ao final do 10º ano (última depreciação) o valor líquido contábil do touro aproximar-se-á do seu preço de mercado para o frigorífico.

4.4 Casos de exaustão

4.4.1 Florestas e espécies vegetais de menor porte (Ativos Biológicos)

Se determinada empresa é proprietária de uma floresta destinada ao corte para comercialização, consumo ou industrialização, levará a custos de cada período o montante que expressa a parcela nela consumida. Para o cálculo do valor da cota de exaustão será observado o seguinte critério:

- apurar-se-á, inicialmente, o percentual que o volume dos recursos florestais utilizados ou a quantidade de árvores extraídas durante o período-base representa em relação ao volume ou à quantidade de árvores que no início do ano-base compunha a floresta;
- o percentual encontrado será aplicado sobre o valor da floresta registrado no Ativo, e o resultado será considerado como custo dos recursos florestais extraídos.

Procedendo-se dessa forma, ao concluir a extração dos últimos recursos, ter-se-á baixado do Ativo o valor total pertinente a essa floresta, o qual terá sido distribuído como custo pelos diversos exercícios sociais em que a empresa promoveu a extração ou utilização desses recursos, na exata proporção da parcela extraída ou utilizada em cada período. Houve, assim, uma diluição do custo total pelos exercícios ao longo dos quais ocorreu a extração ou utilização dos recursos.

Colocando o assunto nesses termos – continua aquele parecer normativo –, não é difícil concluir que o custo de formação de florestas ou de plantações de certas espécies vegetais que não se extinguem com o primeiro corte, mas voltam a produzir novos troncos ou ramos e permitem um segundo ou até um terceiro corte, deve ser objetivo de quotas de exaustão, ao longo do período total de vida útil do empreendimento, efetuando-se os cálculos em função do volume extraído em cada período, em confronto com a produção total esperada que engloba os diversos cortes.

Obviamente, as empresas que estiverem nas situações desse tipo devem apresentar laudos de profissionais qualificados (engenheiros florestais, agrônomos), que possam seguramente servir de base aos cálculos mencionados. Exemplo:

Para um reflorestamento que envolve 10.000 eucaliptos cujo custo da cultura formada é de $ 100.000 e há um total de quatro cortes previstos, a quota de exaustão será de 25% (100/4 cortes) por corte.

Vamos supor que na primeira colheita (em andamento) até o final do exercício social (ano-base) houve a colheita de 4.800 árvores. Qual será o custo dos recursos florestais extraídos?

$$\text{Cálculo percentual das árvores extraídas} = \frac{4.800 \text{ árvores extraídas}}{10.000 \text{ árvores que compõem a floresta}} = 0,48 \rightarrow 48\%$$

Cálculo de exaustão → 48% extraídas × 25% exaustão × $ 100.000 = $ 12.000, custo dos eucaliptos extraídos.

4.4.2 Cana-de-açúcar

O custo de formação da plantação de cana-de-açúcar, acumulado na conta "Cultura Permanente em Formação", será registrado no Imobilizado – Ativo Não Circulante Imobilizado.

O canavial, uma vez plantado, poderá gerar, dependendo da região, de cinco a seis cortes (ou mais).

A quota de exaustão anual será, admitindo-se cinco cortes, de 20% (se de quatro cortes, 25%). Supondo-se que toda a extração ocorra dentro do exercício social (ano-base), basta multiplicar o percentual de 20% pelo custo de formação da cana-de-açúcar para obter-se o custo da cultura formada.[6]

Evidentemente, por um lado, a esse custo serão somados outros da colheita e os custos de manutenção da cultura nesse período.

Considerando, porém, que o exercício social termine antes do ano agrícola, ou seja, a colheita não está terminada por ocasião do final do exercício social, há necessidade de calcular o percentual do volume ou a quantidade extraída em relação à cultura total.

Pode-se, nesse caso, medir a área (por exemplo, 1.200 hectares extraídos em relação a um total de 2.800 hectares; o percentual para fins de cálculo é de 42,86% – 1.200/2.800 – sobre os 20%), ou o percentual pode ser medido em função da tonelada extraída em relação ao total esperado, ou outros critérios.

Como a legislação não fixa expressamente as taxas que devem ser utilizadas, há quem use, baseado em laudo do PLANALSUCAR, quotas de exaustão decrescentes, nos seguintes percentuais/ano:

1º corte – 35,4%
2º corte – 25,1%
3º corte – 21,4%
4º corte – 18,1%

---

[6] Veja modelo prático de exaustão no item 3.4.2 do Capítulo 3.

4.4.3 Pastagens

É o lugar onde pasta (come erva não ceifada) ou pode pastar o gado. É uma das partes mais importantes do planejamento agropecuário, uma vez que a boa pastagem contribui, em conjunto, para a melhoria da qualidade do gado, para o alto rendimento do projeto. Basicamente, há dois tipos de pastagens: a natural e a artificial.

A – Pastagem natural

É também denominada pasto nativo e constituída de áreas não cultivadas, utilizadas para pastagem, das quais se aproveita o potencial natural (campos, cerrados, capins naturais etc.). Geralmente, são áreas de boa cobertura vegetal e que não apresentam grandes problemas de erosão. Esse tipo de pasto sofre melhoramentos esporádicos.

B – Pastagem artificial

É aquela formada por pastos cultivados. Em geral, exige preparo do solo, por meio de destocamento, arações, adubações, gradagem e plantação ou semeadura.

As principais forrageiras utilizadas nos pastos são:

- *gramíneas*: capim-colonião, capim-gordura, capim-jaraguá, capim-pangola, outros capins e cereais;
- *leguminosas*: alfafa, soja perene, siratro, carrapicho, beiço-de-boi etc.;
- *cactáceas*: palma, mandacaru, xiquexique etc.;
- *outras*: mandioca, batata-doce etc. (como alimentação suplementar).

Há algum tempo, a pastagem era considerada uma atividade extrativa (pastagem natural), sem merecer atenção especial do pecuarista. Atualmente, o pasto é considerado uma cultura; portanto, recebe todos os cuidados que a uma cultura são dispensados, como: preparo do solo, terraceamento, drenagem, adubação, plantio, corretivos etc. (pastagem artificial).

Por ser uma cultura permanente, seja a pastagem natural seja artificial, seu custo de formação (preparo de solo, destocamento, drenagem, diques...) compõe o Ativo Não Circulante – Imobilizado e sofrerá exaustão na proporção da sua perda de potencialidade.

Mesmo que haja pastoreio em rodízio (em determinado momento interrompe-se o pastoreio para manter o pasto em repouso por certo tempo), nenhuma pastagem tem duração ilimitada. Há um momento em que é necessário reformá-la totalmente, replantando as forrageiras ou recuperando-as para que o pasto volte a ser produtivo.

Algumas empresas não fazem a exaustão das pastagens por várias razões:

- alegação de que algumas espécies de capim são consideradas do tipo permanente (não acabam facilmente), como é o caso do capim-colonião, jaraguá etc.;

- dificuldade em estimar o período de vida útil das pastagens;
- alegação de que a legislação do Imposto sobre a Renda é omissa a respeito do assunto.

As pastagens devem sofrer exaustão (entendimento também de alguns engenheiros agrônomos) porque, mesmo que o tipo de capim seja permanente, a fertilidade da terra tem capacidade limitada. Recomenda-se estimar o período de tempo e vida útil das pastagens com base em estudos agrícolas ou estudo do próprio engenheiro agrônomo da empresa.

Também podem causar o perecimento das pastagens: erosão, incêndio e excesso de gado no pasto. Nesses casos, sua recomposição natural é bastante difícil e os valores aplicados devem ser levados diretamente para resultado do exercício, como perda.

No caso específico de pastagens naturais, por mais adequadas que sejam, em geral as empresas desembolsam algum dinheiro para seu melhoramento, como em demarcação do pasto, limpeza de ervas tóxicas, limpeza de animais ou insetos nocivos etc.

Daí a sugestão de que os valores aplicados com a formação ou o melhoramento das pastagens devem sofrer exaustão.

4.5 Amortização

A amortização ocorre para os casos de aquisição de direitos sobre empreendimentos de propriedades de terceiros. Assim, por exemplo, ela se dá nos casos de aquisição de direitos de extração de madeira de floresta pertencente a terceiros ou de exploração de pomar alheio, por prazo determinado, a preço único e prefixado.

A legislação brasileira prevê que se a floresta pertence a terceiros, mas é explorada em função de contrato por prazo indeterminado, caracteriza-se por quotas de exaustão (e não amortização).

Suponha-se que determinada empresa de exportação de suco de laranja adquira o direito de colheita de um pomar, durante três anos. A empresa adquirente registrará o custo da aquisição desse direito no seu Ativo Imobilizado e fará a amortização de 1/3 por colheita, distribuindo o custo desses direitos ao longo do período de três anos, contratados para a exploração.

4.6 Taxas de depreciação

O agrônomo, veterinário, os técnicos agropecuários... são as pessoas mais indicadas para prever a vida útil dos itens que compõem o Ativo Imobilizado de uma fazenda, considerando-se o clima, o solo, o tipo de manejo, a raça (no caso da pecuária) etc., que varia de região para região. O próprio Imposto de Renda, possivelmente considerando essas variáveis, não define taxas. Ressalta-se, todavia, que o Imposto de Renda assegura à empresa o direito de computar a quota efetivamente adequada às condições de depreciação de seus bens, desde que faça a prova da vida útil do bem determinado.

A seguir são divulgadas as estimativas realizadas por:

1. engenheiros agrônomos: Rubens Araújo Dias e Oscar J. Thomasini Ettore, publicadas pela Secretaria da Agricultura ("Contabilidade Agrícola para o Estado de São Paulo");
2. Instituto de Economia Agrícola, por intermédio do engenheiro agrônomo Paul Frans Bemelmans;
3. Imposto de Renda;
4. algumas pesquisas feitas por nós; e
5. outras fontes.

ESTIMATIVA DE DURAÇÃO DE CONSTRUÇÕES E MELHORAMENTOS

Construções e Melhoramentos	Duração em Anos	Taxa de Depreciação
Parede de tijolos, coberta de telha	25	4%
Parede de madeira, coberta de telha	15	6,67%
Parede de barro, coberta de telha	10	10%
Parede de barro, coberta de sapé	5	20%
Piso de tijolo, cimentado	25	4%
MELHORAMENTOS		
Linha de força e luz, telefone com postes de madeira	30	3,33%
Linha de força e luz, telefone com postes de ferro ou concreto	50	2%
Cercas de pau-a-pique	10	10%
Cercas de arame	10	10%
Rede de água (encanamentos)	10	10%
Cerca elétrica	10	10%

VIDA MÉDIA PRODUTIVA DE ALGUNS ANIMAIS

Animais	Vida Média Produtiva em Anos	Taxa de Depreciação ao Ano
ANIMAIS DE CRIAÇÃO		
Bovinos — Reprodutor	8	12,5%
Bovinos — Matrizes	10	10%
Suínos	4	25%
ANIMAIS DE TRABALHO		
Burro de tração	12	8,33%
Cavalo de sela	8	12,5%
Boi de carro	5	20%

DURAÇÃO MÉDIA DE MÁQUINAS E EQUIPAMENTOS

Itens	Duração em Anos	Taxa de Depreciação ao Ano
TRATORES[7]		
De roda	10	10%
De esteira	10	10%
Microtrator	7	14,28%
VEÍCULOS		
Caminhão	05	20%
Carroça	10	10%
Carro de bois	10	10%
Carreta de trator	15	6,67%
IMPLEMENTOS		
Ancinho	12	8,33%
Arado de discos e aiveca	15	6,67%
Grade de discos	15	6,67%
Carreta com pneus	15	6,67%
Semeadeira de linhas	15	6,67%
Semeadeira de grãos miúdos	20	5%
Cultivador	12	8,33%
Plaina	15	6,67%
Colhedora de algodão	8	12,5%
Colhedora de milho	10	10%
Combinada automotriz	10	10%
Combinada rebocada	10	10%
Grade de dentes e de molas	20	5%
Colhedeira de forragens	1	10
Ceifadeira	12	8,33%
Plantadeira	10	10%
Bico de pato (Planet)	5	20%
Máquina de café	10	10%
Máquina de debulhar milho	10	10%
Desintegrador	20	5%
Picadeira de forragem	15	6,67%
Motores elétricos	15	6,67%
Serraria	20	5%
Pulverizador	10	10%
Enslladelra	7	14,28%
Polvilhadeira	10	10%
Ordenhadeira	10	10%
Carrinho de terreiro	8	12,5%
Roçadeira	10	10%
Encerado	6	16,67%
Secador de cereais	10	10%
Saco de colheita	3	33,33%
Adubadeira	8	12,5%
Jacá	2	50%

---

[7] Imposto de Renda – quatro anos – 25% ao ano.

Cultura Permanente	Nº de Anos	Taxa de Depreciação
Riscador	6	16,67%
Rodo	2	50%
Arreio	6	16,67%
Amoreira (p/ bicho-da-seda)	20	5%
Banana	8	12,5%
Café	20	5%
Chá	20	5%
Figo	17	5,88%
Laranja	15	6,67%
Maracujá	5	20%
Pastagem formada (artificial) – exaustão	5	20%
Pêssego	17	5,88%
Uva	20	5%
Cana-de-açúcar – exaustão	5	20%

RELAÇÃO ESTIMADA ENTRE A VIDA ÚTIL ESPERADA E USO PELO TIPO DE MÁQUINA

Horas por ano	Trator		Máquina para aração-vida em		Máquinas para plantio		Máquinas para colheita	
	Anos	Horas	Anos	Horas	Anos	Horas	Anos	Horas
0	–	–	–	–	20	1.000	–	–
100	20,0	2.000	15,0	1.500	12	1.200	12,0	1.200
150	16,7	2.500	13,3	2.000	10	1.500	12,0	1.800
200	15,0	3.000	12,0	2.400	8	1.600	11,0	2.200
250	14,0	3.500	10,5	2.600	7	1.750	10,0	2.500
300	14,0	4.200	9,0	2.700	6	1.800	9,0	2.700
400	12,5	5.000	7,0	2.800	5	2.000	7,0	2.800
500	12,0	6.000	6,0	3.000	4	2.000	6,0	3.000
600	12,0	7.200	6,0	3.600	–	–	5,0	3.000
800	11,0	8.800	5,0	4.000	–	–	4,0	3.200
1.000	10,0	10.000	4,0	4.000	–	–	4,0	4.000
1.400	7,5	10.500	–	–	–	–	–	–
1.800	6,0	11.000	–	–	–	–	–	–
2.200	5,0	11.500	–	–	–	–	–	–

Fonte: Pearsons, Merton S. et. al. *Farm machinery*; depreciation, and replacement. Maio 1960. 3186 – Biblioteca IEA.

4.6.1 Recuperação do Ativo (*Impairment Test*)

As empresas deverão efetuar, periodicamente, análise sobre a recuperação dos valores registrados no Imobilizado e no Intangível, revisando e ajustando os critérios utilizados para determinação dos percentuais estimados para a depreciação, exaustão e amortização.

TESTES

1. Toda cultura permanente, cujo produto final é o fruto, será alvo de:
   ( ) a) Depreciação
   ( ) b) Exaustão
   ( ) c) Amortização
   ( ) d) N.D.A.

2. As taxas de depreciação, numa cultura permanente, podem ser calculadas:
   ( ) a) Pelo tempo de vida útil de cada espécie de cultura
   ( ) b) Pela produção estimada de cada unidade durante sua vida útil
   ( ) c) Pelo número de hectare
   ( ) d) As alternativas *a* e *b* estão certas

3. A depreciação passa a incidir sobre a cultura:
   ( ) a) A partir do plantio das sementes
   ( ) b) A partir do instante em que ela está totalmente formada mas ainda não produz
   ( ) c) A partir da primeira floração e/ou primeira safra
   ( ) d) A partir do momento em que está em formação

4. Para os gados reprodutores, animais de trabalho e outros do Ativo Não Circulante incidem taxas de:
   ( ) a) Amortização
   ( ) b) Depreciação
   ( ) c) Exaustão
   ( ) d) Sobre eles não incide nenhuma taxa

5. As cotas de exaustão podem ser aplicadas em:
   ( ) a) Animais reprodutores cuja fertilidade entra em declínio
   ( ) b) Culturas permanentes após cada colheita dos frutos
   ( ) c) Florestas e espécies vegetais destinadas ao corte, para industrialização, consumo ou comercialização
   ( ) d) Animais destinados para corte

6. No caso das pastagens, podem ser aplicadas taxas de:

( ) a) Exaustão, na proporção de sua perda de potencialidade
( ) b) Depreciação, à medida que forem consumidas pelos animais
( ) c) Depreciação, proporcionalmente ao tempo de vida útil estimado
( ) d) N.D.A.

7. Para os casos de aquisição de direitos sobre empreendimentos de propriedade de terceiros ocorre:
( ) a) Exaustão
( ) b) Depreciação
( ) c) Amortização
( ) d) N.D.A.

8. Exaustão é aplicada a:
( ) a) Pastagem
( ) b) Cafeeiro
( ) c) Aquisição de direitos sobre empreendimentos de propriedade de terceiros
( ) d) N.D.A.

9. Depreciação é aplicada a:
( ) a) Cana-de-açúcar
( ) b) Pomares
( ) c) Aquisição de direitos sobre empreendimentos de propriedade de terceiros
( ) d) N.D.A.

10. Amortização é aplicada a:
( ) a) Palmito
( ) b) Laranjal
( ) c) Aquisição de direitos sobre empreendimentos de propriedade de terceiros
( ) d) N.D.A

EXERCÍCIOS

1. A Cia. Agropecuária Catalúnia utiliza no seu plano de contas o item "Pastagens Artificiais em Formação". Essa conta registra o valor de todos os gastos com a formação das pastagens artificiais. A empresa considera que a formação da pastagem

vai desde a derrubada da mata, queimada, limpeza, plantio etc. até a primeira limpeza de formação.

Adota a sistemática de que, até dois anos depois do plantio, qualquer gasto (limpeza de formação, ressemeio etc.) deve ser incluído em "Pastagem em Formação". Após isso, com a pastagem formada, o valor dessa conta é transferido para "Pastagens Artificiais Formadas", quando passariam a ser utilizadas e amortizadas.

Admitindo-se que o valor total da pastagem no período em formação seja de $ 980 mil, que o período de formação da pastagem foi de exatamente dois anos e que a vida útil estimada da pastagem será de oito anos, responder às seguintes perguntas:

- a) Deve-se amortizar essa pastagem? Por quê?
- b) Qual a denominação correta, Exaustão ou Depreciação? Por quê?
- c) Qual será o valor de amortização anual?
- d) Se houver reforma na pastagem, o gasto concernente fará parte do Imobilizado ou será tratado como custo?

2. A Cia. de Reflorestamento Dona Ondina, por meio de debates e orientações fiscais, conclui que o custo de formação de florestas ou de plantações de certas espécies vegetais que não se extinguem com o primeiro corte, mas voltam, depois desse, a produzir novos troncos ou ramos e permitem um segundo ou até um terceiro corte, deve ser objeto de quotas de exaustão, ao longo do período total de vida útil do empreendimento. Devem-se efetuar os cálculos em função do volume extraído em cada período, em confronto com a produção total esperada, que engloba os diversos cortes. Evidentemente, as empresas que estiverem em situações desse tipo devem munir-se de elementos hábeis às demonstrações exigíveis pelo Fisco, como, entre outros, laudos de profissionais qualificados no ramo (engenheiros florestais, engenheiros agrônomos), que possam seguramente servir de base aos cálculos, tomando-se em consideração o eventual decréscimo de produção após os sucessivos cortes.

Conforme laudo de engenheiros florestais, o reflorestamento Dona Ondina será alvo de três cortes, havendo uma previsão de 2.000.000 m^3. No primeiro corte, constata-se um total de 800.000 m^3 de madeira colhida. Qual seria a taxa de exaustão para apurar o resultado dessa primeira colheita?

3. Indique, a seguir, com um (X) se se trata de amortização, depreciação ou exaustão e se o melhor critério de cálculo é por hora, volume (quantidade) ou uma taxa anual.

Itens	Depreciação	Exaustão	Amortização	Cálculo Por h	Cálculo Por vol.	Cálculo Anual
Palmito						
Chá						
Café						
Gado bovino						
Pastagem						
Banana						
Arado						
Cana-de-açúcar						
Colhedeira						
Reflorestamento						
Laranja						
Direitos adquiridos de reflorestamento de terceiros						
Gastos pré-operacionais						
Uva						
Guaraná						
Seringueira						
Suínos						
Trator						

4. A Cia. Lojicard adquiriu um trator de esteira por $ 48.000. Esse trator tem uma vida útil estimada em 3.000 horas. A taxa de depreciação consta neste livro.

No primeiro ano o trator trabalhou 100 dias, à base de quatro horas em média por dia. Calcule a depreciação do primeiro ano:

a) para fins de Imposto de Renda;

b) para fins gerenciais;

c) para fins contábeis, considerando a taxa fixa na média brasileira;

5. O touro Ferdinando, da Agropecuária Madri, será colocado na sua primeira estação de monta, após três anos de crescimento. Seu custo total é de $ 60.000; prevê-se que será útil para monta durante seis anos, e mais um ano para fornecimento de sêmen. Após tudo isso será vendido ao frigorífico por $ 11.000. Calcular a primeira depreciação de Ferdinando.

5

Planificação Contábil na Atividade Agrícola

 VEJA NESTE CAPÍTULO

- Preparação de um plano de contas na atividade agrícola.
- Inventário na agricultura.
- As vantagens do inventário permanente.
- Apuração de custo na agricultura.
- Como apurar o resultado agrícola?
- Colheita em andamento, como contabilizar?
- Sistema auxiliar de contas: contabilidade de custo integrada à contabilidade financeira.

5.1 Objetivos

O objetivo deste capítulo não é expor a técnica de montagem de um plano de contas, muito menos apresentar conceitos e comentários genéricos sobre ele, já que se parte do pressuposto de que, pelo menos de forma teórica, o leitor domina esse assunto.

A meta a ser atingida é uma abordagem mais detalhada dos grupos de contas, tanto do Balanço Patrimonial, como da Demonstração do Resultado do Exercício, que são mais afetados pelas peculiaridades da atividade agrícola.

Dessa forma, não se comentará, por exemplo, o "disponível" no Balanço Patrimonial, uma vez que esse item tem, numa empresa agrícola, a mesma função e finalidade que tem numa empresa industrial ou comercial. O mesmo raciocínio é válido para o item Duplicatas a Receber, Despesa do Exercício Seguinte ou, ainda, Contas do Passivo e Patrimônio Líquido que, praticamente, não apresentam variações significativas de uma atividade para outra.

Serão enfatizadas as contas ou grupos que evidenciam grandes variações, na área agrícola, em relação a outras atividades. Um exemplo típico é a conta "Estoque" que, na agropecuária, recebe roupagem especial por meio das culturas temporárias (formadas ou em formação), das colheitas (em andamento ou concluídas) etc.

Um grupo de contas que recebe também tratamento diferenciado é o "Imobilizado"; nele se encontram culturas permanentes (formadas ou em formação), benfeitorias no imóvel rural, animais de trabalho etc.

Resumindo, por serem considerados pontos problemáticos na atividade agropecuária, será dada ênfase aos itens "Estoque" e "Imobilizado", no Balanço Patrimonial, e aos itens "Receita" e "Custos de Produção", na Demonstração do Resultado do Exercício.

No final deste livro apresentamos um Apêndice envolvendo um plano de contas completo a ser aplicado em qualquer empresa. Adequamos ainda aquele plano de contas ao uso de sistema eletrônico.

5.2 Resumo dos principais itens que compõem o balanço patrimonial e a demonstração do resultado do exercício de uma empresa industrial

Balanço Patrimonial

1 ATIVO	2 PASSIVO

1.1 *CIRCULANTE*
    1.1.1 *Disponível*
    1.1.2 *Valores a Receber*
    1.1.3 *Estoques*
        ♦ Matérias-primas
        ♦ Produtos em Elaboração
        ♦ Produtos Acabados
        ♦ Almoxarifado
    1.1.4 *Despesas do Exercício Seguinte*
1.2 *NÃO CIRCULANTE*
    1.2.1 Realizável a Longo Prazo
    1.2.2 Investimentos
    1.2.3 Imobilizado
    1.2.4 Intangível
	2.1 *CIRCULANTE*
	    2.1.1 Fornecedores
	    2.1.2 Instituições Financeiras
	    2.1.3 Folha de Pagamento
	    2.1.4 Encargos Sociais
	    2.1.5 Impostos a Pagar
	    2.1.6 Contas a Pagar
	    2.1.7 Outros
	2.2 *NÃO CIRCULANTE*
	    2.2.1 Exigível a Longo Prazo
	    2.2.2 Outros

	3 PATRIMÔNIO LÍQUIDO

	3.1 Capital
	3.2 Reserva de Capital
	3.3 Ajustes Aval. Patrimonial
	3.4 Reserva de Lucros
	    – Legal
	    – Estatutária
	    – Contingência
	    – Lucro a Realizar
	3.5 Lucros Acumulados

Demonstração do Resultado do Exercício

4 Receita Bruta
5 Custos/ Despesas/ Deduções
5.1 Custos dos Produtos Vendidos
5.2 Despesas de Vendas
5.3 Despesas Administrativas
5.4 Despesas Financeiras
5.5 Deduções

6 Sistema Auxiliar de Contas

5.3 Adequação de alguns itens para empresas agrícolas

5.3.1 Estoques

O grupo "Estoques" de uma empresa agrícola assemelha-se muito a uma empresa industrial. Vejamos:

Matéria-prima – Na indústria, significa todo o material empregado na fabricação de um produto. Na empresa agrícola, significa produtos que compõem a cultura, tais como sementes, adubos, inseticidas etc. No plano de contas de empresa agrícola apresentado a seguir, esta conta é chamada "Insumo".

Produto em Elaboração – Na indústria, significa a produção que está inacabada (em andamento) por ocasião do encerramento do exercício social. Na empresa agrícola, significa uma cultura temporária em formação (em andamento) ou uma colheita em andamento (ou safra em andamento) de uma cultura permanente. Aqui, esta conta é denominada "Culturas Temporárias em Formação", para as culturas temporárias, e "Colheitas em Andamento", para as culturas permanentes.

Pelo CPC 29 estes grupos de Culturas Temporárias e Culturas Permanentes passam a ser denominados de Ativos Biológicos (plantas).

Produto Acabado – Na indústria, significa o produto terminado e pronto para venda. Da mesma forma, na empresa agrícola, significa produção colhida, ou seja, produtos agrícolas prontos para venda. No plano de contas a seguir apresentado, esta conta é denominada "Produtos Agrícolas".

Almoxarifado – Numa indústria, assim como numa empresa agrícola, significa um estoque de consumo que não compõe o produto (ou a cultura), mas é utilizado para outras finalidades.

1.1.3 Estoques (Empresa Agrícola)

1.1.3.1 *Insumos* (matérias-primas)
1. Sementes
2. Adubos
3. Fertilizantes
4. Herbicidas
5. Inseticidas
6. Embalagens
7. Formicidas
8. Mudas
_____
_____
_____

1.1.3.2 *Ativos Biológicos – Culturas Temporárias*
1. Soja
2. Milho
3. Arroz
4. Feijão
5. Batata
6. Horticultura
7. Abóbora
8. Trigo
_____
_____
_____

1.1.3.3 *Colheitas em Andamento*[1] (Culturas Permanentes)
1. Café
2. Algodão
3. Laranja
4. Maçã
5. Jaca
6. Cacau
7. Uva
8. Florestas
9. Cana-de-açúcar
_____
_____

1.1.3.4 *Produtos Agrícolas* (Prontos para venda ou consumo)
1. Soja
2. Milho
3. Feijão
_____
_____
_____

(continua)

---

[1] Desde a floração até a colheita.

Cap. 5 • Planificação Contábil na Atividade Agrícola   83

(*continuação*)

>
> 7. Café
> 8. Algodão
> 9. Laranja
> _____
> _____
> _____
>
> 1.1.3.5 *Almoxarifado*
> 1. Combustível
> 2. Lubrificante
> 3. Ferramentas
> 4. Peça de Manutenção
> 5. Drogaria
> 6. Material de Escritório
> _____
> _____
> _____

5.3.2 Imobilizado

> **1.2.3 Imobilizado**
>
> 1.2.3.1 *Ativos Biológicos – Cultura Permanente em Formação*
> 1. Café
> 2. Algodão
> 3. Laranja
> 4. Maçã
> 5. Eucalipto
> 6. Seringueira
> 7. Cana-de-açúcar
> 8. Pastos
> _____
> _____
> _____
>
> Controle por Cultura
> café (vale p/outras culturas)
> 1.2.3.1.1 Adubação
> 2 Formicidas
> 3 Fungicidas
> 4 Sementes/Mudas
> 5 Mão de obra
> 6 Encargos Sociais
> 7 Seguro
> 8 Serviços de Terceiros
> 9 Produtos Químicos
> 10 Depreciação Equipamentos
> 11 Combustível
> 12 Aluguel
> 13 Seguro da CV/NN
>
> 1.2.3.2 *Ativos Biológicos – Cultura Permanente Formada*
> 1. Pastos Naturais
> 2. Pastos Artificiais
> 3. Café
> 4. Algodão
> 5. Laranja
> 6. Goiaba
> 7. Matas
> _____
> _____
> _____
>
> (*continua*)

(*continuação*)

> 1.2.3.3 *Terras*
>   1. Área de Exploração
>   2. Área Florestal
>   _____
>   _____
>
> 1.2.3.4 *Benfeitorias na Propriedade*
>   1. Terreiro Cimentado
>   2. Canais de Irrigação
>   3. Poços
>   4. Estradas
>   5. Açudes
>   6. Cercas
>   _____
>   _____
>
> 1.2.3.5 *Edifícios e Construções*
>   1. Casas para Administração
>   2. Casas para Colonos
>   3. Escolas
>   4. Paióis
>   _____
>   _____
>
> 1.2.3.6 *Animais de Trabalho* (Semoventes)
> 1.2.3.7 *Florestas* (Matas)
> 1.2.3.8 ....
>   (–) Depreciação
>   (–) Exaustão
>
> **1.2.4 Intangível**

5.4 Operacionalização do plano de contas

Um dos primeiros aspectos para operacionalizar o plano de contas é considerar o tipo de *Inventário* que a empresa agrícola utiliza.

Inventário

Inventário, em sentido contábil amplo, é o processo de verificação de existências na empresa. As existências podem ser: mercadorias, materiais, produtos (comumente os mais inventariados) ou outros bens do Imobilizado e até mesmo Contas a Receber ou a Pagar, bem como outros bens que se julgar necessários ou convenientes.

Em sentido restrito, inventário refere-se ao processo de verificação das existências dos *estoques*; portanto, faz parte do controle de estoque. Dessa forma, a verificação e a contagem física do bem, *in loco*, caracterizam o inventário. E é exatamente esta a nossa preocupação: o *Inventário de Estoque*. Há dois tipos de inventários:

A – Inventário Permanente

Desde que o controle de estoque forneça permanentemente o valor dos estoques, com certeza da existência das quantidades correspondentes, diz-se que o regime de controle de estoque é *permanente*; e o estoque é permanentemente conhecido por meio do controle. Dessa forma, em qualquer momento, para se conhecer o estoque, basta observar a "Ficha de Estoque". Qualquer acréscimo ou diminuição no estoque é imediatamente registrado pela contabilidade.

B – Inventário Periódico

É o inventário levantado ao fim de cada período contábil, geralmente adotado quando o permanente é inviável. Por isso, comumente se observa, ao fim do ano ou exercício contábil, que algumas empresas comerciais colocam à frente de seu prédio uma placa ou faixa com os dizeres: "Fechada para Inventário".

O *melhor método*, na atividade agrícola, é o permanente, pois possibilita conhecer, a qualquer momento, o custo da cultura temporária em formação, o custo das colheitas em andamento (cultura permanente) etc.

Observe-se que, num final de exercício, não seria nada fácil, no caso de inventário periódico, avaliar uma cultura em formação ou uma safra em formação. Daí a dificuldade contábil em operacionalizar dentro desse método.

Imagine-se uma cultura de milho com 90 cm de altura. Qual seria seu valor? Mesmo para os peritos em avaliação, não seria nada fácil estipular o valor das culturas em estágios intermediários.

Para as empresas industriais, o Regulamento do Imposto de Renda dispõe normas para avaliação dos materiais em processamento e dos produtos acabados.

Para as empresas rurais, no artigo 188 daquele regulamento, é previsto que os estoques de produtos agrícolas, animais e extrativos poderão ser avaliados aos preços correntes de mercado, conforme as práticas usuais em cada tipo de atividade.

Ressalte-se, entretanto, que as culturas em formação, mesmo a preço de mercado, são de difícil avaliação. Além disso, a avaliação a preço de mercado provocaria uma superavaliação do Estoque Final, reduzindo o custo, aumentando o lucro bruto e propiciando antecipação do pagamento do Imposto de Renda. Daí a ineficiência do método de Inventário Periódico para a agricultura e a opção, com frequência, pelo método do Inventário Permanente.

5.4.1 Apuração do custo – inventário periódico

Admitindo-se que a empresa insista em trabalhar com o inventário periódico (que não é recomendado), o plano de contas evidenciaria, no item *Custo do Produto Vendido* (DRE), os seguintes grupos:

5.1 Custos dos produtos vendidos

    5.1.1 *Estoques Iniciais* (avaliados no início do período)
- Insumos (conta 1.1.3.1 Estoque)
    1. Sementes
    2. Adubos
    3. Fertilizantes
    4. Herbicidas
    5. Mudas

    _____
    _____
    _____

    7. Ativos Biológicos – Culturas Temporárias em Formação
    8. Colheitas em Andamento
    9. Produtos Agrícolas

(+) 5.1.2 *Compras no Exercício*
- Insumos (conta 1.1.3.1 Estoque)
    1. Sementes
    2. Adubos
    3. Fertilizantes
    4. Herbicidas
    5. Mudas

    _____
    _____
    _____

(+) 5.1.3 *Mão de obra*
- Salários
- Férias
- 13º Salário
- INSS
- FGTS
- Aviso Prévio

    _____
    _____
    _____

(continua)

(*continuação*)

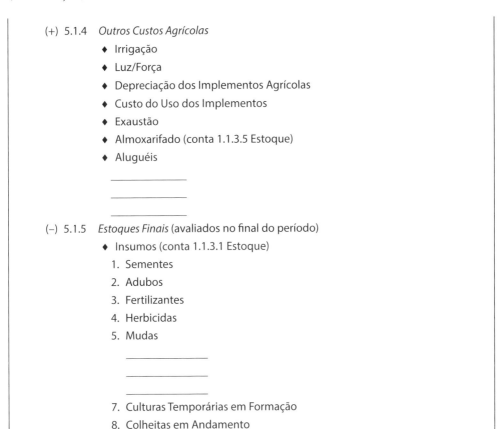

Dessa forma, apura-se o Custo do Produto Vendido por meio da fórmula:

> Estoques Iniciais + Compras do Exercício + Mão de obra + Outros Custos Agrícolas (−) Estoques Finais

Operacionalização do Plano de Contas (Inventário Periódico)

A conta *Estoque Inicial* (5.1.1) consta do último balanço, por exemplo, em 31-12-X1 (para fins de exemplo, trabalhamos com três contas):

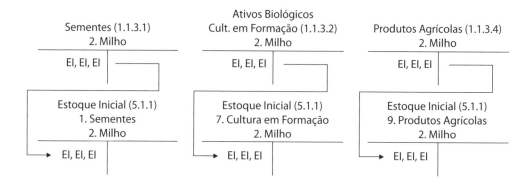

A conta *Compras* (5.1.2) será movimentada durante todo o exercício (20X2), por ocasião das aquisições de insumos; igualmente a conta Mão de obra e Encargos Sociais (5.1.3) que a cada mês de 20X2 será movimentada: a conta Outros Custos Agrícolas (5.1.4) receberá custos à medida que esses ocorrerem. Observe que esses registros ocorrem por tipo de cultura, sendo que a princípio os custos são registrados na conta "Outros Custos Agrícolas" e em seguida rateados por cultura específica.

No final do período faz-se o Inventário, levantando-se o Estoque Final e fazendo-se os seguintes lançamentos contábeis:

Apuração de Resultado

Para tanto utiliza-se a conta Custo do Produto Vendido (5.1). Para esta conta serão transferidos todos os saldos das contas 5.1.1 a 5.1.5, apurando-se o Custo do Produto Vendido do milho:

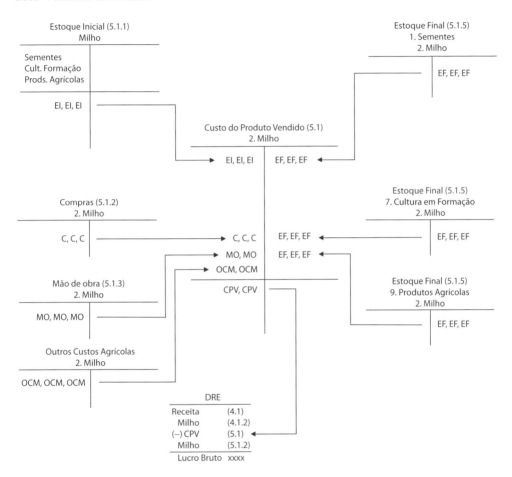

Este modelo simplificado poderia ser feito sem o destaque da cultura específica (no caso, o milho).

5.4.2 Apuração do custo – inventário permanente

Como já foi apreciado, em razão da dificuldade de serem avaliadas no final do período as culturas, safras ou colheitas em andamento, o método de apuração do custo do produto vendido por intermédio do Inventário Periódico torna-se inviável. Dessa forma, será enfatizado o método do Inventário Permanente, que possibilita registrar os custos no momento em que são incorridos.

No Capítulo 2, "Fluxo Contábil na Atividade Agrícola", apresentou-se um modelo de apuração dos custos de culturas temporárias e colheita de culturas permanentes, em que o método prevalecente é o Inventário Permanente, já que os custos eram acumulados à medida que ocorriam.

A diretriz seguida no desenvolvimento deste tópico será a mesma, porquanto se julga que tal metodologia é a mais adequada para a contabilidade agrícola.

Em termos de plano de contas, para operacionalizar contabilmente a diretriz traçada naquele capítulo, recomenda-se um *Sistema Auxiliar de Contas* para apuração de custo por cultura ou colheita que consta no estoque.

O sistema auxiliar de contas pode ser o mesmo para "Culturas Temporárias em Formação" e "Colheitas (ou safras) em Andamento", havendo pequenas diferenças que se julga irrelevante comentar.

5.5 Sistema Auxiliar de Contas

Pelo nosso plano de contas, o Sistema Auxiliar de Contas recebe o código 6.

6.1 *Ativos Biológicos – Cultura ou Colheita em Andamento*
(controlar por cultura)
Milho
Trigo
Soja
_____
_____
_____

Café
Goiaba
Algodão
_____
_____
_____

6.1.1 *Material Consumido* (à medida que o material é utilizado, dá-se baixa na conta 1.1.3.1 – Insumos – e debita-se Material Consumido – 6.1.1)
- Sementes
- Adubos
- Fertilizantes
- Herbicidas
- Inseticidas
- Mudas
- Formicidas
_____
_____
_____

(continua)

(*continuação*)

> 6.1.2 *Mão de obra*
> - Salários
> - Assistência Médica Social
> - Férias
> - 13º Salário
> - Funrural
> - Previdência
> - FGTS
> - Seguro de Acidentes
> - Alimentação
>   _____
>   _____
>
> 6.1.3 *Outros Custos Agrícolas*
> - Depreciação
> - Exaustão
> - Seguros
> - Irrigação
> - Almoxarifado (dá-se baixa na conta 1.1.3.5)
>   Combustível
>   Lubrificante
>   Peças
>   _____
>   _____
>   _____
> - Aluguéis
> - Serviços de Agrônomos
>   _____
>   _____
>   _____

Lançamentos Contábeis

A – *Término da Cultura ou Colheita* (não há cultura ou colheita em andamento)

Quando a cultura em formação é colhida, dá-se baixa na conta 6.1 (Cultura ou Colheita em Andamento) pelo seu valor de custo e o saldo é transferido a débito da conta Produtos Agrícolas, sendo especificado o tipo de produto (arroz, abóbora...) no Estoque, conta 1.1.3.4.

Na conta de "Produtos Agrícolas" serão somados todos os custos posteriores à colheita para acabamento do produto e manutenção do estoque (silagem, congelamento, embalagem...). Dessa forma, há necessidade, no sistema auxiliar de contas, de detalhar esse grupo:

> 6.2 *Produtos Agrícolas* (Sistema Auxiliar)
> Milho, trigo, arroz, laranja, banana....
> 6.2.1 Beneficiamento
> 6.2.2 Acondicionamento
> 6.2.3 Silagem
> 6.2.4 Congelamento
> _____
> _____

Portanto, se houver essa fase final, há necessidade de transferir, do Estoque, Produtos Agrícolas (1.1.3.4) para Produtos Agrícolas – Sistema Auxiliar – (6.2), para, finalmente, ser transferido novamente, após armazenagem ou acabamento total, ao Estoque. Esse sistema auxiliar de contas – Produtos Agrícolas – pode ser incluído na própria conta Estoque, Produtos Agrícolas (1.1.3.4).

Por fim, no momento da venda baixa-se a conta "Produtos Agrícolas" (1.1.3.4) e debita-se a conta "Custo do Produto Vendido" (5.1).

Na Demonstração do Resultado do Exercício haverá destaque tanto na Receita como no Custo do Produto Vendido, quanto ao tipo do produto agrícola que está sendo vendido.

> 4.1 *Receita de Produtos Agrícolas*
> 4.1.1 Arroz
> 4.1.2 Milho
> 4.1.3 Abacaxi
> 4.1.4 Soja
> 4.1.5 Algodão
> _____
> _____
>
> 4.2 *Receitas na Variação dos Ativos Biológicos (quando não vendidos)*[2]
> 4.2.1 Arroz
> 4.2.2 Milho
> 4.2.3 Abacaxi
> 4.2.4 Soja
> 4.2.5 Algodão
> (–) 5.1 *Custo do Produto Vendido*
> 5.1.1 Arroz
> 5.1.2 Milho
> 5.1.3 Abacaxi
> 5.1.4 Soja
> 5.1.5 Algodão
> _____
> _____

[2] Ajustes ao Valor Justo.

B – *Término do Exercício Social com cultura ou colheita em andamento*

No final de cada exercício, por ocasião do levantamento do balanço ou mesmo do balancete, transfere-se o valor da conta "Cultura ou Colheita em Andamento" (6.2) para a conta "Culturas Temporárias em Formação" (1.1.3.2), caso se trate de culturas temporárias; tratando-se de colheita de cultura permanente, transfere-se para a conta "Colheitas em Andamento" (1.1.3.3).

Dessa maneira, o estoque será evidenciado no Balanço Patrimonial pelo seu valor de custo, dispensando-se o Inventário Periódico, principalmente para a cultura em formação.

TESTES

1. No plano de contas de uma empresa agropastoril, a conta "Insumos" constitui-se de:
( ) a) Todo o material empregado na fabricação de um produto
( ) b) Produtos que compõem uma cultura, como sementes, adubos etc.
( ) c) Ferramentas utilizadas no trabalho de formação e manutenção de uma cultura
( ) d) N.D.A.

2. Com relação ao inventário de estoque, pode-se dizer que:
( ) a) O melhor método na atividade agrícola é o inventário permanente
( ) b) Adotando o inventário periódico, torna-se difícil avaliar uma cultura em formação ou uma safra em formação
( ) c) No inventário periódico, torna-se fácil avaliar uma cultura em formação ou uma safra em formação
( ) d) As alternativas *a* e *b* estão corretas

3. A conta "Matéria-prima" para uma indústria equivale, na Contabilidade Agropecuária, a:
( ) a) Produtos Agrícolas
( ) b) Culturas Temporárias em Formação
( ) c) Almoxarifado
( ) d) Insumos

4. A conta "Estoques de Produtos em Elaboração" para uma indústria equivale, na Contabilidade Agropecuária, a:

( ) a) Produtos Agrícolas
( ) b) Ativos Biológicos
( ) c) Almoxarifados
( ) d) Materiais

5. A conta "Produtos Acabados" para uma indústria equivale, na Contabilidade Agropecuária, a:
( ) a) Produtos Agrícolas
( ) b) Colheitas em Andamento
( ) c) Almoxarifado
( ) d) Insumos

6. Cultura temporária em formação (Ativos Biológicos) é classificada como:
( ) a) Ativo – Circulante – Estoque
( ) b) Ativo – Não Circulante – Investimento
( ) c) Ativo – Não Circulante – Imobilizado
( ) d) Ativo – Não Circulante – Intangível

7. Cultura permanente em formação (Ativos Biológicos) é classificada como:
( ) a) Ativo – Circulante – Estoque
( ) b) Ativo – Não Circulante – Investimento
( ) c) Ativo – Não Circulante – Imobilizado
( ) d) Ativo – Não Circulante – Intangível

8. Cultura permanente formada (Ativos Biológicos) é classificada como:
( ) a) Ativo – Circulante – Estoque
( ) b) Ativo – Não Circulante – Investimento
( ) c) Ativo – Não Circulante – Imobilizado
( ) d) Ativo – Não Circulante – Intangível

9. O custo do beneficiamento de uma safra será acumulado a:
( ) a) Produtos Agrícolas
( ) b) Culturas Temporárias em Formação
( ) c) Almoxarifado
( ) d) Insumos

10. As contas "Benfeitorias Rurais", "Estradas", "Açudes", "Cercas" etc. serão classificadas como:

( ) a) Ativo – Circulante – Estoque
( ) b) Ativo – Não Circulante – Investimento
( ) c) Ativo – Não Circulante – Imobilizado
( ) d) Ativo – Não Circulante – Intangível

EXERCÍCIOS

1. A Fazenda Santa Gertrudes dispõe de um investimento dos seus proprietários de $ 200.000. Temos os seguintes gastos:

   - Edifícios – construções . . . . $ 50.000
   - Cultura de café (em andamento) . . . . $ 110.000
   - Cultura de arroz (em andamento) . . . . $ 10.000
   - Cultura de cana-de-açúcar (em andamento) . . . . $ 5.000

   a) A cultura de café será classificada no Balanço Patrimonial no grupo de contas: _____

   b) A cultura de arroz será classificada no Balanço Patrimonial no grupo de contas: _____

   c) A cultura de cana-de-açúcar será classificada no Balanço Patrimonial no grupo de contas: _____

   d) A cultura _____ sofrerá depreciação, em média, de 10% ao ano.

   e) A cultura _____ sofrerá exaustão.

   f) A colheita do café, assim como de outros produtos agrícolas, poderá ser avaliada a preço de: _____

2. A Fazenda Cafelândia S.A. planeja os ciclos que se seguem em relação à sua cultura de café:

   1º Ciclo: ocorre do 18º mês até o 30º mês, caracterizando-se esse ciclo pelos maiores investimentos. É importantíssimo desde já planejamento contábil bem estruturado e controle das despesas a serem diferidas.

   2º Ciclo: integra a normalidade do exercício social propriamente dito.

Estrutura Contábil

O estoque de produtos acabados será formado de:
- Café beneficiado (pronto para venda futura).

♦ Café em coco (estocado para venda futura).

O custo da cultura será basicamente:

a) sementes;
b) adubos;
c) defensivos;
d) mão de obra;
e) depreciação;
f) gastos indiretos.

O Ativo Não Circulante (Imobilizado) será formado de:

a) máquinas e equipamentos;
b) semoventes;
c) imobilizado em andamento;
d) cafezal em formação;
e) benfeitorias.

O Passivo Circulante será constituído de:

a) fornecedores;
b) obrigações sociais;
c) credores diversos;
d) obrigações tributárias.

O Ativo Não Circulante (ELP) será composto da conta "Financiamentos".

Considerando os dados anteriores, estruturar um plano de contas resumido para a Fazenda Cafelândia S.A.

3. Relacione os itens Estoque e Imobilizado de uma indústria com a Contabilidade Agrícola (considerando uma Cultura Temporária e outra Permanente).

4. Estruture, baseando-se no Capítulo 2, um pequeno Plano de Contas, apenas com o ativo, considerando somente as contas peculiares de uma cultura de alho e cebola.

Contabilidade da Pecuária – Introdução

 VEJA NESTE CAPÍTULO

- Tipos de atividade pecuária.
- Onde classificar o rebanho no balanço patrimonial.
- O rebanho em estoque: circulante ou realizável a longo prazo (não circulante).
- Planificação contábil na pecuária.
- Receita econômica na pecuária: o ganho pelo nascimento e pleno crescimento do gado.
- Superveniências × insubsistências ativas (ajustes ao valor justo).
- Avaliação do rebanho: preço de mercado × preço de custo.

6.1 Introdução

Basicamente, no Brasil, em termos de contabilidade da pecuária (Ativos Biológicos), há dois tipos de avaliação do estoque vivo (plantel): valores de custo e valores de mercado (Valor Justo).

O objetivo básico deste capítulo é a interpretação e a análise desses dois tipos de avaliação que podem até ser tratados como duas modalidades contábeis. Abordaremos a qualidade dos Relatórios Contábeis quando elaborados segundo uma metodologia ou outra, os efeitos na política de dividendos e no Imposto de Renda. Enfim, com base na Teoria Contábil e na legislação brasileira, serão tratados esses dois métodos e apresentados, através de exemplos, seus efeitos fiscais e gerenciais.

Inicialmente, são feitos alguns esclarecimentos sobre a atividade pecuária bovina.

6.2 Tipos de atividade pecuária

Existem três fases distintas, na atividade pecuária de corte, pelas quais passa o animal que se destina ao abate:

a) *Cria*: a atividade básica é a produção de bezerros que só serão vendidos após o desmame. Normalmente, a matriz (de boa fertilidade) produz um bezerro por ano.
b) *Recria*: a atividade básica é, a partir do bezerro adquirido, a produção e a venda do novilho magro para a engorda.
c) *Engorda*: a atividade básica é, a partir do novilho magro adquirido, a produção e a venda do novilho gordo.

Há empresas que, pelo processo de combinação das várias fases, obtêm até seis alternativas de produção (especializações):

- cria;
- recria;
- cria-recria;
- cria-recria-engorda;
- recria-engorda;
- engorda.

De maneira geral, observa-se que a especialização da empresa está perfeitamente correlacionada ao tamanho da área de pastagem.

Assim, por um lado, a atividade cria-recria declina acentuadamente à medida que aumenta o tamanho da empresa, notadamente a cria. Por outro lado, a atividade cria-recria-engorda (sistema integrado), principalmente a de engorda, cresce à medida que aumenta o tamanho da empresa.

Este capítulo enfatiza as atividades pecuárias que englobam as três fases, cria-recria-engorda, ou seja, o tratamento do bezerro desde quando nasce até ser vendido para abate, quando adulto (gordo).

6.3 Classificação do gado no balanço patrimonial

6.3.1 Gado bovino

O gado que será comercializado pela empresa, em forma de bezerro, novilho magro ou novilho gordo, deverá ser classificado no estoque.

O gado destinado à procriação ou ao trabalho, que não será vendido[1] (reprodutor-touro ou matriz-vaca), será classificado no Ativo Não Circulante Imobilizado.

---

[1] No momento não há intenção de vender o gado, embora no futuro possa ser vendido.

6.3.2 Classificação segundo o Fisco

O Fisco, por meio do Parecer Normativo nº 57/76, indica a seguinte classificação:

Ativo Não Circulante
Imobilizado (Ativos Biológicos)

- *Gado reprodutor*: representado por touros puros de origem, touros puros de cruza, vacas puras de cruza, vacas puras de origem e plantel destinado à inseminação artificial.
- *Gado de renda*: representado por bovinos, suínos, ovinos e equinos que a empresa explora para a reprodução de bens que constituem objeto de suas atividades.
- *Animais de trabalho*: compreendem equinos, bovinos, muares, asininos destinados a trabalho agrícola, sela e transporte.

Ativo Circulante: compreende aves, gado bovino, suínos, ovinos, caprinos, coelhos, peixes e pequenos animais destinados à revenda, ou a serem consumidos.

6.3.3 Classificação do gado para corte e para reprodução (Ativos Biológicos)

Comumente, muitas fazendas destinam parte do rebanho em formação para a reprodução. Normalmente, numa atividade bovina de corte, as fêmeas e, às vezes, alguns machos são separados para a reprodução.

Todavia, a decisão de incorporar ao plantel permanente parcela do rebanho nascida na própria fazenda (ou mesmo adquirida), com a finalidade de reprodução, só é possível quando o gado demonstrar qualidade para tal: fertilidade, ardor sexual, carcaça, peso etc. Dessa forma, recomenda-se classificar todo o rebanho nascido na fazenda como Estoque (Ativo Circulante). Somente quando houver certeza de que o animal tem habilidade para a procriação ele será transferido para o Ativo Não Circulante – Imobilizado. Em ambos os casos são denominados Ativos Biológicos.

Caso contrário, em termos contábeis, é complexo contabilizar o recém-nascido como Não Circulante – Imobilizado, pois muitos não atenderiam aos requisitos necessários para a reprodução, só identificáveis no estado adulto, sendo reclassificados, portanto, no Ativo Circulante para serem vendidos.

Além dos problemas normais, como depreciação, baixa de Ativo Imobilizado, são encontrados problemas com o Fisco em relação à transferência do Não Circulante para o Circulante, uma vez que é vedada tal reclassificação (Parecer Normativo CST nº 3/80).

Para evitar o trânsito constante entre Não Circulante e Circulante, portanto, aconselha-se manter no Ativo Circulante, até o período da experimentação, o plantel destinado à reprodução. Constando-se habilidade reprodutiva, aí sim classifica-se, definitivamente, no Não Circulante Imobilizado. Caso contrário, deve permanecer em estoque até o momento da venda.

O próprio Fisco corrobora com este argumento quando no Parecer Normativo nº 57/76, já citado, diz que "no Ativo Imobilizado serão classificados o *Gado Reprodutor* representado por touros..., vacas... e plantel destinado à inseminação artificial" (Ativos Biológicos), não obrigando contabilizar no Imobilizado os bezerros.

Na transferência do Circulante para o Não Circulante, se o plantel estiver avaliado a preço de custo, às vezes é necessário fazer reavaliação desde o nascimento do bezerro até o momento da transferência.

6.4 Curto e longo prazos na pecuária

Uma pergunta pode surgir neste momento: por que os estoques em formação, com ciclo operacional elevado, normalmente ultrapassando três anos, não são classificados no Realizável a Longo Prazo (Não Circulante)?

Conforme a Lei das Sociedades por Ações, classificam-se no Ativo Circulante as disponibilidades, os direitos realizáveis no curso do exercício social subsequente e as aplicações de recursos em despesas do exercício seguinte. Entende-se, dessa forma, que todos os bens e direitos realizáveis a curto prazo serão classificados no Ativo Circulante.

Todavia, a mesma lei dispõe que, na empresa em que o ciclo operacional[2] tiver duração maior que o exercício social (um ano), a classificação no Circulante ou Realizável a Longo Prazo (Não Circulante) terá por base o prazo desse ciclo.

Portanto, o curto prazo para a pecuária será igual ao seu ciclo operacional, em média três a quatro anos. Dessa forma, os estoques constarão no Ativo Circulante e não no Realizável a Longo Prazo (Não Circulante). Ressalte-se que a regra é a mesma para o Passivo Exigível.

6.5 Plano de contas

Assim como na Contabilidade Agrícola, apresenta-se um plano de contas bastante simplificado, que envolve apenas as principais contas referentes ao rebanho. Para um estudo mais aprofundado, veja o livro *Contabilidade da pecuária*, de nossa autoria.

---

[2] Ciclo Operacional é o período de produção, venda e recebimento da venda. Na pecuária é o período de tempo que vai desde o nascimento do bezerro até a sua venda, como novilho gordo, ao frigorífico, e consequente realização financeira (recebimento do dinheiro).

6.5.1 Balanço patrimonial

1 ATIVO
1.1 Ativo Circulante

1.1.1 Disponível
    1.1.2 Clientes e títulos
    1.1.3 Ativos Biológicos
        1.1.3.1 Bezerros de 0 a 8 meses
        1.1.3.2 Bezerras de 0 a 8 meses
        1.1.3.3 Novilhos de 9 a 18 meses
        1.1.3.4 Novilhas de 9 a 18 meses
        1.1.3.5 Novilhos de 19 a 36 meses
        1.1.3.6 Novilhos acima de 37 meses
        1.1.3.7 Novilhas acima de 19 meses (em experimentação)
        1.1.3.8 Garrotes (tourinhos) acima de 25 meses (em experimentação)
        1.1.3.9 --------------------

1.2 Não Circulante

1.2.1 **Realizável** a Longo Prazo
    ------------------ 	
    ------------------ 	
    1.2.2 *Investimentos*
    ------------------ 	
    ------------------ 	
    ------------------ 	
    1.2.3 *Imobilizado*
        1.2.3.1 Ativos Biológicos – Rebanhos
            ♦ Reprodutores
            ♦ Matrizes
        1.2.3.2 Terras
        1.2.3.3 Pastagens
            ♦ Pastagens em formação (veja Cultura Permanente, Capítulo 2)
            ------------------ 	
            ------------------ 	
            ------------------ 	
            ♦ Pastagens artificiais formadas
            ♦ Pastagens naturais formadas
              (–) Exaustão
        1.2.3.4 Benfeitorias em propriedade própria
            ♦ Estradas
            ♦ Campo de pouso
            ♦ Pontes
            ♦ Barragens e açudes

- Poços artesianos
- Cercas, porteiras, mata-burros, bebedouros

1.2.3.5 Instalações
- Rádios transceptores e acessórios
- Instrumentos de apoio aéreo
- Rede de esgoto

- Rede hidráulica

- Rede elétrica

1.2.3.6 Prédios e construções
- Mangueirões
- Estábulos
- Currais e curraletes
- Casa-sede
- Alojamento para empregados
- Residência de hóspedes
- Farmácia, enfermaria, escolas, clube....

1.2.3.7 Máquinas, motores e veículos
- Tratores de esteiras
- Tratores de pneus
- Máquinas de beneficiamento
- Motoniveladoras
- Caminhões, *jeeps*, camionetes
- Aeronaves
- Carros, carroças, carretas....

1.2.3.8 Aparelhos, equipamentos e ferramentas
- Arados, grades, plainas....
- Arreios e pertences
- Equipamentos de inseminação...

1.2.3.9 Móveis e utensílios

1.2.3.10 Ativos Biológicos – Animais de trabalhos
- Cavalos e éguas
- Burros e mulas
- Jumentos, bois...

1.2.3.11 Ativos Biológicos – Animais e aves de cria
- Ovinos
- Caprinos
- Equinos
- Suínos

1.2.3.12 Ativos Biológicos – Culturas permanentes

(–) Depreciação acumulada
(–) Exaustão acumulada

1.2.4 *Intangível*
(–) Amortização acumulada

6.5.2 Demonstração do resultado do exercício

4 Receita Bruta
  4.1 Receita do gado bovino
    4.1.1 Venda do gado bovino
    4.1.2 Variação Patrimonial Líquida (Ativos Biológicos – método de valor de mercado)
  4.2 Outras Receitas
    4.2.1 Leite

      ----

5 Custo/Despesa/Deduções
  5.1 Custo do gado vendido (método de custo)
  5.2 Custo do rebanho no período (método de valor de mercado)
  5.3 Despesas operacionais e outros itens

6.6 Sistema auxiliar de conta

Admite-se um sistema de Custo Integrado à Contabilidade, um sistema auxiliar de contas com a demonstração de Custo do Rebanho em Formação:

6.6.1 Custo de produção

Custo do Rebanho em Formação
1. Salários
2. 13º Salário
3. Férias
4. Gratificações
5. Indenizações trabalhistas
6. Aviso-prévio
7. INSS
8. FGTS
9. Outros encargos sociais
10. Assistência médica e social
11. Manutenção, conservação e limpeza
12. Combustível e lubrificante
13. Consumo de luz, força e gás
14. Seguros
15. Depreciação de instalações
16. Depreciação e exaustão de pastos e outros ativos da produção
17. Serviços profissionais
18. Viagens e estradas
19. Fretes e carretos
20. Peças de reposição
21. Sal, rações, farelos e outros alimentos
22. Medicamentos, vacinas e inseticidas
23. Cercas – manutenção
24. Pastos – conservação
25. Gastos não reembolsáveis com alimentação de assalariados
26. Mão de obra avulsa
27. Aluguéis de pastos
28. Depreciação de matrizes
29. Depreciação de reprodutores
30. Provisões para férias, 13º salário e outros
31. Gastos com rastreabilidade
32. Materiais de inseminação

6.6.2 Outros gastos – fazenda

Esses gastos são indiretos ao rebanho, mas fazem parte dos gastos gerais da fazenda. Cabe à Contabilidade definir o critério de custeio desse item: será considerado como gasto do período (hipótese pouco aceita) ou como custo do rebanho em formação, ou parte como despesa do exercício (administração geral da fazenda) e parte como custo do rebanho (custos indiretos).

GASTOS INDIRETOS AO REBANHO
1. Salários, ordenados e encargos sociais
2. Gastos com pessoal
3. Materiais de uso geral – administração da fazenda
4. Material de cozinha e alojamentos
5. Ambulatório e farmácia
6. Despesas das oficinas mecânica e elétrica
7. Despesas com gado e outros animais de trabalho
8. Despesas com veículos
9. Despesas com tratores, máquinas pesadas e equipamentos
10. Manutenção e reparos em geral da fazenda
11. Despesas da casa-de-força
12. Despesas de comunicações (Internet, telefone)
13. Seguros diversos
14. Impostos e taxas
15. Despesas financeiras – fazenda
16. Despesas de viagem
17. Outras despesas administrativas – fazenda
18. Depreciação de componentes da fazenda
19. Amortizações
20. Exaustões
21. Utilidade e serviços de terceiros

6.7 Variação patrimonial líquida (Ajustes a Valor Justo)

6.7.1 Nas empresas em geral

No plano de contas proposto no item "Receitas do Gado Bovino" foi destacada uma conta denominada "Variação Patrimonial Líquida" (4.1.2), que corresponde às variações dos Ativos Biológicos.

A expressão *variação patrimonial* significa mudança de valor no patrimônio da empresa pela alteração de um ou mais itens patrimoniais.

Essa variação decorre em virtude da mudança de valores de itens patrimoniais da empresa, que representam uma variação econômica e não financeira, porquanto não houve entrada ou saída de dinheiro.

Na verdade, todas as empresas evidenciam a variação de valores: não há dúvida de que o estoque de uma empresa industrial e comercial constantemente aumenta de valor.

Ressalte-se, todavia, que os acréscimos de valor nos estoques das empresas industriais e comerciais, com raras exceções, variam proporcionalmente à inflação, não representando propriamente um ganho real. Além disso, mesmo que variassem acima da inflação, deve-se considerar que a rotação média (giro) do estoque é bastante rápida, evitando que o ganho econômico permaneça oculto no Ativo por muito tempo.

6.7.2 Na pecuária

Nas empresas pecuárias essas variações são intensas. Normalmente, o plantel (Ativos Biológicos) em estoque varia de preço acima da inflação, uma vez que o gado, pelo seu crescimento natural, ganha peso e envergadura com o passar do tempo. Dessa forma, o Ativo é acrescido de valor econômico real.

Se isso não bastasse, observa-se que o giro do estoque na pecuária é bastante lento; em alguns casos, espera-se até quatro anos para se vender o estoque. Dessa maneira, para melhor informar os usuários da contabilidade, é fundamental o reconhecimento da variação patrimonial.

6.7.3 Variação patrimonial líquida

A variação patrimonial, no entanto, não representa exclusivamente ganho econômico; podem ocorrer também, para se apurar a Variação Patrimonial Líquida, reduções ou perdas que serão subtraídas daquele ganho.

Por um lado, um nascimento de um bezerro (Ativos Biológicos) representará acréscimo patrimonial, ganho econômico; por outro lado, a morte de um bezerro, ou novilho, ou qualquer outro animal significa redução (perda) do patrimônio, devendo ser subtraída dos ganhos para se apurar o valor líquido.

6.7.4 Superveniências ativas × insubsistências ativas (conforme a teoria da contabilidade)[3]

Superveniências Ativas: significam acréscimos, ganhos em relação ao Ativo da empresa. São os acréscimos que ocorrem em virtude de nascimento de animais e ganhos que ocorrem do crescimento natural do gado. São as variações patrimoniais positivas relativas aos Ativos Biológicos.

---

[3] No CPC 29, que aborda Ativos Biológicos, estes termos "superveniências" e "insubsistências ativas" não existem.

Insubsistências Ativas: significam reduções do Ativo da empresa causadas por perdas, fatos anormais, fortuitos e imprevistos. É o caso típico de mortes, desaparecimentos de animais do rebanho etc. São as variações patrimoniais negativas, ou seja, as diminuições reais dos Ativos Biológicos.

Dessa forma, o plano de contas apresentado pode ser enriquecido com a inclusão dessas contas:

4 RECEITA BRUTA
4.1 Receita do gado bovino
4.1.1 Venda do gado bovino
4.1.2 Variação patrimonial líquida
4.1.2.1   Superveniências Ativas
4.1.2.2 (–) Insubsistências Ativas[4]

6.8 Método de custo × método a valor de mercado (Valor Justo)

Embora esses tópicos sejam tratados individualmente em capítulos específicos, à frente, faz-se aqui uma pequena introdução.

A contabilização do rebanho, para apuração de resultados anuais na data do balanço, poderá ser inventariada pelo *preço real de custo* (denominado por nós método de custo) ou pelo *preço corrente de mercado* (denominado por nós método a valor de mercado). Contabilmente, o método de custo poderá ser considerado apenas quando não se tiver segurança no uso do Valor Justo (Valor de Mercado).

6.8.1 Método de custo

O *método de custo* assemelha-se a uma empresa industrial: todo o custo da formação do rebanho é acumulado ao plantel e destacado no "Estoque" (Ativos Biológicos 1.1.3). Por ocasião da venda do plantel, dá-se baixa no Estoque, debitando-se o "Custo do Gado Vendido" (conta 5.1). Portanto, a apuração do lucro será no momento da venda.

---

[4] Termos não considerados nos conceitos de Ativos Biológicos. Podemos chamar de "Ajustes a Valor Justo."

Balanço Patrimonial	Demonstração do Resultado do Exercício

Ativo Circulante
Ativos Biológicos (1.1.2)
  Plantel
 	
  (Preço real de custo)
  XXXXX
  XXXXX
  XXXXX   XXXXX ------ Na venda
  XXXXX
  Custo de
  formação
  do rebanho
	Receita Bruta
	
	Venda
	Gado Vendido (4.1.1) - - - - -
	(−) Custo do Gado Vendido (5.1) (- - - -)
	Lucro Bruto - - - - -

6.8.2 Método a valor de mercado

O *método a valor de mercado* (Valor Justo) considera o preço de mercado do plantel que normalmente é maior que o custo, reconhecendo-se um ganho econômico periodicamente (normalmente uma vez por ano), em virtude do crescimento natural do rebanho. Dessa forma, o gado fica destacado na conta "Estoque – Ativos Biológicos" (1.1.3) pelo seu valor de mercado (e não de custo), e no resultado é reconhecido o ganho econômico do período, ou seja, a diferença a maior do valor de mercado atual sobre o valor no período anterior. Denomina-se ganho econômico, uma vez que não houve entrada de dinheiro, mas valorização do plantel.

Balanço Patrimonial	Demonstração do Resultado do Exercício

Ativo Circulante
Ativos Biológicos (1.1.3)
  Plantel
 	
  (Preço corrente
  de mercado)
 	
  XXXX
 	
  (acréscimo do valor do gado
  de um ano para outro)
	(X1)
	
	Receita Bruta
	Variação Patrimonial Líquida
	
	(Receita Econômica) - - - - -
	(−) Custo do Rebanho
	     no Período (- - - -)
	Lucro Bruto (Econômico) - - - - -

No ano seguinte, o rebanho contabilizado no Estoque pelo valor de mercado será avaliado com o novo preço de mercado. O acréscimo no preço de mercado de um ano para outro será adicionado no Estoque e creditado como Variação Patrimonial Líquida (Superveniências Ativas). Da Variação Patrimonial Líquida será subtraído o custo do rebanho no período para se apurar o novo lucro econômico.

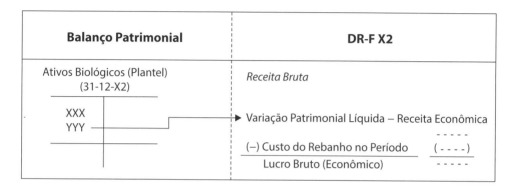

Portanto, por esse método apura-se anualmente o lucro.

A realização financeira do lucro econômico ocorrerá por ocasião da venda do plantel; dá-se, então, baixa na conta "Estoque Ativos Biológicos", em contrapartida da conta "Caixa" ou "Duplicatas a Receber", como será visto no Capítulo 9.

Exemplo simples diferenciando ambos os métodos

A Fazenda Coralina possui em seu estoque, no início de 20X1, dez cabeças de gado registradas a $ 900, totalizando $ 9.000.

Durante o ano de 20X1 nada se vendeu, nada se comprou em termos de plantel bovino.

Constatou-se durante esse ano um custo de manutenção do rebanho de $ 10.600.

O valor de mercado de cada cabeça no final do ano era de $ 2.100, totalizando $ 21.000.

Método de Custo		Método a Valor de Mercado	
Balanço Patrimonial	**DRE**	**Balanço Patrimonial**	**DRE**
Ativo Circulante Ativos Biológicos .... 9.000 + Custo Acumulado 10.600 19.600	Nada se registra, pois não houve venda do gado; portanto, não se apura o resultado.	*Ativo Circulante* Ativos Biológicos .... 9.000 + Valorização 12.000 21.000	V. Patrimoniais Líquidas... 12.000 C. Prod. ... (10.600) L. Econômico...... 1.400
O crescimento biológico e o ganho de peso não são reconhecidos como ganho econômico.		Reconhece o ganho econômico mostrando aos usuários que valeu a pena manter o rebanho no ano, já que trouxe lucro econômico para a empresa.	

6.9 Nascimento do bezerro

6.9.1 Método do valor de mercado

No que tange às crias nascidas durante o ano social, serão contabilizadas pelo valor corrente de mercado a débito da conta de Ativo a que se destina e a crédito da Variação Patrimonial Líquida (ou Receitas Econômicas). Em seguida, será contabilizado o custo correspondente à produção das crias (que está contido na conta "Custo do Rebanho no Período") para se apurar, por meio de confronto da receita econômica com o custo, o resultado do período.

Normalmente o valor de mercado da cria nascida é maior que o custo, propiciando um lucro econômico.[5]

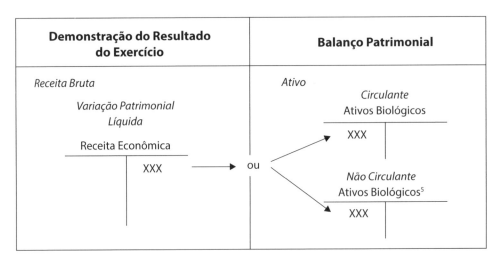

---

[5] Na hipótese de se contabilizar o bezerro, já quando nasce, como Imobilizado, admitindo-se que servirá como reprodutor. Essa hipótese, como já vimos, não é recomendada.

6.9.2 Métodos de custo

Conforme entendimento fiscal,[6] por meio de parecer normativo, o tratamento dado às cabeças nascidas deverá ser o mesmo que o apresentado ao valor de mercado, ou seja, contabiliza-se o bezerro em uma conta do Ativo pelo preço real de custo e a crédito de Superveniências Ativas para apuração do resultado do período.

Discordamos plenamente desse parecer fiscal, pois, se contabilizarmos o bezerro como receita econômica (Superveniências Ativas) ao preço real de custo, esse mesmo custo deveria ser contabilizado como "custo de produção" (ou custo do bezerro nascido), para se cumprir o regime de competência (Princípio da Realização da Receita e Confrontação da Despesa). Ora, deduzindo-se o custo do bezerro nascido das Superveniências Ativas, ao preço real de custos, o resultado seria zero, de nada valendo essa maneira de contabilização, pois se trata do mesmo valor.

Além disso, se reconhecermos como receita o nascimento do bezerro, deveremos também fazê-lo para o crescimento natural do animal; tal procedimento não é praticado no método de custo, não havendo consistência entre um procedimento e outro.

A nosso ver, o nascimento da cria, quando utilizado o método de custo, deve ser contabilizado pelo valor de custo (é claro), apenas como estoque, sem o reconhecimento da receita, como será visto no capítulo seguinte.

ATIVOS BIOLÓGICOS[7]

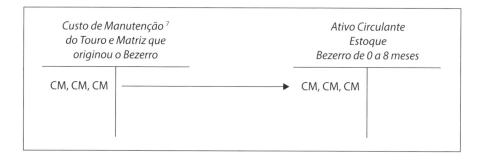

TESTES

1. Bezerros nascidos destinados a corte devem ser classificados como:
   - ( ) a) Ativo – Circulante – Ativos Biológicos
   - ( ) b) Ativo – Não Circulante – Imobilizado
   - ( ) c) Custo do Produto Vendido
   - ( ) d) Perdas Extraordinárias

---

[6] PN 57, de 30-7-76.
[7] Inclusive a depreciação.

2. Bezerros nascidos destinados à reprodução, conforme sugestão deste livro, devem ser classificados como:
   ( ) a)   Ativo – Circulante – Ativos Biológicos
   ( ) b)   Ativos Biológicos – Não Circulante – Imobilizado
   ( ) c)   Custo do Produto Vendido
   ( ) d)   Perdas Extraordinárias

3. Vacas-matrizes – em experimentação – devem ser classificadas como:
   ( ) a)   Ativo – Circulante – Ativos Biológicos
   ( ) b)   Ativos Biológicos – Não Circulante – Imobilizado
   ( ) c)   Custo do Produto Vendido
   ( ) d)   Perdas Extraordinárias

4. Vacas-matrizes – em plena produção – devem ser classificadas como:
   ( ) a)   Ativo – Circulante – Ativos Biológicos
   ( ) b)   Ativos Biológicos – Não Circulante – Imobilizado
   ( ) c)   Custo do Produto Vendido
   ( ) d)   Perdas Extraordinárias

5. Vacas-matrizes – que já não apresentam condições de procriação – devem ser descartadas e classificadas como (considere o Imposto de Renda):
   ( ) a)   Ativo – Circulante – Ativos Biológicos
   ( ) b)   Ativos Biológicos – Não Circulante – Imobilizado
   ( ) c)   Custo do Produto Vendido
   ( ) d)   Perdas Extraordinárias

6. Novilhos vendidos devem ser classificados como:
   ( ) a)   Ativo – Circulante – Ativos Biológicos
   ( ) b)   Ativos Biológicos – Não Circulante – Imobilizado
   ( ) c)   Custo do Produto Vendido
   ( ) d)   Perdas Extraordinárias

7. Touros descartados e vendidos devem ser classificados como:
   ( ) a)   Ativo – Circulante – Ativos Biológicos
   ( ) b)   Ativos Biológicos – Não Circulante – Imobilizado
   ( ) c)   Custo do Produto Vendido
   ( ) d)   Despesa/Receita não Operacional

8. Animais de trabalho devem ser classificados como:

( ) a) Ativo – Circulante – Ativos Biológicos
( ) b) Ativos Biológicos – Não Circulante – Imobilizado
( ) c) Custo do Produto Vendido
( ) d) Perdas Extraordinárias

9. Animais mortos (morte acidental e anormal) devem ser classificados como:
( ) a) Ativo – Circulante – Ativos Biológicos
( ) b) Ativos Biológicos – Não Circulante – Imobilizado
( ) c) Custo do Produto Vendido
( ) d) Perdas Extraordinárias

10. Bezerros roubados em grande número devem ser classificados como:
( ) a) Ativo – Circulante – Ativos Biológicos
( ) b) Ativos Biológicos – Não Circulante – Imobilizado
( ) c) Custo do Produto Vendido
( ) d) Perdas Extraordinárias

EXERCÍCIOS

1. A Cia. Gadolândia tem a seguinte política em relação à movimentação do rebanho de reprodutores e matrizes de gado puro: registra o valor dos gados reprodutores e matrizes controlados genealogicamente pela fazenda. São também conhecidos pela nomenclatura de Gado de Raça ou Gado Fino P.O. (Puro de Origem) e Gado Fino P. C. (Puro de Cruza).

    Esse tipo de rebanho só é ativado quando passa a fazer parte do plantel de reprodutores da fazenda.

    Quanto ao controle físico, a Cia. Gadolândia anexa ao documento de lançamento contábil uma relação com o número dos certificados de controle de origem e o valor individualizado dos gados ativados. Além disso, determina que os bens patrimoniais sejam controlados por fichas patrimoniais, e que essas fichas sejam confeccionadas respeitando-se a legislação (RIR), mas que contenham espaço para anotação das ocorrências com o gado (ou rebanhos), tais como: data da imobilização, vacinação, cruza, tratamento de doenças etc.

    A data correta da imobilização é importante para a Cia. Gadolândia porque é a partir dessa data que o gado passará a sofrer depreciação. Esse procedimento também facilitará a baixa do gado do *Ativo Imobilizado* por venda, morte, perda ou descarte para o Circulante ou ainda para consumo.

Contabilizar as seguintes operações nos razonetes da Cia. Gadolândia:

a) Transferência de $ 500 mil de tourinhos em formação, considerados plantel em estoque, para a conta "Reprodutores Selecionados – Ativo Imobilizado".

b) Compra de $ 200 mil de matrizes P.O. de 36 meses, conforme certificado de origem.

c) Transferência de $ 50 mil de reprodutores para a conta "Reprodutores Descartados", do Ativo Circulante, para engorda e posterior venda.

2. Embora este capítulo tenha tratado especificamente da *atividade pecuária*, não se poderia deixar de incluir num plano de contas, ainda que de maneira superficial, um elenco de contas decorrentes de atividades que, muitas vezes, são desenvolvidas concomitantemente com a pecuária bovina. Tais atividades são diversificadas de acordo com a região onde se localiza a fazenda. Elaborar um plano de contas somente com os itens de Estoque e Ativo Imobilizado de uma agropecuária cujas atividades, além da pecuária bovina, são:

   ♦ *outros rebanhos*: equinos, caprinos, ovinos, suínos, avicultura;
   ♦ *produção agrícola*: milho, cana-de-açúcar e soja;
   ♦ *outros produtos*: madeira, cerâmica e olaria.

3. Faça uma contabilidade simples, apresentando a Demonstração do Resultado e o Balanço para cada ano da empresa "Fazenda Luar do Sertão Ltda.", considerando: a) se o método utilizado for o custo histórico; b) se o método utilizado for o valor de mercado. Os dados são os seguintes:

ANO	20X1	20X2	20X3
Nasc. de 1 Bezerro: ♦ Custo ♦ V. Mercado	 4.000,00 5.500,00	 – –	 – –
1º Aniversário Bezerro passa a Novilho ♦ Custo de Manutenção ♦ V. Mercado Novilho	 – –	 3.000,00 10.000,00	 – –
2º Aniversário Bezerro passa p/ Boi Magro ♦ Custo de Manutenção (ano) ♦ V. Mercado do Boi Magro	 – –	 – –	 4.000,00 25.000,00

7

Contabilidade da Pecuária – Contabilização pelo Método de Custo[1]

 VEJA NESTE CAPÍTULO

- O que é o método de custo.
- Técnicas para utilização do método de custo.
- Um exemplo completo pelo método de custo.
- Uma fazenda que se dedicará à pecuária (em implantação).
- Contabilização pelo método de custo: desde o nascimento do bezerro até sua venda como boi gordo.
- Os efeitos no balanço patrimonial e no resultado quando da utilização do método de custo.
- Mapa de custos.

7.1 Conceito

Os ativos são incorporados à entidade pelo valor de aquisição ou pelo custo de fabricação (incluindo todos os gastos necessários para colocar o ativo em condições de gerar benefício para a empresa).

Alguns aspectos do Custo Histórico são evidenciados para justificar o uso desse princípio:

- *objetividade*: o Custo Histórico é uma medida impessoal, isto é, não depende de quem esteja avaliando os ativos;

---

[1] Este método é utilizado apenas para fins gerenciais.

- *verificabilidade*: como decorrência do aspecto anterior, qualquer valor do ativo, por meio de exame a qualquer tempo e por qualquer pessoa, poderá ser verificável, constatando-se o mesmo valor (o que facilita o trabalho dos auditores);
- *realização do lucro*: por meio desse princípio, reconhece-se somente o lucro realizado por negociação (venda), ou seja, não se reconhece o ganho econômico, como, por exemplo, a manutenção de estoque (ganho ou estocagem).

Pela sua aplicabilidade e pela sua aceitação entre os auditores, o Custo Histórico é amplamente utilizado pelos contadores.

Uma das críticas que se pode fazer ao Custo Histórico é a de que em uma economia com um pouco de inflação como a nossa, à medida que o tempo passa, os itens ativados pelo valor do custo se distanciam dos seus valores correntes de mercado, prejudicando a qualidade dos relatórios contábeis.

Dessa forma, por causa da inflação, o método de contabilização pelo custo não reflete o valor real dos estoques. Esse método também não reconhece o ganho econômico decorrente do crescimento do gado proporcionado pela natureza.

7.2 Técnica para utilização do custo histórico na pecuária (Ativos Biológicos)

Basicamente, a técnica consiste em apropriar ao rebanho os custos ocorridos e a eles pertinentes; periodicamente deve-se efetuar a distribuição proporcional do custo do rebanho entre as cabeças do rebanho. Citamos duas premissas básicas que serão usadas no nosso exemplo:

a) Inicialmente soma-se o custo do rebanho (salário, alimentação de gado, exaustão de pastagens, depreciação dos reprodutores, cuidados veterinários...) e divide-se o resultado pelo total de cabeças do rebanho em formação (em crescimento e aqueles nascidos no período). Tem-se, portanto, o custo médio de produção por cabeça, por período.

b) O número de cabeças do rebanho exemplificado a seguir não inclui, para efeito de rateio de custo, o gado reprodutor em plena produção, pois eles não recebem custos (já não estão em formação). Todavia, o custo da manutenção desse rebanho já formado (alimentação, tratamento veterinário, depreciação...) será incluído no custo do rebanho e distribuído para o rebanho em formação.

O raciocínio é o mesmo que se aplica a uma indústria: o custo de manutenção da máquina, conservação, energia elétrica... não é somado ao valor da máquina, mas distribuído proporcionalmente ao produto (estoque) em fabricação, em elaboração.

Seguindo essa linha na Contabilidade da Pecuária, o gado reprodutor tem função semelhante a máquinas e equipamentos de uma indústria, e o rebanho em formação seria o produto em elaboração de uma indústria (estoque).

Dessa forma, o custo será acumulado numa conta auxiliar, "Rebanho em Formação", e distribuído ao rebanho classificado no estoque (estoque vivo).

Essa técnica difere em alguns aspectos de empresa para empresa. Há aquelas que preferem, no momento do rateio por cabeça do rebanho, incluir os bezerros a nascer; outras, na distribuição dos custos, consideram apenas os bezerros nascidos. A título de exemplo, faz-se, a seguir, comentário sobre uma atividade pecuária em início de negócio até sua primeira venda; nesse caso, o custeio é realizado sobre os bezerros nascidos no ano e sobre outras categorias que compõem o plantel em estoque.

7.3 Dados para o exemplo (custo histórico)

A Fazenda Santa Mônica, recém-constituída, adquire, no início do ano X1, 100 matrizes por $ 1.000 cada uma e cinco touros por $ 2.000 cada um, para desenvolver atividade bovina de corte (cria-recria-engorda); as fêmeas produzidas na fazenda seriam, no terceiro ano, incorporadas ao Não Circulante (Imobilizado), após um período de experimentação.

BALANÇO PATRIMONIAL (INICIAL)	1-01-X1 (ou 31-12-X0)
Ativo	------
Circulante	
Não Circulante	
Imobilizado (Ativos Biológicos)	
Reprodutores	10.000
Matrizes	100.000
Total	110.000

Depreciação	
Gado reprodutor	8 anos
Gado matriz	10 anos

Diversos aspectos devem ser levados em conta na previsão de vida útil de gado reprodutor, como, por exemplo, a raça, as condições de vida do animal (clima, distâncias a percorrer etc.) e outros. Em cada caso, deve prevalecer o parecer técnico do veterinário. Em nosso exemplo, consideramos os prazos de vida útil usualmente admitidos para gado reprodutor e matriz puros. Veja esse assunto no Capítulo 4 deste livro (Depreciação na Agropecuária).

7.3.1 Durante o ano X1

Observam-se os seguintes fatos:

- nasceram 80 bezerros: 40 machos e 40 fêmeas;
- o custo com o rebanho do período foi de $ 36.000, incluindo manutenção do rebanho de reprodução e depreciação, exaustão da pastagem e conservação, salários de pessoal da fazenda, com veterinário, medicamentos, sal e rações (custo do rebanho em formação e outros custos da fazenda). Nesse caso, o *leite*[2] produzido pela matriz foi tratado como recuperação do custo, reduzindo o total do custo do rebanho.

Rateio do custo do rebanho em formação

Evidentemente, os touros e as matrizes não receberão custos, mas só o rebanho em estoque, que, neste caso, totaliza 80 bezerros nascidos:

$$\frac{36.000}{80} = \$\ 450\ \text{(custo unitário)}$$

Assim, os bezerros nascidos seriam avaliados da seguinte forma:

40 bezerros de 0 a 8 meses × $ 450 cada um	=	18.000
40 bezerras de 0 a 8 meses × $ 450 cada uma	=	18.000
	Total	36.000

---

[2] Estamos tratando com a pecuária de corte. Se fosse pecuária leiteira, a venda do leite seria lançada como Receita Operacional.

Cap. 7 • Contabilidade da Pecuária – Contabilização pelo Método de Custo 119

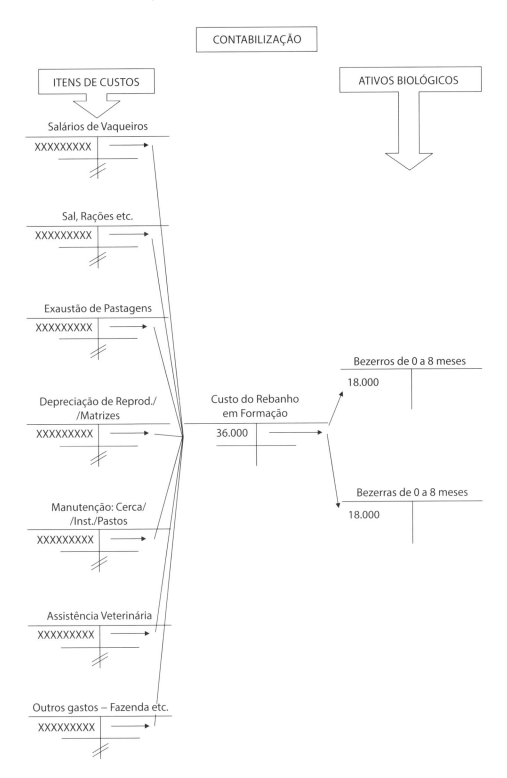

BALANÇO PATRIMONIAL

ATIVO	31-12-X0	31-12-X1
Circulante		
------------------	---------	---------
------------------	---------	---------
Ativos Biológicos		
Bezerros de 0 a 8 meses	– 0 –	18.000
Bezerras de 0 a 8 meses	– 0 –	18.000
------------------	---------	---------
		36.000
Não Circulante		
Imobilizado (Ativos Biológicos)		
Reprodutores	10.000	10.000
(–) Depreciação Acumulada	.....	(1.250)
Matrizes	100.000	100.000
(–) Depreciação Acumulada	.....	(10.000)
	110.000	98.750
Total (Ativos Biológicos)	110.000	134.750

Obs.: Os reprodutores são depreciados em oito anos e as matrizes em dez.

7.3.2 Durante o ano X2

Ocorrem os seguintes fatos:

- nasceram novamente 80 bezerros: 40 machos e 40 fêmeas (estamos admitindo uma taxa de natalidade de 80%);
- o custo do rebanho em formação foi de $ 120.000.

Rateio do custo do rebanho em formação

O rebanho em estoque, em X2, é de 160 cabeças.

$$\frac{\$\ 120.000}{160\ \text{cabeças}} = \$\ 750\ \text{por cabeça}$$

```
80 cabeças de X1     ⇒ 36.000 + (80 × 750) = 96.000
80 cabeças de X2 [bezerros(as)] ⇒ (80 × 750) =  60.000
         Total do rebanho em estoque         156.000
```

↳ Em X2, passam para a categoria de novilhos(as)

Uma questão que pode surgir, nesse momento, é quanto à adequação de atribuição de certos custos, tais como Depreciação e Manutenção dos Reprodutores, a todo o rebanho (inclusive aos novilhos), em vez de somente aos bezerros nascidos no ano.

Estão sendo considerados aqui custos médios, ou seja, o rebanho em formação recebe todos os custos, inclusive os retrocitados, admitindo-se que o rebanho só será vendido após a engorda; o custo é distribuído proporcionalmente ao longo dos vários lotes nascidos na própria fazenda. Assim, em todo rateio, cada lote recebe uma parcela dos custos referentes à reprodução.

Todavia, nada impede (e em certas situações é até recomendável, principalmente quando se vende o gado em estágio intermediário) que o custo originado na reprodução seja atribuído única e exclusivamente aos bezerros. Nesse caso, dois cuidados devem ser tomados:

- separar os custos referentes à reprodução, desde depreciação dos reprodutores, das instalações e dos pastos ocupados pelos reprodutores até a alimentação, cuidados veterinários, salários de vaqueiros etc., destinados aos reprodutores; considerando-se os obstáculos de controle devidos à extensão das fazendas, essa tarefa é bastante difícil;
- considerar os bezerros que estão para nascer. Observar que constituem estoques em formação e já provocam custos de manutenção da vaca grávida.

Se quiséssemos ratear os custos dos reprodutores pelos bezerros teríamos:

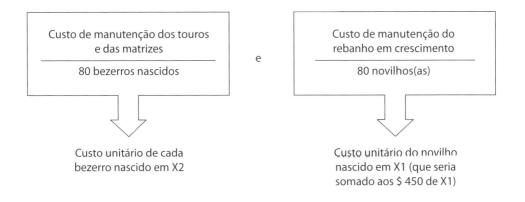

122 Contabilidade Rural · Marion

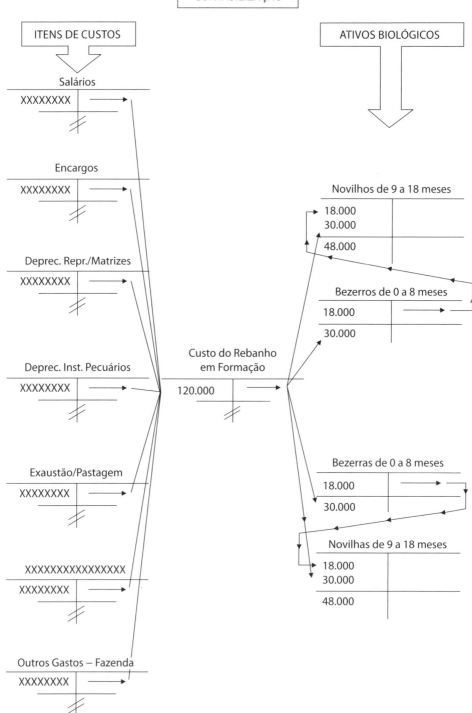

BALANÇO PATRIMONIAL

ATIVO	31-12-X0	31-12-X1	31-12-X2
Circulante			
----------	----------	----------	----------
----------	----------	----------	----------
Ativos Biológicos			
Bezerros de 0 a 8 meses	----------	18.000	30.000
Bezerras de 0 a 8 meses	----------	18.000	30.000
Novilhos de 9 a 18 meses	----------	----------	48.000
Novilhas de 9 a 18 meses	----------	----------	48.000
	----------	36.000	156.000
Não Circulante			
Imobilizado (Ativos Biológicos)			
Reprodutores	10.000	10.000	10.000
(–) Deprec. Acumulada	----------	(1.250)	(2.500)
Matrizes	100.000	(100.000)	100.000
(–) Deprec. Acumulada	----------	(10.000)	(20.000)
	110.000	98.750	87.500
Total (Estoque + Reprodutores)	110.000	134.750	243.500

7.3.3 Durante o ano X3

Ocorreram os seguintes fatos:

- nasceram 80 bezerros: 40 machos e 40 fêmeas;
- morreram 10 bezerros, no início de X3, referentes ao lote de bezerros de 0 a 8 meses;
- o custo do rebanho em formação foi de $ 276.000;

Com referência à morte de 10 bezerros

Para fins de avaliação, o custo dos bezerros de zero a 8 meses (nascidos em X2) é de $ 30.000, ou seja, $ 750 cada um ($ 30.000/40 bezerros). Dessa forma, o custo dos bezerros mortos é de $ 7.500 (10 × $ 750). Nesse exemplo, o custo das reses mortas será tratado como *perda do período* e não incorporado ao rebanho, evitando-se com isso onerar os animais vivos.

Observe-se que as mortes foram acidentais, aleatórias e involuntárias, por isso serão tratadas como perda do período, indo diretamente como resultado (não operacional). Todavia, tratando-se de mortes normais, inerentes ao processo de criação, previsíveis estatisticamente, serão tratadas como custos normais, permanecendo como "Custo do Rebanho" (não sendo baixado como perdas extraordinárias) diluindo-se por todo o rebanho.

Outro problema que poderia surgir é quanto ao valor para custeio dos animais que morreram durante o ano (veja-se que, no nosso exemplo, as mortes ocorreram no início do ano). A rigor, esses animais absorveram custo enquanto estiveram vivos; por isso, recomenda-se, no momento do rateio, custear proporcionalmente ao tempo de vida, considerando um sistema do tipo de Equivalência de Produção. Portanto, se a morte fosse em junho, trataríamos como cinco unidades inteiras (10 bezerros mortos × 1/2 ano) que receberiam custos para, a seguir, serem baixados.

Rateio do custo do rebanho em formação

Custo anual $ 276.000
Nº de cabeças que receberão custos:
| 80 | cabeças nascidas em X1

 80   cabeças nascidas em X2
(10) mortes em X3
| 70 |

| 80 | cabeças nascidas em X3
 230 cabeças – total

$$\frac{\$\ 276.000}{230\ \text{cabeças}} = \$\ 1.200 \text{ por cabeça}$$

Observe-se que, à medida que o rebanho cresce e se diversifica, fica mais difícil atribuir custos às diversas categorias. Por isso, nesta oportunidade, para um controle rigoroso sugerimos um mapa de custos.

80 nascidos	× $ 1.200 =	96.000
70[3] (X2)	× $ 1.200 =	84.000
80 (X1)	× $ 1.200 =	96.000
		276.000

---
[3] 30 machos 40 fêmeas.

MAPA DE CUSTOS

Período		Inventário Inicial (31-12-X2)		Nascimento no Período	Baixas antes do Custeio								Inventário antes do Custeio		Custo do período (já distribuído)	Total Acumulado (31-12-X3)
					Morte		Venda		Transferência		Abate					
		Q	Valor		Q	Valor	Q	Valor	Q	Valor	Q	Valor	Q	Valor		
X1	Macho	40	48.000	–	–	–	–	–	–	–	–	–	40	48.000	48.000	96.000
	Fêmea	40	48.000	–	–	–	–	–	–	–	–	–	40	48.000	48.000	96.000
X2	Macho	40	30.000	–	(10)	(7.500)	–	–	–	–	–	–	40	22.500	36.000	58.500
	Fêmea	40	30.000	–	–	–	–	–	–	–	–	–	40	30.000	48.000	78.000
X3	Macho	–	–	40	–	–	–	–	–	–	–	–	40	–	48.000	48.000
	Fêmea	–	–	40	–	–	–	–	–	–	–	–	40	–	48.000	48.000
		–	–	–	–	–	–	–	–	–	–	–	–	–	–	–
	TOTAL	160	56.000	80	(10)	(7.500)	–	–	–	–	–	–	230	148.500	276.000	424.500

Neste mapa, foi dada baixa antes do custeio, porquanto as mortes foram no início do ano. É evidente que isto é exceção e que as baixas serão dadas após o custeio.

7.3.4 Durante o ano X4

Ocorreram os seguintes fatos:

- nasceram 100 bezerros (50 machos e 50 fêmeas), considerando as novilhas em experimentação. Desse lote em experimentação, 30 foram aprovadas e incorporadas ao rebanho permanente;
- houve vendas no início de X4, de:
  - 40 novilhos nascidos em X1;
  - 10 novilhas nascidas em X1, não aprovadas para matriz;
- houve aquisição de dois novos touros (para cobertura das novas matrizes) por $ 20.000 cada um (no início de X4);
- o custo do período foi de $ 750.000.

Cálculo do custo do gado vendido (para incluir no mapa) e das novilhas transferidas

O custo acumulado do gado adquirido em X1 foi (veja mapa anterior):

Machos	40 :	$ 96.000
Fêmeas	40 :	$ 96.000
	80 :	$ 192.000

Portanto, a baixa será:

Custo do gado vendido	40 novilhos	$ 96.000
	10 novilhos	$ 24.000
Subtotal	50	$ 120.000
Novilhas transferidas	30 novilhas	$ 72.000
	80	$ 192.000

Dessa forma, as novilhas passam a incorporar o *Imobilizado*, não recebem custos. Veja-se que o custo das novilhas em experimentação no ano X4 já é atribuído aos bezerros e não a elas. A data-base para transferência poderá ter início de X4.

Rateio do custo do rebanho em formação

```
 70  nascidos em X2 × 3.000 = 210.000
 80  nascidos em X3 × 3.000 = 240.000
100  nascidos em X4 × 3.000 = 300.000
250                           750.000
```

$$\frac{750.000}{250 \text{ cabeças}} = \$ 3.000 \text{ por cabeça}$$

Cap. 7 • Contabilidade da Pecuária – Contabilização pelo Método de Custo 127

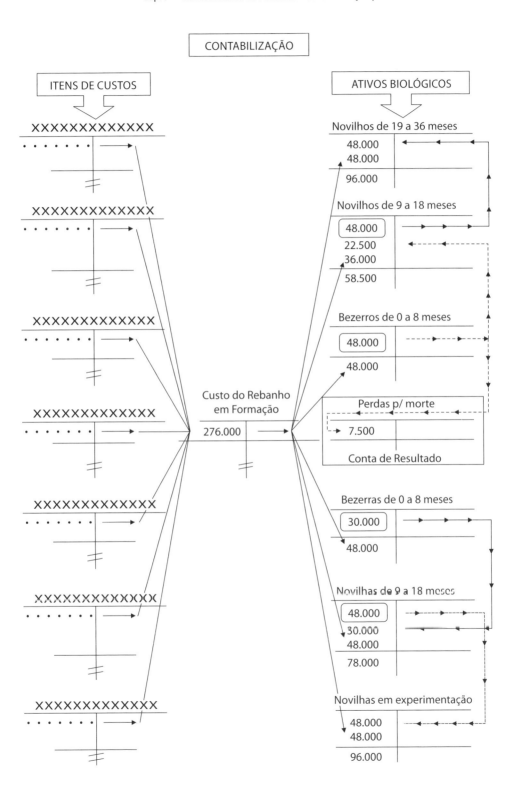

BALANÇO PATRIMONIAL

ATIVO	31-12-X0	31-12-X1	31-12-X2	31-12-X3
Circulante				
----------	----------	----------	----------	----------
----------	----------	----------	----------	----------
Ativos Biológicos				
Bezerros de 0 a 8 meses	----------	18.000	30.000	48.000
Bezerras de 0 a 8 meses	----------	18.000	40.000	48.000
Novilhos de 9 a 18 meses	----------	----------	48.000	58.500
Novilhas de 9 a 18 meses	----------	----------	48.000	78.000
Novilhos de 19 a 36 meses	----------	----------	----------	96.000
Novilhas em experimentação*	----------	----------	----------	96.000
		36.000	156.000	424.500
Não Circulante				
Imobilizado (Ativos Biológicos)				
Reprodutores	10.000	10.000	10.000	10.000
(–) Depreciação Acumulada	----------	(1.250)	(2.500)	(3.750)
Matrizes	100.000	100.000	100.000	100.000
(–) Depreciação Acumulada	----------	(10.000)	(20.000)	(30.000)
	110.000	98.750	87.500	76.250
TOTAL DO PLANTEL	110.000	134.750	243.500	500.750

* Como foi visto no enunciado do exemplo, as fêmeas produzidas na fazenda seriam, no terceiro ano, destinadas à reprodução. Dessa forma, faz-se uma experiência com as novilhas para se averiguar sua capacidade em prenhez (gravidez). Ficando prenha ela já está em condições de passar para matriz no Ativo Não Circulante. É o que será feito na próxima contabilização.

Algumas considerações

Para facilidade de manuseio do mapa de custo, segundo o exemplo apresentado, as vendas foram realizadas no início de X4; o rebanho vendido, portanto, não recebeu custo em X4.

Na prática, o mapa deveria ser feito um pouco antes do período de vendas. Dessa maneira, se a empresa vende tradicionalmente no mês de agosto, o mapa seria fechado em julho.

Se, todavia, a empresa vender em vários períodos do ano, recomenda-se elaborar o mapa em períodos mais curtos (mensal, trimestral ou semestralmente).

Deve-se utilizar o mesmo mapa para o Rebanho Imobilizado (Ativos Biológicos) e nele reservar uma coluna para a Depreciação Acumulada.

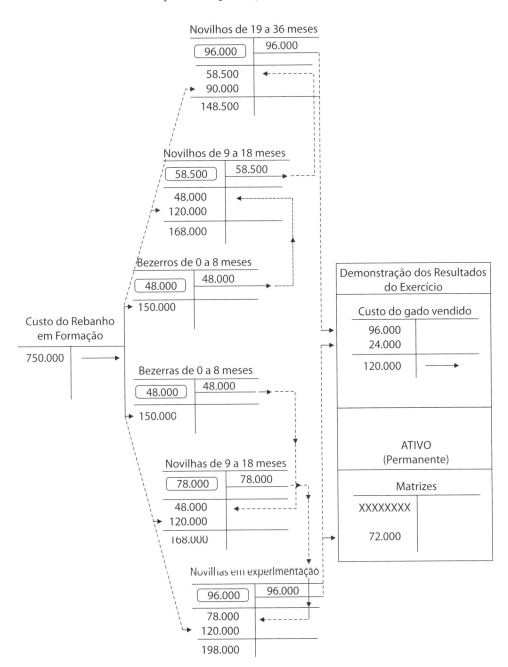

MAPA DE CUSTOS (Ativos Biológicos)

Período		Inventário Inicial (dados tirados do mapa ant.: Total Acumulado) Q	Valor	Nascimento no Período	Baixas antes do Custeio - Morte Q	Valor	Baixas antes do Custeio - Venda Q	Valor	Baixas antes do Custeio - Transferência Q	Valor	Baixas antes do Custeio - Abate Q	Valor	Inventário antes do Custeio Q	Valor	Custo do período (já distribuído)	Total Acumulado
X1	Macho	40	96.000	–	–	–	(40)	(96.000)	–	–	–	–	–	–	–	–
X1	Fêmea	40	96.000	–	–	–	(10)	(24.000)	–	–	–	–	–	–	–	–
X2	Macho	30	58.500	–	–	–	–	–	–	–	–	–	30	58.500	90.000	148.500
X2	Fêmea	40	78.000	–	–	–	–	–	–	–	–	–	40	78.000	120.000	198.000
X3	Macho	40	48.000	–	–	–	–	–	–	–	–	–	40	48.000	120.000	168.000
X3	Fêmea	40	48.000	–	–	–	–	–	–	–	–	–	40	48.000	120.000	168.000
X4	Macho	–	–	50	–	–	–	–	(30)	(72.000)	–	–	50	–	150.000	150.000
X4	Fêmea	–	–	50	–	–	–	–	–	–	–	–	50	–	150.000	150.000
TOTAL		230	424.500	100	–	–	(50)	(120.000)	(30)	(72.000)	–	–	250	232.500	750.000	982.500

Volta-se a insistir que as baixas são realizadas antes do custeio, porquanto elas se processam no início do período. O ideal seria fazer este mapa mensalmente; assim, as baixas do mês seriam com os valores do mês anterior, antes do custeio.

BALANÇO PATRIMONIAL

ATIVO	31-12-X3	31-12-X4
Circulante		
....	....	....
....	....	....
Ativos Biológicos		
Bezerros de 0 a 8 meses	48.000	150.000
Bezerras de 0 a 8 meses	48.000	150.000
Novilhos de 9 a 18 meses	58.500	168.000
Novilhas de 9 a 18 meses	78.000	168.000
Novilhos de 19 a 36 meses	96.000	148.500
Novilhas em experimentação	96.000	198.000
	424.500	982.500
Não Circulante (detalhado p/ melhor compreensão)		
Imobilizado (Ativos Biológicos)		
Reprodutores (adquiridos em X1)	10.000	10.000
(–) Depreciação acumulada	(3.750)	(5.000)
Reprodutores (adquiridos em X4)	–	40.000
(–) Depreciação acumulada	–	(5.000)
Matrizes (adquiridas em X1)	100.000	100.000
(–) Depreciação acumulada	(30.000)	(40.000)
Matrizes (incorporadas em X4)	–	72.000
(–) Depreciação acumulada	–	(7.200)
	76.250	121.600
TOTAL DO PLANTEL	500.750	1.147.300

7.3.5 Apuração do resultado bruto

Suponha-se que a cotação média do gado nas diversas categorias foi a seguinte durante os quatro anos:

	X1	X2	X3	X4
Bezerros(as) de 0 a 8 meses	480	870	1.500	3.600
Novilhos(as) de 9 a 18 meses	1.050	1.950	3.600	7.800
Novilhos(as) de 19 a 36 meses	2.400	4.350	7.800	16.800

Demonstração do Resultado do Exercício – 19X4

Receita Bruta – 50 cabeças × $ 16.800 =	840.000
(–) Custo do Gado Vendido	(120.000)
Lucro Bruto	720.000

TESTES

1. A base do método do custo na pecuária é o:
   ( ) a) Princípio da Realização da Receita
   ( ) b) Princípio do Custo Histórico
   ( ) c) Princípio da Competência
   ( ) d) Princípio da Confrontação da Despesa

2. Em Custo do Rebanho, há:
   ( ) a) Salários de vaqueiros, sal, rações...
   ( ) b) Juros
   ( ) c) Bezerros e novilhos
   ( ) d) Custo do gado vendido

3. Em Despesas, temos:
   ( ) a) Salários de vaqueiros, sal, rações...
   ( ) b) Juros
   ( ) c) Bezerros e novilhos
   ( ) d) Custo do rebanho

4. São considerados Ativos Biológicos:
   ( ) a) Salários de vaqueiros, sal, rações...
   ( ) b) Juros
   ( ) c) Bezerros e novilhos
   ( ) d) Gastos com Administradores

5. Como base para a apuração do Lucro Bruto na venda, há:
   ( ) a) Salários de vaqueiros, sal, rações...
   ( ) b) Juros
   ( ) c) Bezerros e novilhos
   ( ) d) Custo do gado vendido

6. Aspectos que justificam o Custo Histórico:
   ( ) a) Salários de vaqueiros, sal, rações...
   ( ) b) Juros
   ( ) c) Objetividade, verificabilidade e realização
   ( ) d) Custo do rebanho

7. As mortes acidentais serão tratadas como:
   ( ) a) Ativos Biológicos

( ) b) Perdas do período
( ) c) Passivo
( ) d) Custo do rebanho

8. Os reprodutores e matrizes serão classificados no seguinte grupo de contas:
    ( ) a) Ativos Biológicos no Circulante
    ( ) b) Imobilizado (Ativos Biológicos)
    ( ) c) Todo o Ativo
    ( ) d) Passivo

9. O plantel em crescimento será classificado em:
    ( ) a) Ativos Biológicos no Circulante
    ( ) b) Imobilizado (Ativos Biológicos)
    ( ) c) Todo o Ativo
    ( ) d) Passivo

10. Para atribuirmos custos ao rebanho por meio de controle rigoroso, fazemos:
    ( ) a) Mapa de custos
    ( ) b) Não é necessário controle
    ( ) c) Impossível responder
    ( ) d) N.D.A.

EXERCÍCIOS

1. A Fazenda Campininha S.A., recém-constituída, adquire, no início do ano X1, dez matrizes por $ 900 cada uma e dois touros por $ 6.000 cada um, para desenvolver atividade bovina de corte; as fêmeas produzidas na fazenda serão incorporadas ao Não Circulante (Imobilizado), após um período de experimentação, no terceiro ano.

BALANÇO PATRIMONIAL	1-1-X1 (ou 31-12-X0)
Ativo	
Circulante	------
Não Circulante	
Imobilizado (Ativos Biológicos)	
Reprodutores	
2 × $ 6.000...................	12.000
Matrizes	
10 × $ 900...................	9.000
	21.000

Depreciação	
Gado reprodutor	10 anos
Gado matriz	10 anos

Os fatos que devem ser contabilizados em razonetes nos anos X1, X2 e X3 são:

ITENS	X1		X2		X3	
	Macho	Fêmea	Macho	Fêmea	Macho	Fêmea
Nascimentos	5	4	4	5	5	5
Custo do Rebanho em Formação*	$ 600		$ 1.800		$ 5.000	
Mortes	– 0 –		– 0 –		2 bezerros nascidos em X1	
Venda	– 0 –		– 0 –		Início de X4: 3 bezerros nascidos em X2 por $ 250,00 cada um	

* Inclui: depreciação dos reprodutores e materiais, salários, sal, rações, exaustão de pastagem, manutenção, vacinas...

Ao final de cada ano, apresentar o Ativo (Estoque/Imobilizado) após as contabilizações anteriores.

2. A Cia. Cabritolândia, na sua criação de caprinos, optou pela raça leiteira suíça, originária do Vale Toggemburg, mediante cruzamento inicial da cabra fulva com a brava, de Saanen. Com pelos pardos de diversas tonalidades, mostra duas faixas cinzentas, que partem dos lados da boca e, passando próximo aos olhos, vão terminar junto às orelhas, ponta do focinho e face interna da orelha, que são acinzentadas; o resto do corpo é cinza. Levantou ainda os seguintes dados:
   - idade fértil: bode – 2 a 8 anos; cabras – 1 a 7 anos;
   - número de filhotes por prenhez: quase sempre 2;
   - duração da prenhez: cinco meses.

As instalações da Cia. Cabritolândia são:
a) Um cabril, destinado ao alojamento dos animais, com anexos para o tratamento do leite, armazenamento de alimentos, camas, ferramentas, utensílios e medicamentos.
b) Um local para preparação de rações.
c) Um galpão para armazenamento de feno.
d) Baias ou abrigos para bodes.
e) Um local destinado ao isolamento de animais doentes.
f) Cercados ou piquetes para exercícios.
g) Uma esterqueira fechada.

Iniciando a sua atividade, a Cia. Cabritolândia efetua os seguintes gastos:

	FATOS	VALOR	DATA
1º)	Compra de terrenos	$ 30.000	1-1-X0
2º)	Compra de instalações	20.000	2-1-X0
3º)	Compra de 100 cabras-matrizes a $ 100	10.000	
4º)	Compra de três bodes por $ 1.000	3.000	10-1-X0
5º)	Custos:		10-1-X0
	Vermífugo: duas doses por ano $ 91,65		
	Sal mineral 83,50		
	Ração 5.850,00		
	Vacina 91,20	6.116	20-1-X0
6º)	Venda (leite) – 3.000 litros	17.200	anual
7º)	Morte de três cabras por envenenamento	300	30-3-X0
8º)	Nascimento de 60 crias, 50% por sexo	-----	10-4-X0
9º)	Venda de 50 cabritos – total 500 kg c/ 60 dias	4.000	10-9-X0
10º)	Compra do vermífugo	113	20-9-X0
11º)	Compra de vacina aftosa	117	20-9-X0
12º)	Nascimento de 80 crias, 50% por sexo	-----	15-10-X0
13º)	Gasto anual com luz	1.300	anual
14º)	Gasto anual com empregados	5.360	anual
15º)	Venda de 40 cabritos – total 400 kg	2.880	15-12-X0

Pede-se: 1. Fazer um pequeno plano de contas para essa empresa, explicando a classificação contábil, principalmente dos animais.

    2. Contabilizar em razonetes as operações anteriores, calculando o custo médio dos cabritos nascidos no ano.

    3. A Cia. Moura – Mexerica apresenta em 31-12-X5 a seguinte composição patrimonial:

COMPOSIÇÃO PATRIMONIAL

ATIVO	Nº CAB	PR. CUSTO
Estoques		
Bezerros de 0 a 8 meses	8.000	800.000
Novilhos de 9 a 18 meses	7.500	1.500.000
Novilhos de 19 a 36 meses	6.500	1.950.000
Total do Circulante	22.000	4.250.000
Imobilizado		
Touro	500	300.000*
Matrizes	10.000	5.600.000**
Total Imobilizado	10.500	5.900.000
Total do Plantel	32.500	10.150.000

* Touros	500.000,00	**Matrizes:	7.000.000
(–) Deprec.	– 200.000,00	(–) Deprec.	– 1.400.000
	300.000,00		5.600.000

No mês de janeiro observam-se os seguintes fatos:

a) Nasceram 800 bezerros;

b) O "Custo do Rebanho" no mês, incluindo o plantel em estoque e o Imobilizado, foi de $ 260.000,00.

Responder às seguintes questões:

a) O índice de natalidade do mês foi de _____ %.

b) A relação touro/vaca é de _____ %.

c) O custo unitário de um novilho de 29 meses em 31-12-X5 é de $ _____.

d) Em média, os touros já foram depreciados em _____ %; considerando uma depreciação de 20% ao ano, já foram depreciados _____ anos.

e) Considerando a vida útil das matrizes em 10 anos, em média, faltam _____ anos para terminar a depreciação.

- A Cia. Moura tem como hábito dividir o "Custo do Rebanho" pelo plantel em estoque mais os bezerros nascidos no mês. A partir desse valor, apropria os custos.

- Seu *diretor* sugere, todavia, uma fórmula de apropriação de custo: dividir o "Custo do Rebanho" por todo o plantel (Estoque + Imobilizado), menos os bezerros nascidos no mês. O resultado obtido (custo de manutenção por cabeça) é multiplicado por 10.500 cabeças do Imobilizado e esse valor é atribuído aos bezerros nascidos. Dessa forma, acha-se o custo por bezerro nascido. O custo de manutenção por cabeça também é distribuído pelo rebanho em estoque.

- O *auditor* entende que ambos os métodos estão errados. O correto seria apurar todos os custos referentes ao *Imobilizado* e apropriá-los em bezerros. Os demais custos seriam distribuídos proporcionalmente ao rebanho em estoque.

- O *agrônomo*, no entanto, acha que o "Custo do Rebanho" deveria ser dividido por todo o plantel (Estoque + Imobilizado) para encontrar o custo de manutenção por cabeça. Aí seria distribuído o custo para todo o plantel, inclusive o *Imobilizado*.

- O *delegado da Secretaria da Receita Federal* opina que o Rebanho deveria ser avaliado a preço de mercado, já que o Imposto de Renda permite. Por exemplo, um bezerro em janeiro de X6 vale $ 120,00. Esse valor constaria na Contabilidade.

Com base nas informações anteriores, responda aos seguintes testes:

f) Há uma opinião totalmente errada:
   ( ) a)   Atitude atual da Cia. Moura
   ( ) b)   Diretor
   ( ) c)   Auditor
   ( ) d)   Agrônomo
   ( ) e)   Delegado

g) Há uma opinião, embora correta, muito difícil em termos operacionais (práticos):
   ( ) a)   Atitude atual da Cia. Moura
   ( ) b)   Diretor
   ( ) c)   Auditor
   ( ) d)   Agrônomo
   ( ) e)   Delegado

h) Há uma opinião que propiciará maior pagamento de Imposto de Renda pela empresa:
   ( ) a)   Atitude atual da Cia. Moura
   ( ) b)   Diretor
   ( ) c)   Auditor
   ( ) d)   Agrônomo
   ( ) e)   Delegado

i) Há uma opinião exequível e que mais se aproxima da realidade:
   ( ) a)   Atitude atual da Cia. Moura
   ( ) b)   Diretor
   ( ) c)   Auditor
   ( ) d)   Agrônomo
   ( ) e)   Delegado

j) Associe os números:
   1) O custo de um bezerro conforme o diretor
   2) O custo de um bezerro conforme a Cia. Moura
   3) O custo de um bezerro conforme o agrônomo

4) O custo de um bezerro conforme o auditor
5) O custo de um bezerro conforme o delegado
6) Estoque de bezerros em 31-01-X6 – Valor de mercado
7) Nascimento de bezerros – Valor de mercado (nome da conta)
8) Acréscimo no estoque de novilhos acima de 36 meses conforme Cia. Moura
9) Mortes de gado
10) Número inventado (não há associação)

( ) Não há dados suficientes
( ) $ 120,00
( ) Superveniências Ativas (Ajustes a Valor Justo)
( ) $ 11,40 (260.000/22800)
( ) Insubsistência Ativa (Ajustes a Valor Justo)
( ) $ 74.122,80
( ) $ 105,00
( ) $ 96.000,00
( ) $ 8,00
( ) $ 1.000,00

8

Custos na Pecuária

 VEJA NESTE CAPÍTULO

- Críticas ao custo histórico na pecuária.
- O custo histórico no Brasil.
- Uma proposição de contabilidade na pecuária.
- Uma proposta de custo na pecuária.
- Custos com correção monetária.
- Exemplo completo de custos na pecuária.
- Mapa de controle de custos.

8.1 Críticas ao custo histórico utilizado na pecuária

Considerando o longo ciclo operacional da pecuária (dificilmente é inferior a três anos), o valor do rebanho no estoque, mesmo que receba custo periodicamente, tende a desatualizar-se por causa das tendências inflacionárias do Brasil e da não incidência da correção monetária legal sobre o estoque. Esse problema não é encontrado em proporções tão grandes em outras atividades cujo ciclo operacional, pela alta rotatividade do estoque, é curto.

Assim, um novilho de três anos constará do Ativo Circulante com o custo recebido dos últimos 36 meses; seu valor acumulado reflete moeda de diversas datas (diferentes poderes de compra), estando totalmente defasado em relação à data do Balanço Patrimonial.

Por ocasião da venda, o confronto Receita *versus* Despesa será em moeda de poder de compra totalmente diferente, chegando ao extremo de se associar Receita de hoje com Custo do Produto Vendido, que inclui valores de três ou quatro anos atrás.

Como já foi visto, o valor dessa correção, que deveria ter sido agregado aos estoques, terá sido considerado como despesa na conta de "Correção Monetária".

Relatórios desse tipo não atendem aos interesses dos usuários externos ou internos da Contabilidade.

Como se sabe, o objetivo básico da Contabilidade por meio de relatórios é prover os usuários de informação útil para a tomada de decisões.

Ora, se por um lado se evidencia um montante de estoque consideravelmente defasado com relação ao seu valor corrente de mercado, em circunstância da sua longa permanência no Ativo da empresa, em época inflacionária será de pouca ou talvez nenhuma utilidade essa informação para os usuários externos (acionistas, bancos, governo etc.), principalmente porque o Patrimônio Líquido estará defasado.

Por outro lado, se a administração da empresa necessita conhecer seus custos efetivos para tomar decisões, como ponto de venda, preço, etc., de muito pouca utilidade serão os relatórios cujos montantes estão defasados pela inflação.

Todavia, ressalte-se que nada impede que se faça a correção monetária dos estoques. Tal procedimento, por exemplo, já é utilizado com os estoques de imóveis de muitas empresas; além disso, corrigir monetariamente os estoques não é ilegal, e é tecnicamente correto.[1]

Há, porém, um aspecto a ser considerado: o princípio em estudo não permite reconhecer ganhos ou perdas economicamente ocorridos, mas apenas reconhecê-los quando realizados por venda. Mesmo com a correção monetária (para fins gerenciais) dos estoques, não há relatórios plenamente eficientes.

Na pecuária, o ciclo biológico do gado faz com que o rebanho aumente de peso, adquira envergadura e propicie ganho econômico à empresa, na manutenção do estoque, até seu ponto ótimo de venda. O ganho é identificável em qualquer estágio do crescimento natural e, portanto, deveria ser reconhecido pela Contabilidade; porém, o princípio do Custo Histórico não o permite.

8.2 Exceções ao custo histórico aceitas

Basicamente, com a Lei das Sociedades por Ações (nº 6.404/1976), foram introduzidas algumas inovações quanto ao uso restrito do Custo Histórico.

A primeira é a reavaliação[2], de caráter facultativo, que corresponde a acréscimos de valor a certos itens do Ativo em circunstâncias de novas avaliações. Reavaliar significa

---

[1] Ressaltamos sua utilização para fins gerenciais.
[2] A Lei nº 11.638/07 extingue a prática da Reavaliação. *Em parte* a introdução de ajustes da avaliação patrimonial (AVP) substitui parcialmente a reavaliação. O AVP ocorre como conta do Patrimônio Líquido em contrapartida de aumentos e diminuições de valor atribuídos a elementos do Ativo (§ 5º do art. 177 da Lei nº 11.638/07).

dar novo valor econômico ao bem, desvinculando-o do valor antigo, para considerar o valor corrente de mercado. Esta prática é usada hoje apenas para fins gerenciais.

Em segundo lugar, tem-se a avaliação de investimentos pelo método da Equivalência Patrimonial, obrigatório para algumas empresas; consiste em avaliar o investimento da investidora mediante aplicação, sobre o valor do Patrimônio Líquido da investida, da porcentagem de participação no capital desta. Assim, o custo de aquisição do investimento já não é fator preponderante para a avaliação desse item do Ativo Não Circulante.

Além disso, a própria Lei nº 11.638/07 reafirmou um princípio de avaliação, já usado no Brasil e em tantos outros países, quando, no artigo 183, § 4º, prescreve: "Os estoques de mercadorias fungíveis destinados à venda poderão ser avaliados pelo valor de mercado, quando esse for o costume mercantil aceito pela técnica contábil."

Finalmente, com o CPC 29 sobre Ativos Biológicos, o método correto passa a ser o Valor Justo (de Mercado).

8.3 Uma proposição de contabilidade na pecuária

Para a atividade pecuária, considerando o ciclo operacional relativamente longo e o não reconhecimento dos ganhos não realizados dentro desse ciclo operacional, entende-se como inadequada a aplicação do "Custo Histórico como Base de Valor", nos moldes tradicionais.

Se, para fins de custos e de melhor confronto Receita *versus* Despesa, na ocasião da venda, fosse feita pelo menos a correção monetária dos estoques (e permanecem longo tempo no Ativo), poder-se-ia acatar a prática desse princípio. Mesmo assim, porém, os relatórios não evidenciariam o verdadeiro valor patrimonial da ação por não reconhecerem os ganhos não realizados dos estoques.

Há por parte dos contadores a aceitação de pelo menos duas inovações relativas ao Ativo Não Circulante, que contrariam o princípio do Custo Histórico: Ajustes de Avaliação Patrimonial (mais comum no Ativo Circulante) e a Avaliação de Investimentos pelo método da Equivalência Patrimonial. Além disso, há a avaliação de certos estoques agropecuários a valor de mercado proposta pela própria Lei das S.A.

Esses precedentes mostram que, em benefício da melhoria da qualidade dos relatórios contábeis, é aceitável abrir exceções. Por isso, entende-se que a fórmula mista (Custo Histórico Corrigido, Equivalência Patrimonial e Valor de Mercado) é perfeitamente aplicável à pecuária, sem nenhum prejuízo à qualidade dos relatórios contábeis para esse grupo de contas. Pelo contrário, esse procedimento possibilita ganhos de qualidade na informação transmitida pela Contabilidade.

Ora, se avaliar os estoques a preço corrente é perfeitamente possível, como será demonstrado no Princípio da Realização da Receita; se essa forma de avaliação proporciona relatórios contábeis, sobretudo Balanço Patrimonial, mais úteis à tomada de decisões; se praticamente não há prejuízo para a empresa em termos de pagamentos de Imposto de Renda e de distribuição de Dividendos, como será visto; se a Lei das S.A., a teoria contábil e a legislação do Imposto de Renda a aceitam como válida; e se são aceitáveis exceções ao princípio do Custo Histórico, em benefício da melhoria da qualidade, *por que não avaliar os estoques a preço de mercado e não reconhecer os ganhos não realizados?*

Nada impede que se escolha o método de avaliação que melhor se ajuste à natureza de cada item do Ativo e às características do ramo ou setor da atividade. Assim, podem-se usar critérios diferentes para diversos itens do Ativo, desde que melhorem a qualidade dos relatórios contábeis e sejam destacados em Notas Explicativas.

Dessa forma, sugere-se uniformidade na avaliação das empresas pecuárias, uniformidade que poderia também ser estendida a empresas agrícolas:

a) avaliar os estoques (Ativos Biológicos) no Ativo Circulante ao Valor Justo – de mercado (veja-se capítulo seguinte), inclusive o bezerro por ocasião de seu nascimento;

b) avaliar o Ativo Não Circulante considerando o Custo Histórico Corrigido com a possibilidade de Reavaliação (extinto pela Lei nº 11.638/07);

c) para os demais itens do Ativo Circulante e Realizável a Longo Prazo, como são valores de menor significância em relação ao Ativo, e não há necessidade de um estudo mais acurado, aplicar a avaliação ao Custo Histórico como base de valor.

8.4 Uma proposição de contabilidade de custos na pecuária

8.4.1 Necessidade de custo

Conhecer o custo real de cada lote ou do rebanho a qualquer momento é uma informação imprescindível à gerência, não só para se apurar a rentabilidade após a venda, mas também (o que é mais importante) para determinar o ponto ótimo de venda, ou seja, não manter o gado quando os custos passam a ser maiores que o ganho de peso (ou mantê-lo se o preço de mercado está baixo).

Muitas outras informações colhidas no mapa de custo serão úteis para auxiliar a tomada de decisões e o controle dos custos da empresa.

Para tanto, porém, há necessidade de se apurar um custo real atualizado e não aquele custo obtido, por meio da Contabilidade, pelo Custo Histórico.

8.4.2 Custos extracontábeis

Pode-se sugerir a Contabilidade Gerencial ou os controles extracontábeis de custo para auxiliar o gerente das empresas pecuárias em seu processo decisório.

Dados voltados única e exclusivamente para fins internos (para os administradores), num grau de detalhe e forma de apresentação que se adequem àquele processo decisório, são bastante úteis à administração.

A avaliação do desempenho da atividade para a administração, sem a preocupação de se prender aos princípios contábeis ou legais, a atualização monetária dos dados de custos (estoques), a comparação com o orçado, o planejamento empresarial etc. são variáveis imprescindíveis.

Decisões como ter reprodutor ou optar pela inseminação artificial, gerar ou adquirir bezerro, arrendar ou comprar novos pastos, vender hoje ou esperar aumentar o preço do gado, pastagem extensiva ou confinamento etc. requerem informações elaboradas "sob medida", que dificilmente seriam obtidas com uma contabilidade à base de Custos Históricos e com exigências fiscais.

8.4.3 Custos extracontábeis com correção monetária[3] dos estoques

Como já foi abordado, seria absurdo apurar custos sem corrigir monetariamente os estoques, ou seja, seria obtido um somatório, no decorrer do tempo (vários anos), de valores de poder aquisitivo totalmente diferentes, nada significando o custo acumulado no momento da venda do rebanho.

Também, por meio da contabilidade, não se faz a correção monetária dos estoques; pela legislação brasileira, só era obrigatória no Antigo Ativo Permanente e no Patrimônio Líquido. A partir de 1996, ficou eliminada a correção monetária das demonstrações financeiras; porém, se fizéssemos correção monetária, tal fato provocaria mais lucro tributável.

Assim, resta a alternativa de apurar o custo extracontabilmente, realizando-se a correção monetária de Estoques, Permanente e PL, para fins gerenciais, sem ferir os princípios legais e fiscais vigentes no Brasil.

Propõe-se um modelo mensal de apuração de custo extracontábil. Ressalte-se que esse tipo de mapa seria adequado e útil se realizado mensalmente, embora se prefira fazê-lo anualmente, por ser menos trabalhoso.

O processo consiste no seguinte: o custo mensal de manutenção do rebanho será distribuído equitativamente entre o gado em estoque, inclusive os bezerros recém-nascidos, e o gado destinado à reprodução, "em formação". Portanto, os touros e matrizes já formados não receberão custos.

Em seguida, adiciona-se o custo do rebanho (respeitando-se a faixa etária ou categoria) aos custos acumulados corrigidos monetariamente.

---

[3] Para fins gerenciais.

8.4.4 Exemplo de custo corrigido

Admita-se que, em determinada fazenda, haja os seguintes nascimentos de bezerros:

        Janeiro — 10 bezerros
        Fevereiro — 8 bezerros
        Março — 12 bezerros
        Abril — 5 bezerros

O custo unitário do rebanho em formação, calculado da mesma maneira que a apresentada no capítulo anterior (Custo do Rebanho dividido pelo número de cabeças do rebanho em formação), será, para fim deste exemplo, mensal. Admitindo-se que o rebanho em formação seja composto de 280 cabeças no início de janeiro; que o rebanho seja dividido em faixa etária mensal; que o custo do rebanho no mês foi de $ 8.294, teremos o seguinte custo unitário (por cabeça) do rebanho em formação:

$$\frac{\$\ 8.294}{280 + 10\ \text{bezerros nascidos}} = \$\ 28{,}60$$

Em fevereiro, não havendo baixa do rebanho, o custo foi de $ 9.291,64. Portanto, o custo unitário será de:

$$\frac{\$\ 9.291{,}64}{290 + 8\ \text{bezerros nascidos}} = \$\ 31{,}18$$

No mês de março .... Custo unitário: $ 32,50
No mês de abril .... Custo unitário: $ 33,86

Para cálculo da inflação mensal, admitam-se os seguintes valores hipotéticos, em termos de UFIR, IGP....

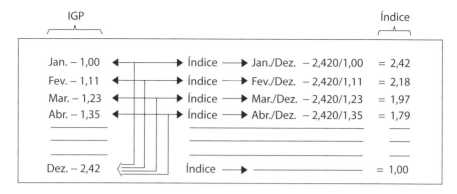

O correto seria, no final do ano (dez.), multiplicar o custo do bezerro nascido em janeiro por 2,42 ($ 28,60 × 2,42) + o custo deste bezerro em fevereiro multiplicado por 2,18 ($ 31,18 × 2,18) + o custo deste bezerro em março multiplicado por 1,97 ($ 32,50 × 1,97) + o custo deste bezerro em abril multiplicado por 1,79 ($ 33,86 × 1,79), e assim sucessivamente. Dessa forma, no final do ano teríamos o valor atualizado do bezerro ou do plantel de bezerros nascidos em janeiro. Da mesma maneira, faríamos para os nascidos em fevereiro, março e assim por diante.

Todavia, para se evitar um trabalho relativamente grande de correções mensais, poder-se-ia sugerir uma correção única no final do período, por um índice médio.

Dessa forma, somaríamos todos os índices dos meses de janeiro a dezembro, para os bezerros nascidos em janeiro, e dividir-se-ia por 12; todos os índices dos meses de fevereiro a dezembro, para os bezerros nascidos em fevereiro, e dividir-se-ia por 11, e assim sucessivamente.

Exemplo:

Índice médio de Jan./Dez.

$$\frac{\overset{①}{1,00} + \overset{②}{1,11} + \overset{③}{1,23} + \overset{④}{1,35} + \overset{⑤}{1,40} + \overset{⑥}{1,50} + \overset{⑦}{1,69} + \overset{⑧}{1,82} + \overset{⑨}{1,90} + \overset{⑩}{2,00} + \overset{⑪}{2,20} + \overset{⑫}{2,42}}{12} = 1,635$$

$$\frac{2,42 \text{ Dez.}}{1,635 \text{ índice médio}} = \boxed{1,48} \rightarrow \text{fator de correção}$$

Índice médio de Fev./Dez.

$$\frac{1,11 + 1,23 + 1,35 + 1,40 + 1,50 + 1,69 + 1,82 + 1,90 + 2,00 + 2,20 + 2,42}{11} = 1,692$$

$$\frac{2,42 \text{ Dez.}}{1,692 \text{ índice médio}} = \boxed{1,43} \rightarrow \text{fator de correção}$$

Março $\dfrac{2,42 \text{ Dez.}}{1,751 \text{ índice médio}} = \boxed{1,38}$ Abril $\dfrac{2,42}{1,809} = \boxed{1,34}$ ...

MAPA DE CUSTOS

Bezerros de 0 a 8 meses (Ano X1)

Custo Unit. do Reb. em Formação		Jan.		Fev.		Mar.		Abr.		—		Dez.		Total
Jan. 28,60	10	286,00	–	– – –	–	– – –	–	– – –	–	– – –	–	– – –	–	– – –
Fev. 31,18	10	311,80	8	249,44	–	– – –	–	– – –	–	– – –	–	– – –	–	– – –
Mar. 32,50	10	325,00	8	260,00	12	390,00	–	– – –	–	– – –	–	– – –	–	– – –
Abr. 33,86	10	338,60	8	270,88	12	406,32	5	169,30	–	– – –	–	– – –	–	– – –
– – –	–	– – –	–	– – –	–	– – –	–	– – –	–	– – –	–	– – –	–	– – –
– – –	–	– – –	–	– – –	–	– – –	–	– – –	–	– – –	–	– – –	–	– – –
Dez. 50,00	10	500,00	8	400,00	12	600,00	5	250,00	–	– – –	–	– – –	–	– – –
TOTAL	10	4.820,00	8	3.910,00	12	3.580,00	5	1.450,00	–	– – –	–	– – –	118	42.980,00
TOTAL	vezes índice médio dez./jan.		vezes índice médio dez./fev.		vezes índice médio dez./mar.		vezes índice médio dez./abr.				vezes índice médio dez./dez.			
Atualizado	× 1,48 =		× 1,43 =		× 1,38 =		× 1,34 =		– – –		× 1,00 =			
– – –	7.133,60		5.591,30		4.940,40		1.943,00		– – –		– – –			43.935,41

valor atualizado: estoque vivo – Balanço Patrimonial

Cap. 8 • Custos na Pecuária   147

Novilhos de 09 a 18 meses (Ano X2)

Custo Unit. do Reb. em Formação		Jan.		Fev.		Mar.		Abr.		---		Dez.		Total
Saldo	10	7.133.60	–	----	–	----	–	----	–	----	–	----	----
Jan. $$$$	10	$$$	8	$$$*	–	----	–	----	–	----	–	----	----
Fev. $$$$	10	$$$	8	$$$	12	$$$*	–	----	–	----	–	----	----
Mar. $$$$	10	$$$	8	$$$	12	$$$	5	$$$*	–	----	–	----	----
----	–	----	–	----	–	----	–	----	–	----	–	----	----
----	–	----	–	----	–	----	–	----	–	----	–	----	----
----	–	----	–	----	–	----	–	----	–	----	–	----	----
TOTAL	–	----	–	----	–	----	–	----	–	----	–	----	----
TOTAL		vezes índice médio		vezes índice médio		vezes índice médio		vezes índice médio					
Atualizado		----		----		----		----		----		----	----

Novilhos de 19 a 24 meses

	Jan.		Fev.		Mar.		Abr.		---		Dez.		Total
----	$$$$	–	----	–	----	–	----	–	----	–	----	----
----	----	–	----	–	----	–	----	–	----	–	----	----

* Saldo que passa do mapa de bezerros para novilhos.

Comentários

Esse processo é bastante trabalhoso, mas proporciona quantidade excepcional de dados, o que facilita sensivelmente a tomada de decisão. Com a utilização do microcomputador, indubitavelmente o processo se simplifica.

No caso de baixa (por morte, por venda, por consumo...), é necessário calcular o índice de inflação do mês da baixa sobre o mês do último aniversário.

À medida que o grupo de animais individualizado contabilmente fizer aniversário, passa-se para a categoria seguinte, considerando o saldo acumulado para transferência. Assim, o bezerro nascido em abril de X1 passará para a categoria de novilho de 9 a 18 meses no início de maio de X2;[4] contabiliza-se, todavia, o custo acumulado até o momento, na linha abril, no mapa de novilhos (9/18 meses). Em maio haverá o acréscimo do custo unitário.

Observação

Para aprofundamento deste assunto, sugerimos pesquisar o livro *Contabilidade da Pecuária* de nossa autoria, no qual desenvolvemos outros exemplos de custo extracontábil com Correção Monetária para fins gerenciais. Desenvolvemos, ainda, nesse livro, um sistema de custo considerando o bezerro a nascer.

TESTES

1. Custos Históricos na pecuária são considerados:
   ( ) a) Adequados
   ( ) b) Inadequados
   ( ) c) Proibidos
   ( ) d) Recomendáveis em casos especiais

2. Quando se utiliza o Custo Histórico na pecuária, fica prejudicado o item:
   ( ) a) Imobilizado
   ( ) b) Investimento
   ( ) c) Títulos a Receber
   ( ) d) Estoques

3. As exceções ao Custo Histórico são:
   ( ) a) Equivalência Patrimonial e Correção Monetária
   ( ) b) Equivalência Patrimonial e Reserva a Realizar

---

[4] Antes disso, ele passou da ficha de bezerros 0/8 meses de X1 (corrigido monetariamente) para bezerros 0/8 meses de X2 (até abril de X2).

( ) c) Equivalência Patrimonial e Ajustes de Avaliação Patrimonial
( ) d) Equivalência Patrimonial e Competência de Exercícios

4. Os relatórios contábeis à base do princípio do Custo Histórico, na pecuária, são:
( ) a) Adequados
( ) b) Inadequados
( ) c) Proibidos
( ) d) Recomendáveis em casos especiais

5. Custos extracontábeis na pecuária são:
( ) a) Adequados
( ) b) Inadequados
( ) c) Proibidos
( ) d) Recomendáveis em casos especiais

6. A correção monetária nos estoques para fins fiscais na pecuária é:
( ) a) Obrigatória
( ) b) Optativa
( ) c) Indesejável
( ) d) Proibida

7. O custo unitário do rebanho é obtido por meio do custo do rebanho dividido pelo número de cabeças. Esta afirmação:
( ) a) É verdadeira
( ) b) É falsa
( ) c) Às vezes é verdadeira
( ) d) Às vezes é falsa

8. O gado constante no Não Circulante – Imobilizado não entra no denominador da fórmula da questão anterior. Essa afirmação é:
( ) a) Verdadeira
( ) b) Falsa
( ) c) Às vezes verdadeira
( ) d) Às vezes falsa

9. O gado que ganha prêmio (concurso) terá seu valor aumentado. Nesse caso, deve--se fazer:
( ) a) Correção Monetária (prática extinta em 1996, no Plano Real)
( ) b) Equivalência Patrimonial

( ) c) Reavaliação (esta prática foi extinta pela Lei nº 11.638/07)
( ) d) N.D.A.

10. Serão classificados como Ajustes de Avaliação Patrimonial no PL:
( ) a) Contrapartidas de aumentos ou diminuições do Ativo
( ) b) Contrapartidas de aumentos ou diminuições do Passivo
( ) c) Decorre de avaliações a preço de Mercado (Valor Justo)
( ) d) Todos são verdadeiros

EXERCÍCIOS

1. Admita-se que a Fazenda Santo Péricles apresente o seguinte rebanho em 31-12-X4:

Ativo Circulante	Cabeças	Em R$
Novilhos(as) de 2 a 3 anos	500	300.000
Novilhos(as) de 1 a 2 anos	900	351.000
Bezerros(as) de 0 a 1 ano	1.500	490.000
	2.900	1.141.000
Ativo Não Circulante		
Touros	600	346.000
Matrizes	6.000	2.198.000
Total Permanente	6.600	2.544.000
Total Geral	9.500	3.685.000

Admita-se que os nascimentos sejam distribuídos durante o ano. O ideal seria que houvesse estação de monta planejada e, consequentemente, os nascimentos se concentrassem em determinado período do ano.

Em janeiro de X5 foram constatados os seguintes dados:

- inflação do mês (variação monetária): 5%
- custo de manutenção do rebanho no mês $102.600
- bezerros nascidos no mês: 404

Calcular o novo custo do rebanho em 31-1-X5 e apresentar o Ativo Circulante e o Não Circulante nessa data. Admita-se que a depreciação já esteja integrando o custo de manutenção do rebanho no mês de janeiro. No Ativo Não Circulante fazer apenas a Correção Monetária, sem considerar a Depreciação Acumulada. Admita-se ainda que a CM é para fins gerenciais.

2. Admita-se que a Fazenda Dona Durvalina, com a atividade pecuária de corte, tenha as seguintes características:

- do gado nascido, as *fêmeas* destinadas a matrizes são imediatamente separadas. *Até o terceiro ano são consideradas em formação.* A partir daí são utilizadas para a reprodução;
- os touros são adquiridos de terceiros; portanto, o bezerro será destinado a venda, não sendo utilizado como reprodutor;
- a concentração dos nascimentos ocorre no *mês de agosto.* O número, por sexo, de animal nascido, é notificado por meio de um "Boletim de Nascimento do Gado";
- as mortes são comunicadas à contabilidade, por meio de um "Boletim Diário da Movimentação do Gado". Esse boletim identifica o sexo, a idade e o tipo de gado (reprodutor ou estoque);
- normalmente, a fazenda vende o gado no *quarto ano* de formação;
- a depreciação ocorre sobre as matrizes após o primeiro parto, no quarto ano de idade. Os reprodutores, normalmente, são adquiridos em estado adulto e utilizados imediatamente.

Inventário:

Imobilizado (corrigido monetariamente até 31-12-X4):

Ano de aquisição	Touros Qtde.	Touros Valor	Matrizes Qtde.	Matrizes Valor	Touros + Matrizes Qtde.	Touros + Matrizes Valor
X4	300	180.000	1.500	300.000	1.800	480.000
X3	200	112.000	1.000	290.000	1.200	402.000
X2	100	54.000	1.600	716.000	1.700	770.000
X1			900	442.000	900	442.000
X0			1.000	450.000	1.000	450.000
TOTAL	600	346.000	6.000	2.198.000	6.600	2.544.000

Circulante:

Em $

Era	MACHOS CORTE Qtde.	MACHOS CORTE Valor
X4	1.500	300.000
X3	900	351.000
X2	500	490.000
X1		
X0		
TOTAL	2.900	1.141.000

Alguns fatos ocorridos em X5:

- morte, no final do ano, de 15 cabeças: 5 matrizes de X3 e 10 novilhos de X4;
- nascimento de 4.000 bezerros (2.000 fêmeas);
- venda, no início do ano, de 255 cabeças;
- consumo, no final do ano, de 20 cabeças: 10 matrizes de X4 e 10 touros de X2;
- descarte, no final do ano: 100 matrizes em experimentação de X2;
- compra, no início do ano, de 100 touros a $ 900,00 cada um;
- custo, com o gado do ano, de $ 1.132.113, incluindo: salários do pessoal da fazenda, encargos sociais; consumo de luz, força e gás; seguros; depreciação do gado e outros itens da fazenda; inseticidas; conservação de pastos; manutenção de cercas; serviços de terceiros; sal e rações; medicamentos e despesas veterinárias; combustível, lubrificantes etc.

Pede-se:

a) Calcular o custo por cabeça (rateio) considerando o número de cabeças que receberão custos.

b) Calcular o custo das reses mortas e fornecê-lo à contabilidade.

c) Calcular o custo do gado vendido.

d) Calcular o custo do gado consumido na própria fazenda.

e) Calcular o custo das matrizes descartadas.

3. Faça comentários sobre:

a) A necessidade de Correção Monetária para fins gerenciais nos Estoques de uma empresa pecuária.

b) Por que usar um modelo extracontábil no plano de Contabilidade Gerencial para corrigir os Estoques?

9

Contabilidade da Pecuária – Método de Avaliação pelo Preço de Mercado (Valor Justo)

 VEJA NESTE CAPÍTULO

- Suporte teórico para o método de avaliação do estoque a preço de mercado.
- Receita econômica na pecuária.
- Ciclo operacional na pecuária.
- O ganho pelo crescimento natural do gado.
- Como obter o preço de mercado.
- Avaliação do bezerro.
- Imposto de renda e dividendos dentro do método de valor de mercado.
- Momento da avaliação.
- Exemplo completo do método de valor de mercado.

Para favorecer o entendimento deste método, são apresentados, a seguir, alguns conceitos básicos, com base na teoria da contabilidade.

9.1 Princípio da realização da receita e da confrontação da despesa

Por meio do confronto da Receita com as Despesas que contribuem para a aquisição daquela Receita, obtém-se o Resultado (Lucro ou Prejuízo) de determinado período.

Dessa forma, após o reconhecimento da Receita, procura-se associar a ela toda despesa incorrida para a sua consecução, mesmo que parte dessa despesa seja apenas uma estimativa, como é o caso de Devedores Duvidosos.

Portanto, este item destaca, em primeiro lugar, o reconhecimento da Receita e, em seguida, aborda a despesa incorrida.

O ponto ideal para o reconhecimento da Receita é exatamente o momento da transferência do bem ou serviço ao cliente, ou seja, o momento da venda.

9.1.1 Receita realizada antes da venda

Em algumas situações, todavia, é aceitável e útil o reconhecimento da Receita antes do ponto-de-venda (de transferência).

Para produtos de ciclo operacional relativamente longo (superior a um ano), cujo processo de produção depende de crescimento natural e há possibilidade de uma avaliação de mercado objetiva e estável, pode-se reconhecer a receita antes do ponto-de-venda. Plantações em crescimento e gado são exemplos concretos dessa situação. Produção de ouro, de petróleo e outros produtos naturais também.

O procedimento contábil consiste em avaliar, ao final de determinados períodos ou em estágios distintos de crescimento (normalmente na mudança de categoria), o Estoque a valor de realização; para atingir o valor de mercado, a parcela debitada ao Estoque seria creditada como uma receita (aqui denominada Variação Patrimonial)[1] na apuração do resultado. Daí a formação de lucro econômico (ganho, mas não realizado financeiramente).

Na contabilização do Estoque a valores de mercado deve-se fazer um provisionamento das despesas de vendas que ocorrerão na venda do produto (imposto, transportes etc.). Ou, então, considerar para valor de Estoque o valor líquido de realização, isto é, diminuído das despesas previstas para a venda e a entrega; esse procedimento é mais usual, consentâneo com a legislação brasileira.

Na realização financeira daquele lucro, por ocasião da venda do produto, dá-se baixa no Estoque e debita-se o resultado de Contas a Receber ou do Disponível. Se o valor da venda for maior que o valor do Estoque, contabiliza-se a diferença como Receita. Se a Receita for menor que o Estoque, contabiliza-se a diferença como prejuízo. Nesse momento devem ser feitos todos os ajustes necessários.

Portanto, o Estoque estará avaliado a preço de mercado, que, normalmente, é mais elevado que o de custo.

---

[1] Superveniências Ativas.

9.2 Reconhecimento da receita na pecuária

9.2.1 Ciclo operacional

O ciclo operacional da atividade pecuária é relativamente longo e varia de três a cinco anos, desde a concepção do bezerro, seu nascimento, seu crescimento, até sua venda (normalmente quando atinge o ponto ótimo de venda, em estado adulto). Portanto, o rebanho permanece por longo período em estoque, até a sua maturação.

Segundo a opinião de Hendricksen,[2] a aceitação geral de reconhecimento da receita durante o período de produção, cujo ciclo operacional seja longo (acima do exercício social), está baseada num conjunto de regras e formalidades que se apóiam na Teoria da Contabilidade.

O não reconhecimento periódico da receita e, consequentemente, do lucro (resultado) antes da transferência do produto pode trazer prejuízos para os acionistas que se retirarem da empresa. Essa situação inconveniente pode ainda ser mais acentuada em projetos novos em que as primeiras vendas se realizarão após quatro ou cinco anos do seu início, ficando a empresa durante longo período sem apurar resultado, embora haja despendido muito esforço e recursos para a composição do produto final (plantel), que contribuirá para a obtenção do lucro.

Em projetos novos, principalmente, é justificável o reconhecimento da Receita Econômica (na maturação do estoque), pois, antes mesmo de efetuar as primeiras vendas, a empresa já estará medindo a viabilidade do esforço despendido para a composição do produto final. Dessa forma, a contabilidade evidencia se compensou a manutenção do rebanho.

Portanto, o ciclo operacional relativamente longo, em primeiro plano, justifica a necessidade de se reconhecer a receita periodicamente (anualmente, pelo menos). Em segundo plano, mesmo que parte do rebanho seja vendida, não se pode esquecer que a maioria do gado permanecerá em formação e permitirá um lucro final.

9.2.2 Crescimento natural

O processo de produção da pecuária consiste no crescimento natural do gado e consequente aumento de valor do Ativo da empresa, particularmente do Estoque, uma vez que o gado ganha peso e valor com o passar do tempo.

O gado ganha acréscimo de valor econômico não apenas pelo fato de serem agregados fatores de produção para sua formação (como é o caso de um estoque industrial), mas também por causa do seu crescimento natural, variável esta fundamental na avaliação do estoque vivo.

A não consideração do incremento do item Estoque pelo crescimento natural do gado distanciaria o Ativo do seu verdadeiro potencial de benefícios para a empresa e

---

[2] HENDRICKSEN, Elden S. *Accounting theory*. Homewood, Richard D. Irwin, 1970 e 1977. p. 169.

ocasionaria um Patrimônio Líquido subavaliado; consequentemente, um Valor Patrimonial de Ação[3] desatualizado.

O Valor Patrimonial de Ação subavaliado não só prejudica os investidores que pretendem retirar-se da empresa, como também os empresários, as fusões, as incorporações ou mesmo qualquer outra decisão com base no Patrimônio Líquido.

9.2.3 Avaliação de mercado objetiva e estável

Ao contrário dos estoques em elaboração das empresas industriais, o gado, a qualquer momento, mesmo sem atingir a semelhança de produtos acabados (bezerros, novilhos etc.), tem um preço definido de mercado.

Uma avaliação objetiva de mercado, em estágios distintos de maturação dos produtos, é condição básica para reconhecer a receita antes da venda dos produtos em crescimento natural.

O Instituto de Economia Agrícola da Secretaria da Agricultura, do Estado de São Paulo, publica mensalmente, na revista *Informações Econômicas*, o preço médio do gado bovino, por categoria (bezerro, garrote, novilha, boi magro, boi gordo etc.). Esse preços resultam de pesquisas junto a produtores, frigoríficos, cooperativas agrícolas, bancos etc.

Para efeito de cálculo de ICMS, os Secretários de Estado, usando das atribuições conferidas pelo Regulamento do ICMS, estipulam periodicamente valores mínimos por cabeça de gado, por categoria: pauta fiscal. A pauta fiscal, portanto, é uma das formas de avaliação objetiva, por Estado, da União.

Outras fontes de avaliação de gado são encontradas entre as diversas regiões pecuárias do país. Em Araçatuba há, por exemplo, uma espécie de bolsa de gado Nelore, na Praça Rui Barbosa. Aí podem-se observar cotações que são cumpridas em várias regiões produtoras. As cotações surgem nos negócios realizados entre pecuaristas, frigoríficos e corretores.

Outras "bolsas" semelhantes, porém de menor expressão, são encontradas em Presidente Prudente, Barretos, Uberaba e outras regiões tradicionais de gado de corte. Para transmitir os resultados dos últimos negócios concluídos, essas "bolsas" permanecem em constante contato com a "bolsa" de Araçatuba. Assim, as cotações tornam-se uniformes para diversas regiões.

A Bolsa de Mercadorias, que também avalia objetivamente o gado (a partir de outubro de 1980, apenas no Estado de São Paulo), não traz contribuição efetiva para os nossos fins, uma vez que é fixado preço por arroba apenas para o gado em estado adulto; não há preço estabelecido para os estágios distintos de maturação.

---

[3] VPA = PL/nº de ações do capital social.

Em países em que a criação de gado ocorre em confinamento, é bastante simples acompanhar o desenvolvimento do gado pelo peso. Dessa forma, a avaliação em época de inventário será realizada considerando-se o peso (o ganho de peso será Receita) e outras variáveis, tais como: raça, idade, aptidões etc. No Brasil, em virtude do prevalecente sistema de criação extensivo, tal prática seria difícil.

Observa-se, ainda, que, embora o preço médio de bezerros e novilhos não seja totalmente estável, também não apresenta oscilações que possam prejudicar esse método de avaliação.

9.2.4 Avaliação do bezerro

Por questão de coerência, aqui, o bezerro, na ocasião do seu nascimento, será avaliado a preço de mercado. Dessa forma, todo o estoque vivo será avaliado a preço de mercado.

Como já foi visto no Capítulo 6, a contrapartida da conta "Bezerro" (Estoque) será uma conta de Receita denominada "Variação Patrimonial" ou Superveniências Ativas.

9.3 Reconhecimento da receita na pecuária e repercussão na distribuição de dividendos e no imposto de renda

O reconhecimento da receita antes do ponto-de-venda resulta em ganho não realizado financeiramente para a empresa. Daí a necessidade de analisar com rigor as influências no lucro economicamente existente, mas não distribuível financeiramente.

9.3.1 Dividendos

No que diz respeito à distribuição de dividendos, não se deveria incluir como base de cálculo de dividendos o ganho não realizado financeiramente, resultante do reconhecimento da receita pelo crescimento do rebanho, pois poderia trazer sérios problemas para a empresa.

A constituição de Reservas de Lucros a Realizar, embora não prevista na Lei das Sociedades por Ações, para tal operação poderia aperfeiçoar o sistema de distribuição de dividendos referente ao ganho não realizado em termos de Caixa. Na venda efetiva do rebanho ter-se-ia a realização daquela Reserva, que seria revertida e passaria a compor a base de cálculo de dividendos.

Portanto, no que diz respeito à distribuição de dividendos, recomenda-se a inclusão dessa cláusula (abordada no parágrafo anterior) na elaboração do estatuto.

Para efeito de exemplificação, admita-se uma empresa pecuária que, em determinado exercício, apresentou, em milhares, uma Receita Total igual a $ 100, sendo que $ 60 resultaram de ganho econômico devido ao crescimento do rebanho. Esse rebanho foi avaliado a preço de mercado (Variação Patrimonial Líquida) e o restante foi ganho financeiro (decorrente das vendas). No final, constatou-se um Lucro Líquido de $ 20. Conclui-se que 60% do lucro (obtido na divisão 60/100) decorreram do ganho econômico (Reserva de Lucros a Realizar). Portanto, o lucro-base para distribuição de dividendos será de $ 8 (20 – 60% de $ 20) mais a reversão corrigida monetariamente de Reserva de Lucros a Realizar, constituída em outros períodos, referente ao lote do gado vendido. Com o objetivo de baixar a Reserva de Lucros a Realizar no momento da venda do gado, é necessário rigoroso controle do relacionamento dessa reserva com as respectivas categorias e idade do plantel.

> Lucro-base para Dividendos = Lucro Financeiro do Exercício + Reversão de Reservas de Lucros a Realizar correspondente ao gado vendido

9.3.2 Imposto de renda

Em princípio, pode-se rejeitar a contabilização dos ganhos não realizados financeiramente, pois esse fato contribui para aumentar o Imposto de Renda a pagar.

- as empresas agropecuárias estão sujeitas à tributação do lucro pelo Imposto de Renda, por uma alíquota de 15%, com adicional previsto na Legislação. Até 1995, a alíquota era de 25%, com incentivos que amenizavam o IR no setor rural; no cálculo do lucro tributável, permitia-se a redução a título de incentivos.

Quanto à validade do processo, o legislador seguiu a orientação da própria Lei das S.A. e dispôs no parágrafo 4º do artigo 14 do Decreto-lei nº 1.598/77 (matriz legal do artigo 188 do RIR/80): "Os estoques de produtos agrícolas, animais e extrativos poderão ser avaliados aos preços concorrentes de mercado, conforme as práticas usuais em cada tipo de atividade".

9.4 Momento da avaliação

Um dos problemas encontrados é quanto ao momento em que se deve avaliar o estoque vivo a valores de saída. O ideal seria, no encerramento do Balanço Patrimonial, evidenciar patrimônio (estoque) corrente compatível com a data desse relatório. A prática, porém, é um pouco complicada, pois têm-se bezerros e novilhos com idades diferentes naquela data, uma vez que os nascimentos acontecem durante todo o ano.

9.4.1 Nascimentos planejados

Já se observam empresas pecuárias que planejam lotes de nascimento em determinados períodos do ano (seca e inverno – períodos em que os bezerros não pastejam) por meio da inseminação artificial ou da estação de monta planejada, aceleração dos "cios" etc. Nesse caso, o processo contábil é simplificado, pois o balanço será encerrado logo após os nascimentos e ocorrerão, a partir daí, coincidências nos aniversários do rebanho (um ano, dois anos, três anos...) para as sucessivas avaliações. Mesmo que se quisesse dividir o rebanho em categorias de idade semestral, o processo seria simples. Todavia, quando os nascimentos são distribuídos durante o ano, vários critérios podem ser utilizados.

9.4.2 Avaliação na mudança de categoria (anual)

O bezerro seria avaliado por ocasião do seu nascimento e, nos anos seguintes, no mês do seu aniversário (já na categoria de novilho(a)). No encerramento do balanço, seria relacionado no estoque, conforme a avaliação recebida na mudança de categoria. Esse critério traria imperfeições ao estoque, com valores desatualizados, principalmente para o rebanho nascido logo após a data do encerramento do balanço. Embora os valores fossem mais atuais que os do método de custo, seriam obtidos valores de poder aquisitivo diferentes, de diversos meses do ano.

9.4.3 Avaliação na mudança de categoria (semestral)

Em vez de planejar a contabilidade distribuindo-se o rebanho em faixa etária anual, a distribuição seria feita semestralmente, por exemplo, bezerros de zero a seis meses; bezerros de sete a doze meses; novilhos de treze a dezoito meses; novilhos de dezenove a vinte e quatro meses, e assim sucessivamente. Dessa forma, ter-se-ia um estoque mais atualizado que no critério anterior, embora houvesse defasagem de preços de até seis meses para o rebanho nascido imediatamente após o encerramento do balanço. Esse método é um dos mais recomendados.

9.4.4 Avaliação na mudança de categoria e no encerramento do balanço

Admitindo-se 31-12 como data-base de encerramento do balanço, o rebanho nascido até 30-6 seria considerado no encerramento do balanço, para efeito de avaliação, como pertencente à faixa etária seguinte (13 a 24 meses ou 25 a 36 meses etc.); o rebanho nascido após 30-6 seria mantido na faixa etária real, não sendo avaliado no levantamento do balanço; manteria, no entanto, a avaliação na mudança de categorias. Se a distribuição de nascimento for razoavelmente uniforme durante o ano, o estoque, em média, refletirá monetariamente o seu potencial (salvo oscilações de preço relevantes no semestre). Esse critério será significativamente melhorado se as categorias forem divididas em faixa etária semestral. Observe-se que, nesse critério, os bezerros serão avaliados sempre a preço de mercado por ocasião do seu nascimento, para compor os balancetes intermediários. O rebanho nascido até 30-6 é avaliado, normalmente, no encerramento do balanço, enquanto o nascido após 30-6, na mudança de categoria.

9.4.5 Avaliação no encerramento do balanço

O rebanho é avaliado apenas no encerramento do balanço, considerando-se a sua idade. Assim, um bezerro nascido e avaliado durante o ano será novamente avaliado no final do período contábil, considerando-se a quantidade de meses vivida. Dessa forma, deve existir um controle de gado por idade (não se desprezando as categorias), a fim de que se conheça a idade em meses para a avaliação no final do período. A fazenda, portanto, fará um mapa e controlará o rebanho por lote nascido mensalmente. Particularmente, considera-se esse critério o mais adequado. Todavia, quando há concentração de nascimentos em certo período do ano – e isso ocorre com frequência – o ideal é encerrar o balanço após esse período e trabalhar com a mudança de categoria.

9.5 Confrontação da despesa

Após o reconhecimento da Receita, é imperativo que haja, para se apurar o resultado do período, o confronto com as Despesas que contribuíram para a formação daquela Receita. Assim, se se diferir uma Receita, todo o gasto correspondente também deverá ser diferido, o que proporciona a associação das receitas com os respectivos gastos.

Reconhece-se aqui a Receita antes do ponto-de-venda do gado. Assim, pelo menos uma vez por ano, faz-se o reconhecimento da Receita por meio da maturação dos estoques; conclui-se, portanto, que os custos não transitarão pelos Estoques, mas serão apropriados diretamente ao resultado, para o confronto com a Receita reconhecida.

No que tange às Despesas do segundo grupo, o procedimento é idêntico ao da contabilidade de empresas industriais (ou outras); a apropriação é feita diretamente ao período.

9.5.1 Provisionamento das despesas de distribuição

As despesas de distribuição (despesas de desembaraço) que ocorrerão no momento da venda devem ser provisionadas quando do reconhecimento da receita, para se apurar um resultado mais próximo da realidade. O princípio da confrontação da Despesa preconiza que a despesa associável deve ser computada mesmo que haja necessidade de estimá-la.

Na pecuária bovina de corte, no instante das vendas, ocorre a incidência do Funrural sobre o valor da venda (admitindo-se 2,3%), uma vez que, normalmente, o ICMS e o frete ficam por conta do comprador. No que diz respeito ao ICMS, ocorre a transferência da obrigação de pagar imposto.

Em alguns casos, o valor de contribuição ao Funrural, devido pelo produtor rural, poderá ter o ônus do pagamento transferido à pessoa jurídica adquirente que, assumindo a responsabilidade, o considerará como custo do produto.

9.6 Exemplo de contabilidade na pecuária através do estoque avaliado a preço de mercado

Não há preocupação aqui com itens do Imobilizado, pois a situação é a mesma em relação ao Método de Custo.

9.6.1 Ano X1

a) Nascem 200 bezerros(as) ao valor de mercado de $ 100 cada um(a) = $ 20.000.
b) Houve Despesas/Custos do período, no total de $ 16.000.
c) A provisão para Despesa de Distribuição será à base de 2,5% sobre o valor de mercado.

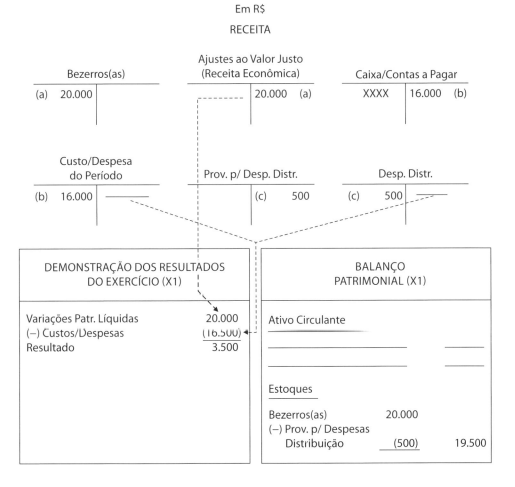

9.6.2 Ano X2

a) Nascem 180 bezerros(as) × $ 150 = $ 27.000.
b) Os(As) bezerros(as) de X1 são transferidos(as) para a categoria de novilhos(as) (9 a 18 meses).
A reavaliação[4] dos estoques é de $ 10.000, ou seja, os novilhos passam ao valor de mercado de $ 30.000.
c) Morrem 10 bezerros nascidos em X2:
10 bezerros × $ 150 = 1.500.

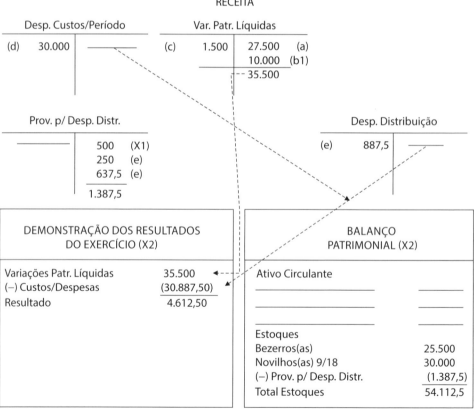

---
[4] Reavaliação significa uma nova avaliação ao preço de mercado. Nada tem a ver com o conceito de Reavaliação de Ativo (extinta pela Lei nº 11.638/07) constante da Lei nº 6.404/76.

d) Houve Despesas/Custos de período no total de $ 30.000.

e) A provisão para Despesas de Distribuição é realizada sobre os $ 10.000 da Reavaliação dos Estoques e os $ 28.500 sobre os(as) bezerros(as) nascidos(as), menos os(as) mortos(as).

9.6.3 Ano X3

a) Nascem 200 bezerros(as) × $ 200 cada um(a) = $ 40.000.

b) Os(As) novilhos(as) de 9-18 meses são transferidos(as) para a categoria de 25/36 meses. A reavaliação foi de $ 15.000, passando para $ 45.000.

c) Os(As) bezerros(as) de X2 são transferidos(as) para a categoria de novilhos(as). A Nova Avaliação a preço de Mercado foi de $ 14.500, passando para $ 40.000.

d) Houve Despesas/Custo, no período, no total de $ 40.000.

e) A provisão para Despesas de Distribuição é realizada sobre as Variações Patrimoniais Líquidas, ou seja:

$ 40.000 de bezerros(as),

$ 15.000 de Reavaliação a preço de mercado dos(as) novilhos(as) de 19-36 meses,

$ 14.500 de Reavaliação a preço de mercado dos(as) novilhos(as) de 9-18 meses,

$ 69.500 *versus* 2,5% = $ 1.737,50.

f) Houve a venda de metade dos(as) novilhos(as) de 19-24 meses por $ 25.000 à vista. Como já houve o reconhecimento da Receita referente àquele plantel de $ 22.500 (1/2 de $ 45.000), reconhece-se como lucro apenas a diferença, ou seja, $ 2.500 ($ 25.000 – $ 22.500).

g) Despesa de Distribuição: nessa operação tem-se uma despesa de venda de $ 625 (2,5% × $ 25.000). Todavia, já houve a identificação dessa despesa na parcela baixada de $ 22.500, referente aos(às) novilhos(as) vendidos(as) Assim, faz-se a adição à Despesa de Distribuição da diferença: $ 2.500 × 2,5% = $ 62,50.

Contudo, no que tange ao pagamento, o valor a ser liquidado será de $ 625 gerado no ato da venda. Por isso, o crédito será lançado em Caixa ou Contas a Pagar, e o Débito, à Provisão e à Despesa de Distribuição. A provisão do período, no valor de $ 1.737,50, foi realizada com base nas novas Variações Patrimoniais Líquidas (Receita Econômica).

Dessa forma, teremos:

Despesa de Distribuição pela Venda → 2,5% × 25.000 = (625,00

Despesa de Distribuição Apropriada → 2,5% × 22.500 = (562,50)

Despesa de Distribuição a Contabilizar → 2,5% × 2.500 = 62,50

Em R$

Bezerros(as)			Novilhos(as) 9-18 meses			Novilhos(as) 19-36 meses		
(X2) 25.500	25.500	(c)	(X2) 30.000	30.000	(b)	(b) 30.000		
(a) 40.000			(c) 25.500			(b1) 15.000	22.500	(f2)
40.000			(c1) 14.500			22.500		
			40.000					

RECEITA

Var. Patr. Líquidas			Caixa/Contas a Pagar			Desp./Custos Período	
	40.000	(a)	(f1) 25.500	40.000	(d)	(d) 40.000	
	15.000	(b1)		562,5	(g2)		
	14.500	(c1)		62,5	(g1)		
	69.500						

Resultado de Venda

					Provisão para Despesas de Distribuição		
		25.000	(f1)			1.387,5	(X2)
(f2) 25.500						1.737,5	(e)
		2.500	(Receita)	(g2)	562,5	2.562,5	

Desp. Distribuição

(e)	1.737,5
(g1)	62,5
	1.800,0

DEMONSTRAÇÕES DOS RESULTADOS DO EXERCÍCIO (X3)			BALANÇO PATRIMONIAL (X3)	
Resultado de Venda:			Ativo Circulante	
Receitas de Venda	25.000			
(−) Est. vendido	(22.500)	2.500		
Var. Patr. Líquidas		69.500		
		72.000	Estoques	
(−) Custo/Despesa		(40.000)	Bezerros(as)	40.000
(−) Desp. Distribuição		(1.800)	Novilhos(as) 13/24 meses	40.000
Resultado		30.200	Novilhos(as) 25/36 meses	22.500
			(−) Prov. p/Desp. Distr.	(2.562,5)
			Total Estoques	99.937,5

9.7 Exemplo de Contabilização de Ativos Biológicos conforme o CPC 29

9.7.1 Exemplo 1

A demonstração contábil no Exemplo 1 não está de acordo com todos os requisitos exigidos de evidenciação e de apresentação de todos os Pronunciamentos do CPC. Portanto, alterações podem ser apropriadas.

XYZ Ltda. Balanço Patrimonial	Notas	31 dezembro/X1	31 dezembro/X0
ATIVO			
Ativo circulante			
Caixa		10.000	10.000
Contas a receber e outros recebíveis		88.000	65.000
Estoques		82.950	70.650
Total do ativo circulante		**180.950**	**145.650**
Ativo não circulante			
Ativo imobilizado			
Rebanho para leite – imaturosa		52.060	47.730
Rebanho para leite – madurosa		372.990	411.840
Subtotal – ativos biológicos		425.050	459.570
Equipamentos (líquido)	(3)	1.462.650	1.409.800
Total do ativo não circulante		**1.887.700**	**1.869.370**
Total do ativo		**2.068.650**	**2.015.020**
PATRIMÔNIO LÍQUIDO E PASSIVO			
Passivo circulante			
Fornecedores e outras contas a pagar		165.822	150.020
Total do passivo circulante		**165.822**	**150.020**
Patrimônio líquido			
Capital realizado		1.000.000	1.000.000
Reservas		902.828	865.000
Total do patrimônio líquido		**1.902.828**	**1.865.000**
Total do patrimônio líquido e passivo		**2.068.650**	**2.015.020**

a) A entidade é encorajada, mas não obrigada, a fornecer uma descrição quantitativa de cada grupo de ativos biológicos, distinguindo entre ativos para consumo e para produção ou entre ativos maduros e imaturos, conforme apropriado. A entidade deve divulgar a base para a definição de tais distinções.

XYZ Ltda. Demonstração do Resultado do Período*		
	Notas	Exercício encerrado em 31/12/20X1
Valor da venda do leite produzido		518.240
Ganho decorrente da mudança de valor justo menos a despesa estimada de venda do rebanho para produção de leite	(3)	39.930
		558.170
Materiais consumidos		(137.523)
Mão de obra		(127.283)
Depreciação		(15.250)
Outros custos		(197.092)
Lucro da operação		(477.148)
		81.022
Imposto sobre o resultado		(43.194)
Lucro do período		**37.828**

(*) Esta Demonstração do Resultado classifica os gastos conforme sua natureza, de acordo com o permitido pelo Pronunciamento Técnico CPC 26 – Apresentação das Demonstrações Contábeis, o qual determina que, se a demonstração não tiver esse formato, deve ter seus gastos assim dispostos em notas explicativas. O Pronunciamento Técnico CPC 26 encoraja a apresentação de análise das despesas da Demonstração do Resultado.

Demonstração da Mutação do Patrimônio Líquido XYZ Ltda. Encerrada em 31 de dezembro de 20X1			
	Capital	**Lucros Retidos**	**Total**
Saldo inicial em 1º janeiro 20X1	1.000.000	865.000	1.865.000
Lucro do período		37.828	37.828
Saldo final em 31 dezembro 20X1	1.000.000	902.828	1.902.828

Demonstração dos Fluxos de Caixa* XYZ Ltda.	
	Exercício encerrado em 31/12/20X1
Fluxo de caixa proveniente das atividades operacionais	
Recebimento das vendas de leite	498.027
Recebimento das vendas de rebanho	97.913
Pagamento de fornecedores e empregados	(460.831)
Pagamento pela compra de rebanho	(23.815)
	111.294
Pagamento de tributos sobre resultados	(43.194)
Caixa líquido das operações	68.100
Fluxo de caixa proveniente das atividades de investimento	
Aquisição de imobilizado	(68.100)
Caixa líquido das atividades de investimento	(68.100)
Aumento líquido de caixa	0
Caixa no início do período	10.000
Caixa no final do período	10.000

* Esta Demonstração dos Fluxos de Caixa informa o caixa decorrente das operações usando o método direto.

Notas

1 Atividades principais e operações
A companhia XYZ Ltda. desenvolve a atividade de produção de leite para fornecimento a vários clientes. Em 31 de dezembro de 20X1, a companhia mantinha 419 cabeças de vacas para a produção de leite (ativos maduros) e 137 bezerros para produção futura de leite (ativos imaturos). A companhia produziu 157.584 kg de leite pelo valor justo, menos a despesa de venda, de $ 518.240 (que foi determinado no momento da extração do leite) no exercício social encerrado no dia 31 de dezembro de 20X1.

2 Políticas contábeis
Rebanho de leite
Os rebanhos são mensurados pelo valor justo menos a despesa de venda. O valor justo é determinado com base no preço de mercado de ativos com idade, raça e qualidades genéticas similares. O leite é inicialmente mensurado pelo valor justo menos a despesa de venda no momento da extração e com base no preço de mercado local.

3 Ativos biológicos	
Conciliação do total contabilizado do rebanho leiteiro	20X1
Total contabilizado em 1º de janeiro 20X1	459.570
Aumento em função de compras	26.250
Ganhos decorrentes de mudanças no valor justo, menos a despesa de venda atribuída a mudanças físicas*	15.350
Ganho decorrente de mudança no valor justo, menos a despesa de venda atribuível a mudanças de preço*	24.580
Redução devido a vendas	(100.700)
Total contabilizado em 31 de dezembro 20X1	**425.050**
4 Administração estratégica de riscos financeiros	
A companhia está exposta aos riscos financeiros inerentes à mudança de preço do leite. A administração não prevê declínio significativo do preço do leite em futuro próximo e, portanto, não contratou nenhum derivativo ou outras formas de proteção para os riscos de declínio para os referidos preços. A companhia revê suas expectativas com relação ao preço futuro do leite regularmente avaliando a necessidade de gerenciar os riscos financeiros.	

* A separação do aumento do valor justo, menos a estimativa da despesa de venda no momento de venda, entre a parte atribuível a mudanças físicas e a parte atribuível a mudanças de preços, não é obrigatória, porém, é estimulada.

9.7.2 Exemplo 2 – Mudança física e mudança de preço

O exemplo seguinte ilustra como separar a mudança física e de preço, que é estimulada pelo Pronunciamento.

Havia um rebanho de 10 unidades com 2 anos de idade em 1º de janeiro de 20X1. Um animal de 2,5 anos foi comprado em 1º de julho de 20X1 por $ 108 e nessa mesma data nasceu outro. Nenhum animal foi vendido ou colocado à disposição para venda durante o período. Os valores justos unitários, menos a despesa de venda, são os seguintes:

Animais de 2 anos de idade em 1º de janeiro de 20X1	100	
Animal nascido em 1º de julho de 20X1	70	
Animal de 2,5 anos de idade em 1º de julho de 20X1	108	
Animal nascido no ano, em 31 de dezembro de 20X1	72	
Animal de 0,5 ano de idade, em 31 de dezembro de 20X1	80	
Animal de 2 anos de idade em 31 de dezembro de 20X1	105	
Animal de 2,5 anos em 31 de dezembro de 20X1	111	
Animais antigos com 3 anos de idade em 31 de dezembro de 20X1	120	
Valor justo menos a despesa de venda do rebanho em 1º de janeiro de 20X1 (10 × 100)		1.000
Compra em 1º de julho 20X1 (1 × 108)		108
Aumento no valor justo menos a despesa de venda devido à mudança de preço:		
10 × (105 – 100)	50	
1 × (111 – 108)	3	
1 × (72 – 70)	2	55
Aumento no valor justo menos a despesa de venda devido à mudança física:		
10 × (120 – 105)	150	
1 × (120 – 111)	9	
1 × (80 – 72)	8	
1 × 70	70	237
Valor justo menos a despesa de venda do rebanho em 31 de dezembro de 20X1		
11 × 120	1.320	
1 × 80	80	1.400

TESTES

1. O princípio da realização da receita como regra geral prevê:
   ( ) a) Reconhecimento da receita na venda
   ( ) b) Reconhecimento da receita na valoração do estoque
   ( ) c) Reconhecimento da receita após a venda
   ( ) d) Reconhecimento da receita no recebimento do dinheiro

2. A exceção da realização da receita na pecuária prevê:
   ( ) a) Reconhecimento da receita na venda
   ( ) b) Reconhecimento da receita na valoração do estoque
   ( ) c) Reconhecimento da receita após a venda
   ( ) d) Reconhecimento da receita no recebimento do dinheiro

3. O ciclo operacional na pecuária é:
   ( ) a) Até um ano
   ( ) b) Até seis meses
   ( ) c) Entre três e quatro anos
   ( ) d) Acima de cinco anos

4. Como peculiaridade na pecuária tem-se:
   ( ) a) Ciclo operacional curto
   ( ) b) Crescimento natural
   ( ) c) Estoque que não sobe de preço
   ( ) d) Ativo Não Circulante baixo

5. O preço de mercado do gado é:
   ( ) a) Subjetivo e instável
   ( ) b) De difícil obtenção
   ( ) c) Possível de ser obtido
   ( ) d) Bastante variável

6. A avaliação a preço de mercado pode trazer problemas:
   ( ) a) No Ativo Não Circulante
   ( ) b) Nos estoques
   ( ) c) Nos dividendos e Imposto de Renda
   ( ) d) No Balanço Patrimonial

7. A confrontação da despesa está ligada ao princípio:
   ( ) a) Do Conservadorismo
   ( ) b) Da Relevância
   ( ) c) Da Consistência
   ( ) d) Da Realização da Receita

8. Contabilizando-se bezerro ao valor de mercado como estoque, a contrapartida será:
   ( ) a) Caixa
   ( ) b) Contas a pagar
   ( ) c) Variação Patrimonial Líquida
   ( ) d) Permanente

9. A mudança de classe de Bezerro para Novilho (Ativos Biológicos), ao valor de mercado, aumentará a conta "Estoque". A contrapartida será:

( ) a) Caixa
( ) b) Contas a pagar
( ) c) Variação Patrimonial Líquida
( ) d) Ativos Biológicos

10. O novilho destinado à reprodução será baixado no Estoque (Ativos Biológicos) e transferido para:

( ) a) Caixa
( ) b) Contas a pagar
( ) c) Variação Patrimonial Líquida
( ) d) Imobilizado (Ativos Biológicos)

EXERCÍCIOS

1. Admita-se que um bezerro tenha nascido em X1 e que sua avaliação seja de $ 300. No seu crescimento foram observados os seguintes estágios e avaliação:

   X2 – novilho de 9 a 18 m.   – $ 450
   X3 – novilho de 19 a 24 m. – $ 800
   X4 – venda a prazo   – $ 1.100

   Contabilizar as operações anteriores, utilizando apenas razonetes e considerando o método de Valor de Mercado.

   Plano de Contas

   Ativo Circulante

   Bezerros de 0 a 8 meses
   Novilhos de 9 a 18 meses
   Novilhos de 19 a 24 meses

2. A Fazenda Orru apresentou as seguintes movimentações do rebanho avaliado a preço de mercado:
   a) Nascimento dos bezerros – 10 × $ 100 cada um.
   b) Transferência da categoria de 10 bezerros(as) para novilhos(as) de 9-18 meses.
   c) Valor da reavaliação ao preço de mercado, que ocorre pela mudança da categoria de bezerros(as) para a categoria de novilhos(as) de 9-18 meses. Preço atual: $ 150 cada um(a).

d) Transferência de categoria de novilhos(as) de 9-18 meses para a categoria de 19-24 meses.

e) Valor da reavaliação ao preço de mercado da categoria de novilhos(as) de 9-18 meses para a de novilhos(as) de 19-24 meses. Preço atual: $ 270 cada um(a).

f) Transferência de metade do rebanho (novilhos) da categoria de novilhos de 19 meses para a categoria de fêmeas em experimentação para reprodução. Essa transferência poderia ser realizada diretamente de novilhos(as) de 9-18 meses para Gado em Experimentação – Fêmeas.

g) Venda da metade do plantel (novilhos) por $ 380 cada um, à vista.

Observações: 1. Por ocasião da transferência do Gado em Experimentação para reprodutores dá-se baixa na conta "Gado em Experimentação".

2. Neste exercício não trabalhamos com Provisão para Despesas de distribuição.

Pede-se: contabilizar, nos razonetes seguintes, as movimentações do rebanho em formação.

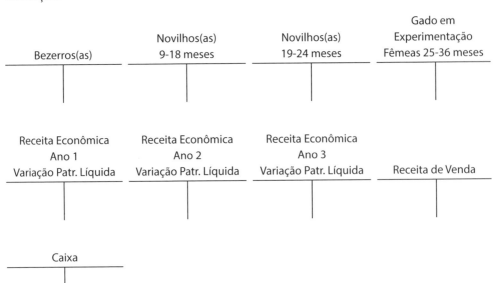

3. Cia. Estância Nova Vida

Ano 1

Nascem 10 bezerros avaliados ao preço de mercado de $ 200 cada. O custo de produção anual é de $ 1.600.

Ano 2

Os bezerros passam para novilhos de 9-18 meses:

Valor de Mercado: $ 500 cada.

Custo de Produção: $ 2.200.

Ano 3

Os novilhos são vendidos a $ 800 cada, à vista.

Balanço do Ano 0

Em $

ATIVO		PASSIVO e PL	
Caixa	5.000	Capital	5.000

Fazer os lançamentos, o Balanço e a DRE nos anos 1, 2 e 3 sabendo-se que os custos sempre foram à vista.

10

Cálculo do Custo do Bezerro

 VEJA NESTE CAPÍTULO

- Por que calcular o custo do bezerro?
- Diversos métodos existentes do cálculo do custo do bezerro.
- Como incluir a inflação no cálculo do custo do bezerro.
- Como considerar custos de bezerros a nascer.

10.1 Introdução

Uma das preocupações da Contabilidade da Pecuária é o cálculo do custo do bezerro, por diversos motivos:

a) para saber se é viável ter gado reprodutor na fazenda ou se seria mais interessante adquirir de terceiros os bezerros para a recria e engorda;
b) para avaliar de forma adequada o Ativo da empresa, já que os bezerros têm um custo real;
c) para avaliar de forma adequada o restante do rebanho destinado a corte. Não há dúvida de que uma avaliação inadequada dos bezerros irá refletir no restante do rebanho.

Dos diversos métodos existentes de cálculo do custo do bezerro, destacaríamos os seguintes:

Custo médio do rebanho

Divide-se o "Custo do Rebanho" pelo plantel em estoque mais os bezerros nascidos no mês. A partir desse valor, apropriam-se os Custos Médios pelo rebanho destinado ao corte.

Custo médio dos reprodutores

Divide-se o "Custo do Rebanho" por todo o plantel (Estoque mais Imobilizado) menos os bezerros nascidos no período. O resultado obtido (custo de manutenção por cabeça) é multiplicado pelas cabeças do Imobilizado e esse valor é atribuído aos bezerros nascidos. Dessa forma, acha-se o custo por bezerro nascido. O custo de manutenção por cabeça também é distribuído pelo rebanho em estoque.

Custo específico

Apuram-se todos os custos referentes ao Imobilizado e apropriam-se aos bezerros. Os demais custos seriam distribuídos proporcionalmente ao rebanho em estoque.

Custo corrigido considerando os bezerros a nascer

Trabalhamos neste exemplo com o valor dos estoques corrigidos monetariamente (variável esta não imprescindível) e consideramos as vacas prenhas, de acordo com o número de meses de gestação.

10.2 Custo médio do rebanho

Basicamente, a técnica consiste em apropriar ao rebanho os custos ocorridos e a eles pertinentes; periodicamente, deve-se efetuar a distribuição proporcional do custo do rebanho entre as cabeças do rebanho, inclusive os bezerros. Citamos duas premissas básicas que serão usadas no nosso exemplo:

a) Inicialmente, soma-se o custo do rebanho (salário, alimentação de gado, exaustão de pastagens, depreciações de reprodutores, cuidados veterinários ...) e divide-se o resultado pelo total de cabeças do rebanho em formação (em crescimento e aqueles nascidos no período). Tem-se, portanto, o custo médio de produção por cabeça, por período, inclusive dos bezerros nascidos.

b) O número de cabeças do rebanho exemplificado a seguir não inclui, para efeito de rateio de custo, o gado reprodutor em plena reprodução, pois eles não recebem custos (já não estão em formação). Todavia, o custo da manutenção desse rebanho já formado (alimentação, tratamento veterinário, depreciação...) será incluído no custo do rebanho e distribuído para o rebanho em formação.

O raciocínio é o mesmo que se aplica a uma indústria: o custo de manutenção da máquina, conservação, energia elétrica etc. não é somado ao valor da máquina, mas distribuído proporcionalmente ao produto (estoque) em fabricação, em elaboração.

Seguindo essa linha na Contabilidade da Pecuária, o gado reprodutor tem função semelhante a máquinas e equipamentos de uma indústria, e o rebanho em formação seria o produto em elaboração de uma indústria (estoque).

Dessa forma, o custo será acumulado numa conta auxiliar "Rebanho em Formação", e distribuído ao rebanho classificado no estoque (estoque vivo).

Essa técnica difere em alguns aspectos de empresa para empresa. Há aquelas que preferem, no momento do rateio por cabeça do rebanho, incluir os bezerros a nascer; outras, na distribuição dos custos, consideram apenas os bezerros nascidos. A título de exemplo, faz-se, a seguir, comentário sobre uma atividade pecuária em início de negócio até sua primeira venda; nesse caso, o custeio é realizado sobre os bezerros nascidos no ano e sobre outras categorias que compõem o plantel em estoque.

Exemplo:

A Fazenda Nacionalista Ltda., recém-constituída, adquire, no início do ano X1, 100 matrizes por $ 1.000 cada uma e cinco touros por $ 2.000 cada um, para desenvolver atividade bovina de corte (cria-recria-engorda); as fêmeas produzidas na fazenda seriam, no terceiro ano, incorporadas ao permanente, após um período de experimentação.

```
           BALANÇO PATRIMONIAL (INICIAL) 01-01-X1
                      (OU 31-12-X0)
  Ativo
     Circulante
     Não Circulante
        Imobilizado
           Reprodutores .....................................   10.000
           Matrizes .........................................  100.000
                              Total                            110.000
```

```
  Depreciação
  Gado reprodutor.........................   8 anos
  Gado matriz .............................  10 anos
```

Diversos aspectos devem ser levados em conta na previsão de vida útil de gado reprodutor, como, por exemplo, a raça, as condições de vida do animal (clima, distância a percorrer etc.) e outros. Em cada caso, deve prevalecer o parecer técnico do veterinário. Em nosso exemplo, consideramos os prazos de vida útil usualmente admitidos para gado reprodutor e matriz puros.

Durante o ano X1

Observam-se os seguintes fatos:

- ♦ Nasceram 80 bezerros: 40 machos e 40 fêmeas;
- ♦ O custo com o rebanho do período foi de $ 36.000, incluindo manutenção do rebanho de reprodução e depreciação, exaustão da pastagem e conservação,

salários de pessoal da fazenda, com veterinários, medicamentos, sal e rações (custo do rebanho em formação e outros custos da fazenda). Nesse caso, o leite produzido pela matriz foi tratado como recuperação do custo, reduzindo o total do custo do rebanho;

♦ A inflação do período foi de 100%[1] (para efeito de correção monetária, para fins didáticos, já que ela foi extinta em 1996).

Rateio do custo do rebanho em formação

Evidentemente, os touros e as matrizes não receberão custos, mas só o rebanho em estoque, que, nesse caso, totaliza 80 bezerros nascidos:

$$\frac{36.000}{80} = \$ 450 \text{ (custo unitário)}$$

Assim, os bezerros nascidos seriam avaliados da seguinte forma:

40 bezerros de 0 a 8 meses × $ 450 cada um	=	18.000
40 bezerras de 0 a 8 meses × $ 450 cada uma	=	18.000
	Total	36.000

BALANÇO PATRIMONIAL

ATIVO	31-12-X0	31-12-X1
Circulante		
----------------------	----------	----------
----------------------	----------	----------
Estoques		
Bezerros de 0 a 8 meses	–	18.000
Bezerras de 0 a 8 meses	–	18.000
----------------------	----------	36.000
Não Circulante		CM 100%
Imobilizado		
Reprodutores	10.000	20.000
(–) Depreciação Acumulada	.....	(2.500)
Matrizes	100.000	200.000
(–) Depreciação Acumulada	.....	(20.000)
	110.000	197.500
Total (Estoque + Reprodutores)	110.000	233.500

---

[1] Usamos um percentual Alto de Inflação (comum antes de 1996) apenas para melhor visualização dos efeitos nos resultados.

Durante o ano X2 (Vide páginas, no Capítulo 7, nas quais desenvolvemos os anos X2, X3 e X4.)

10.3 Custo médio dos reprodutores

1. Considera-se o rebanho, na época da apropriação, como o gado existente no [Ativo Circulante (Estoques) (–) nascimentos no exercício] + o gado existente no Ativo Não Circulante Imobilizado (reprodução);

2. Entende-se como o custo total dos nascimentos *os valores gastos com os reprodutores e as matrizes*, uma vez que estes geram os bezerros e as bezerras;

3. Divide-se o custo total com o rebanho pelo número de cabeças existentes (conforme item 1), encontrando-se o CUMR (Custo Unitário de Manutenção do Rebanho);

4. Multiplica-se o CUMR pelo número de matrizes + reprodutores, obtendo-se o *custo total dos nascimentos*;

5. Divide-se o custo total dos nascimentos pelo número de bezerros e bezerras nascidos no ano, encontrando-se finalmente o *custo unitário dos nascimentos*.

Exemplo

Suponhamos que a empresa Agropecuária ABC S.A. efetue a apropriação dos custos do rebanho em 31-12-X6 e disponha naquela data dos seguintes dados:

– Custo total com o rebanho: $ 190.000
– Rebanho:

Ativo Circulante

Bezerros*	50	
Bezerras*	48	
Novilhos	412	
Novilhas	390	
	900	cabeças

Nascidos no exercício anterior:

Ativo Não Circulante (Imobilizado)

Reprodutores	50	
Matrizes	950	
	1.000	cabeças

Nascimentos:

Bezerros	200	
Bezerras	200	
Total do Rebanho	2.300	cabeças

1º) *Encontramos o CUMR (Custo Unitário de Manutenção do Rebanho):*

$$\text{C.U.M.R.} = \frac{\text{Custo total com o rebanho}}{\text{Rebanho } (-) \text{ nascimentos}}$$

$$\text{C.U.M.R.} = \frac{\$\ 190.000}{2.300\ (-)\ 400}$$

$$\text{C.U.M.R.} = \frac{190.000}{1.900}$$

C.U.M.R. = $ 100 cabeça

2º) *Encontramos o custo total com matrizes e reprodutores ou custo total dos nascimentos:*

Custo total dos nascimentos = CUMR × (nº de matrizes + reprodutores)
Custo total dos nascimentos = $ 100 × 1.000
Custo total dos nascimentos = $ 100.000

3º) *Encontramos o custo unitário dos nascimentos:*

$$\text{Custo total dos nascimentos} = \frac{\text{Custo total dos nascimentos}}{\text{nº de nascimentos}}$$

$$\text{Custo unitário dos nascimentos} = \frac{\$\ 100.000}{400}$$

Custo unitário dos nascimentos = $ 250/cabeça

4º) *Efetuamos as apropriações dos custos ao rebanho, conforme valores encontrados acima:*

Ativo Circulante

Novilhos	412 × $ 100	= $ 41.200[2]
Novilhas	390 × $ 100	= $ 39.000[2]
Bezerros – exist.	50 × $ 100	= $ 5.000[2]
Bezerras – exist.	48 × $ 100	= $ 4.800[2]
Bezerros – nascim.	200 × $ 250	= $ 50.000[2]
Bezerras – nascim.	200 × $ 250	= $ 50.000[2]
Total dos custos apropriados		= $ 190.000[2]

---

[2] Será somado ao custo anterior.

10.4 Custo específico

Esta seria a forma mais específica de custos, segundo a qual transferir-se-ia para o bezerro nascido todo o custo da matriz: depreciação, alimentação (incluindo a exaustão da pastagem), cuidados veterinários, mão de obra etc.

Da mesma forma faríamos com o touro. Nesse caso, haveria necessidade de estimar quantos bezerros o touro pode gerar no ano (relação vaca/touro), para distribuir os custos proporcionais por bezerro.

Embora esse seja o melhor método, a grande inconveniência está na apuração do custo específico por gado reprodutor ou ainda pelos reprodutores.

De maneira geral, os controles nas fazendas são precários, dificilmente conseguindo-se identificar os custos para o rebanho de corte, diferenciando-se do rebanho reprodutor.

Dada a dificuldade operacional encontrada nessa forma de cálculo, deixaremos de fazer exemplificações.

10.5 Custo corrigido considerando os bezerros a nascer

Mensalmente apurar-se-iam todos os custos diretos ao rebanho, tais como: alimentação do gado, suplementação, mão de obra, encargos sociais, depreciação do rebanho do Imobilizado, exaustão das pastagens, manutenção das pastagens, despesas com veterinários, transportes e fretes etc.

Em seguida, faz-se um levantamento do número de cabeças existentes no rebanho, seja gado de corte ou gado de reprodução (Ativo Circulante + Ativo Não Circulante).

Divide-se o custo do mês pelo número de animais, apurando-se o custo médio mensal por cabeça. A seguir, dá-se um tratamento diferenciado ao gado do Circulante e do Não Circulante.

Ativo Circulante: corrige-se monetariamente o estoque até essa data: acumula-se o custo, corrigindo-se o custo médio mensal por cabeça e atualizando-se o valor do rebanho ao preço do custo histórico corrigido.

Ativo Não Circulante: evidentemente, os animais de reprodução não receberão custos. Observe que, por se tratar de itens do Ativo Não Circulante, pela contabilidade no Brasil, esse rebanho estava corrigido monetariamente. Sugerimos a continuidade da correção para fins gerenciais.

O custo médio mensal do rebanho de reprodução será transferido ao seu produto final, ou seja, aos bezerros, os quais equivalem ao estoque numa empresa industrial.

Na verdade, assim como na indústria, há dois tipos de estoques: acabado e em formação. Na pecuária, pode-se denominar o estoque acabado como o bezerro nascido, que se desenvolverá de forma independente dos seus pais; como estoque em formação, tem-se o bezerro no ventre de sua mãe (observe que ele já absorve custo: manutenção das vacas grávidas).

Dessa forma, no rateio do custo médio mensal dos bezerros, devem-se considerar os nascidos no mês e aqueles a nascer. Os nascidos receberiam custos proporcionais e passariam a fazer parte do Ativo Circulante com avaliação. Os a nascer receberiam "custos a ratear" ou a apropriar. Esse custo, a ser distribuído, comporia uma conta também no Ativo Circulante.

Critério para distribuição de custo aos bezerros

Está-se diante de um sistema de custo por processo em que os produtos são padronizados, destinados ao estoque e não para clientes específicos (segundo determinadas especificações).

Neste sistema observa-se como característica o agrupamento dos custos para um período de tempo (normalmente um mês) para, em seguida, distribuir os custos aos produtos acabados no período e aos produtos em processo (em andamento) de forma proporcional.

O custo a ser atribuído ao estoque em formação, de maneira proporcional, terá uma base de equivalência de unidade de produção. Dessa forma, de acordo com o tempo de gravidez de cada matriz, tem-se a equivalência a uma unidade produzida (um bezerro). Assim, uma matriz grávida de dois meses e outra grávida de sete meses (total: nove meses) equivalem, para fins de distribuição de custo, a um bezerro nascido.

Exemplo:

Admita que uma fazenda apresente o seguinte rebanho em 31-12-X4:

Ativo Circulante	Cabeças	Em $
Novilhos(as) de 19 a 24 meses	500	300.000
Novilhos(as) de 9 a 18 meses	900	351.000
Bezerros(as) de 0 a 8 meses	1.500	490.000
Bezerros(as) a nascer (custo a apropriar)	–	256.400
	2.900	1.397.400
Ativo Não Circulante		
Touros	600	346.000
Matrizes	6.000	2.198.000
Total do Não Circulante	6.600	2.544.000
Total Geral	9.500	3.941.400

Admita-se que os nascimentos sejam distribuídos durante o ano, o que prejudica sensivelmente este exemplo. O ideal seria que houvesse estação de monta planejada e, consequentemente, os nascimentos se concentrassem em determinado período do ano.

Em janeiro de X5 foram constatados os seguintes dados:

- Inflação do mês (variação da UFIR):[3] 5%
- Custo de manutenção do rebanho no mês de janeiro: $ 102.600
- Bezerros nascidos no mês: 404

- Custo médio mensal por cabeça: $\dfrac{102.600}{9.500 \text{ cab.}} = \$\ 10,80$

- Custo relativo a estoque: 2.900 × $ 10,80 = 31.320

- Custo relativo ao permanente: $\dfrac{6.600}{9.500} \times 10,80 = \dfrac{71.280}{102.600}$

Distribuição do custo para o estoque:

Novilhos 19-24:	500 × 10,80 =	5.400
Novilhos 9-18:	900 × 10,80 =	9.720
Bezerros 0-8:	1.500 × 10,80 =	16.200
	2.900	... 31.320

EQUIVALÊNCIA DE PRODUÇÃO

INVENTÁRIO DAS VACAS GRÁVIDAS		EQUIVALENTE DE PRODUÇÃO	
Tempo de gravidez	Nº de matrizes	Multiplicador	Unidade equival.
1 mês incompleto	420 ×	1/9	46,67
2 meses incompletos	395 ×	2/9	87,78
3 meses incompletos	390 ×	3/9	130,00
4 meses incompletos	420 ×	4/9	186,67
5 meses incompletos	400 ×	5/9	222,22
6 meses incompletos	380 ×	6/9	253,33
7 meses incompletos	410 ×	7/8	318,87
8 meses incompletos	405 ×	8/8	360,00
9 meses incompletos	380 ×	9/9	380,00
TOTAL	3.600		1.985,54
Vacas não grávidas	2.400		

---

[3] Considere para fins didáticos.

Bezerros a nascer: 3.600 (que correspondem a 1.986 unidades inteiras)

Unidades inteiras nascidas: 404
Unidades a nascer: 1.986
Unidades inteiras: 2.390

$$\text{Custo por bezerro} = \frac{\text{Custo médio mensal + custo a apropriar corr.}}{\text{Unidades inteiras}}$$

$$\text{Custo por bezerro} = \frac{\$\ 71.280 + 256.400 \times 1,05}{2.390}$$

$$\text{Custo por bezerro} = \frac{344.064}{2.390} = \$\ 143,96$$

Bezerros nascidos: 404 × $ 143,96 = $ 58.159

Bezerros a nascer: 1.986 × $ 143,96 = $\dfrac{\$\ 285.905}{\$\ 344.064}$

Assim, os $ 71.280 tiveram uma distribuição algébrica de $ 58.159 para os nascidos e de $ 13.121 ($ 71.280 − $ 58.159) para os a nascer. Note que esta é uma distribuição meramente algébrica, para efeito de preenchimento do mapa a seguir. Na verdade, os $ 58.159 referentes aos bezerros nascidos originam-se de parte dos custos a apropriar (bezerros a nascer do saldo de 31-12-X4).

REBANHO EM 31-01-X5

Ativo Circulante	Mês Anterior				Mês Atual		Total Geral	
	Unidades	Valor Hist.	Inflação	Valores Corr.	Unidades	Custo Mensal	Unidades	Valores Corr.
Novilhos(as) de 19-24 meses	500	300.000	1,05	315.000	–	5.400	500	320.400
Novilhos(as) de 9-18 meses	900	351.000	1,05	368.550	–	9.720	900	378.270
Bezerros(as) de 0-8 meses	1.500	490.000	1,05	514.500	–	16.200	1.500	530.700
Bezerros(as) de 1 mês	–	–	–	–	404	58.159	404	58.159
Bezerros(as) a nascer	–	256.400	1,05	269.220	–	13.121	–	282.341
Total	2.900	1.397.400	–	1.467.270	404	102.600	3.304	1.569.870

Observações:

1. Abre-se uma linha para bezerros(as) recém-nascidos(as). Doravante tem-se de proceder dessa forma, pois os nascimentos são distribuídos no ano (só assim pode-se controlar o custo por lote). Veja que, se o período de nascimento fosse planejado, seria muito mais simples, podendo-se operar com categorias anuais, sem prejuízo. Ainda na hipótese de estação de monta controlada, pode-se encerrar o balanço após os nascimentos, não aparecendo no Ativo Circulante a conta Bezerros a Nascer. Nesse processo do exemplo, sempre haverá vacas grávidas; portanto, sempre haverá a conta Bezerros a Nascer.

2. Por esse mapa, sempre se tem o custo unitário. Por exemplo, se se quisesse vender novilhos de 19-24 meses, saber-se-ia que o seu custo atualizado é de $ 640,80 ($ 320.400/500). Um bezerro nascido no mês custa, em média, $ 143,96. E assim sucessivamente.

3. Não se fizeram mapas para o Imobilizado, pois, neste exemplo, esse tipo de rebanho não recebe custo.

4. Para fazer a equivalência de produção, utilizam-se coeficientes médios. A rigor, não se pode trabalhar com o coeficiente 9, pois ele só se adequa aos bezerros nascidos. Todavia, a defasagem é irrelevante para o coeficiente médio 8,5.

5. Pode ocorrer, em certas circunstâncias, que o valor de " Bezerros a Nascer" seja reduzido em virtude do elevado índice de nascimento em relação a vacas grávidas. Nesse caso, na coluna "Custo Mensal", do mapa, tem-se valor negativo na linha "Bezerros a Nascer", que se transfere para "Bezerros de um Mês". Note que nesta coluna, para os itens "Bezerros(as)", tem-se meramente operações algébricas, e não uma distribuição real do custo mensal.

6. As mortes deverão ser baixadas do mapa de custos por serem consideradas perdas, não onerando, portanto, o rebanho.

7. Havendo possibilidade de separar custos referentes à manutenção do rebanho permanente, tem-se valores mais reais para os bezerros recém-nascidos e a nascer. Dessa maneira, seria distribuído o custo do rebanho em estoque (para corte) entre as cabeças do Circulante e o custo do rebanho de reprodução entre os bezerros (nascidos no mês e a nascer).

8. Neste caso, não há preocupação com as mudanças de categorias. Como já foi visto, para a atividade sem planejamento de nascimentos, há necessidade de se distribuir o rebanho em categorias de períodos curtos. Principalmente quando há inflação alta, em alguns casos, há necessidade de se dividir o rebanho em idade mensal.

TESTES

1. O cálculo do Custo do Bezerro:
   - ( ) a) É irrelevante
   - ( ) b) É relevante
   - ( ) c) Depende do tamanho da empresa
   - ( ) d) N.D.A.

2. O cálculo pelo custo médio é:
   - ( ) a) O mais adequado
   - ( ) b) O menos adequado
   - ( ) c) O mais usado
   - ( ) d) N.D.A.

3. O Custo Corrigido, considerando os bezerros a nascer, é:
   - ( ) a) O mais adequado
   - ( ) b) O menos adequado
   - ( ) c) O mais usado
   - ( ) d) N.D.A.

4. O Custo Específico é:
   - ( ) a) O mais adequado
   - ( ) b) O menos adequado
   - ( ) c) O mais usado
   - ( ) d) N.D.A.

5. A Depreciação da vaca é:
   - ( ) a) Transferida integralmente para o bezerro nascido
   - ( ) b) Transferida parcialmente para o bezerro nascido
   - ( ) c) Depende do critério de cálculo
   - ( ) d) N.D.A.

6. A Depreciação do touro é:
   - ( ) a) Transferida integralmente para o bezerro nascido
   - ( ) b) Transferida parcialmente para o bezerro nascido
   - ( ) c) Depende do critério de cálculo
   - ( ) d) N.D.A.

7. Bezerros a nascer:

( ) a) Já podem ser considerados para efeito de cálculo de custo
( ) b) Não devem ser considerados
( ) c) Todas as empresas pecuárias os consideram
( ) d) N.D.A.

8. O Custo de Manutenção de uma vaca que não gerou bezerro no ano:
( ) a) Rateia-se por todos os bezerros nascidos
( ) b) Contabiliza-se como Despesa
( ) c) Contabiliza-se como Perda
( ) d) N.D.A.

9. Em termos de cálculo do Custo do Bezerro:
( ) a) O ideal é considerar o valor de mercado
( ) b) É impossível de se calcular na maioria das fazendas
( ) c) É dispensável tal cálculo
( ) d) N.D.A.

10. Em termos de avaliação de touro e matriz:
( ) a) O ideal é considerar o valor de mercado
( ) b) É impossível de se calcular na maioria das fazendas
( ) c) É dispensável tal cálculo
( ) d) N.D.A.

EXERCÍCIOS

1. Em X5 a Fazenda Carolina tem 10 touros e 200 matrizes reproduzindo-se anualmente, com uma taxa de natalidade de 80%.

    Pede-se:
    - Quantos bezerros nasceram no ano de X5?
    - Pesquise, em média, quantos machos e fêmeas devem ter nascido.
    - Pesquise se o fato de haver um touro para vinte vacas (10/200) é que estava prejudicando a taxa de natalidade.

2. O custo da Fazenda Carolina em X5 foi de $ 10.000, não incluindo a depreciação. Os touros estão contabilizados por $ 1.000 cada, e as matrizes, $ 200, prevendo-se, tanto para touros como matrizes, uma vida útil de 5 anos.

    Pede-se:
    - Sem considerar a inflação, apresentar o custo-unitário do bezerro por um dos critérios possíveis para cálculo do custo do bezerro.

- Apresentar o balanço no final de X5.
- Com os dados das questões 1 e 2, comente os métodos de cálculo que não poderiam ser usados neste caso.
- Admitindo-se que os bezerros tivessem um preço de mercado de $ 120 cada, como ficariam as Demonstrações Financeiras?

3. Admita que em 30-12-X5 todas as vacas estavam prenhas (considerando a taxa de natalidade de 80%) para uma segunda reprodução. Como ficaria o custo dos bezerros nascidos e a nascer admitindo-se não haver inflação?

11

Atividades Rurais – Tratamento Tributário[1]

 VEJA NESTE CAPÍTULO

- Definição de atividade rural para fins de Imposto de Renda.
- A importância do planejamento tributário para escolher a forma menos onerosa de pagar Imposto de Renda.
- Formas de tributação.
- Pessoa física.
- Cálculo do resultado na exploração rural.

11.1 Definição de atividade rural para fins de Imposto de Renda

Para fins de classificação para Imposto de Renda, segundo a Receita Federal do Brasil, consideram-se como atividade rural: a exploração das atividades agrícolas e pecuárias; a extração e a exploração vegetal e animal; a exploração da apicultura, da avicultura, da suinocultura, da sericicultura, da piscicultura (pesca artesanal de captura do pescado *in natura*) e de outras de pequenos animais, além da transformação de produtos agrícolas ou pecuários, sem que sejam alteradas a composição e as características do produto *in natura*, que serão realizadas pelo próprio agricultor, ou criador, com os equipamentos e utensílios usualmente empregados em atividades rurais, onde utiliza-se exclusivamente matéria-prima produzida na área explorada, ou seja, descasque de arroz, conserva de frutas, moagem de trigo e milho, pasteurização e acondicionamento do leite, bem como do mel e do suco de laranja, os quais deverão ser acondicionados em embalagem de apresentação. Além disso, produção de

---

[1] Na atualização deste capítulo, agradecemos pela contribuição de Valdir Donizete Segato, da Segato Contabilidade (www.segatocontabilidade.com.br).

carvão vegetal e produção de embriões de rebanho em geral (independentemente de sua destinação, seja ela comercial ou de reprodução). Também é considerada atividade rural, o cultivo de florestas que se destinam ao corte para comercialização, consumo ou industrialização.

Não se considera atividade rural o beneficiamento ou a industrialização de pescado *in natura*; a industrialização de produtos, tais como bebidas alcoólicas em geral, óleos essenciais, arroz beneficiado em máquinas industriais, o beneficiamento de café (por implicar a alteração da composição e característica do produto); a intermediação de negócios com animais e produtos agrícolas (comercialização de produtos rurais de terceiros); a compra e a venda de rebanho com permanência em poder do contribuinte em prazo inferior a 52 dias quando em regime de confinamento, ou a 138 dias nos demais casos (o período considerado pela lei tem em vista o tempo suficiente para descaracterizar a simples intermediação, pois o período de permanência inferior àquele estabelecido legalmente configura simples comércio de animais); compra e venda de sementes; revenda de pintos de um dia e de animais destinados ao corte; arrendamento ou aluguel de bens empregados na atividade rural (máquinas, equipamentos agrícolas, pastagens); prestação de serviços de transporte de produtos de terceiros etc.

11.1.1 Receita da atividade rural

A receita bruta da atividade rural decorrente da comercialização dos produtos deverá ser sempre comprovada por documentos normalmente utilizados nesta atividade, tais como nota fiscal do produtor, nota fiscal de entrada, nota promissória rural vinculada à nota fiscal do produtor e demais documentos reconhecidos pelas fiscalizações estaduais.

Quando a receita bruta da atividade rural for decorrente da alienação de bens utilizados na exploração da atividade rural, a comprovação deverá ser feita por nota fiscal eletrônica ou ainda qualquer outra documentação hábil e idônea, por exemplo, contrato de compra e venda, recibos etc. onde necessariamente constem nome, CPF ou CNPJ, e endereço do adquirente, bem como a data e o valor da operação em moeda corrente nacional.

11.1.2 Resultado da atividade rural

Considera-se resultado da atividade rural a diferença entre os valores das receitas auferidas (inclusive as decorrentes de alienação de bens do ativo e as receitas financeiras) e das despesas incorridas no período de apuração, correspondentes a todas as unidades rurais exploradas pela pessoa jurídica rural.

11.1.2.1 Resultado da venda de reprodutores ou matrizes

Admite-se como de atividade própria das empresas que se dedicam à criação de animais os resultados provenientes da venda de reprodutores ou matrizes, bem como do rebanho de renda, qualquer que seja o montante do resultado dessa operação, desde que observado o período de permanência na empresa conforme a legislação do Imposto de Renda.

11.1.2.2 Resultado da venda do imobilizado

Integra o resultado da atividade rural, a alienação de todos os bens utilizados exclusivamente na produção rural, tais como tratores, implementos, equipamentos, máquinas, utilitários e benfeitorias incorporadas ao imóvel rural.

11.1.2.3 Alienação da terra nua

Na alienação de bens utilizados na produção, o valor da terra nua NÃO constitui resultado da atividade rural. Nesse caso, o ganho ou perda deve ser apurado de acordo com regras aplicáveis às demais pessoas jurídicas tributadas pelo lucro real.

11.2 A importância do planejamento tributário para escolher a forma menos onerosa de pagar imposto de renda

Planejar é preciso, e o planejamento com elisão fiscal é lícito e importante para as empresas rurais. Assim, conhecer o período da safra e da colheita, o momento que vai entrar o dinheiro no caixa, é de fundamental importância para a escolha da melhor forma de se pagar os impostos sobre as receitas de venda obtidas dessas safras. No Brasil, no caso das empresas Pessoas Jurídicas que se dedicam a atividades rurais, existem três formas tributárias: Simples Nacional, Lucro Presumido e Lucro Real. Por isso, o planejamento tributário é um direito do contribuinte e, desde que elaborado de forma legal e eficaz dentro da elisão fiscal, permite escolher o enquadramento que seja mais vantajoso em termos de economia de impostos e tributos a cada ano, baseado no planejamento estratégico e na projeção das receitas do referido ano.

11.3 Formas de tributação

11.3.1 Lucro Real

A atividade rural é beneficiada com determinados incentivos que somente podem ser utilizados pela pessoa jurídica quando tributada com base no lucro real.

A pessoa jurídica que desejar aproveitar o benefício fiscal concedido à atividade rural deve apurar o lucro real e o resultado ajustado (base de cálculo da CSLL) em conformidade com as leis comerciais e fiscais, inclusive com a manutenção do Livro

Eletrônico de Apuração do Lucro Real (e-Lalur) e do Livro Eletrônico de Apuração da Base de Cálculo da CSLL (e-Lacs), segregando contabilmente as receitas, os custos e as despesas referentes à atividade rural das demais atividades, tendo em vista que somente por meio da tributação pelo lucro real será possível proceder à correta determinação dos resultados da atividade rural com vistas à utilização dos incentivos.

O cálculo do Imposto de Renda devido pelas empresas rurais deve ser efetuado de acordo com os critérios aplicáveis às pessoas jurídicas em geral, cuja alíquota básica é de 15%. Destaca-se que estão sujeitas ao adicional de 10% sobre a parcela do lucro que ultrapassar o limite de R$ 20.000,00 para cada mês, abrangido no período de apuração. Os impostos deverão ser apurados por trimestre ou anualmente.

a) Apuração trimestral: as empresas tributadas pelo lucro real que se enquadrarem na apuração trimestral estarão sujeitas ao adicional quando o lucro apurado no trimestre exceder o limite de R$ 60.000,00 ou o valor correspondente ao resultado da multiplicação de R$ 20.000,00 pelo número de meses que compuserem o período de apuração.

b) Apuração anual: as empresas enquadradas no regime de estimativa que pagarem o Imposto de Renda mensalmente com base na receita bruta e acréscimos, estarão sujeitas ao adicional quando a base de cálculo do imposto ultrapassar o limite de R$ 20.000,00.

A pessoa jurídica deverá pagar o adicional do IRPJ quando o lucro real apurado no encerramento do ano-calendário ultrapassar o limite de R$ 240.000,00. No caso de período de apuração inferior a 12 meses, bem como de apuração procedida em balanços/balancetes intermediários, para fins de suspensão/redução do pagamento mensal do imposto, o limite será o valor resultante da multiplicação de R$ 20.000,00 pelo número de meses a que corresponder o respectivo período de apuração.

A regra geral de apuração do lucro real é trimestral. No entanto, a pessoa jurídica poderá optar pela apuração do lucro real anual sem prejuízo do recolhimento mensal do IRPJ e da CSLL, calculados com base em regime de estimativa. Nesse caso, o período de apuração encerra-se em 31 de dezembro do respectivo ano-calendário.

Para o cálculo do imposto de renda no lucro real, a pessoa jurídica deverá ratear proporcionalmente à percentagem que a receita líquida de cada atividade representar em relação à receita líquida total, ou seja, os custos e as despesas comuns a todas as atividades; os custos e as despesas não dedutíveis, comuns a todas as atividades, a serem adicionados ao lucro líquido na determinação do lucro real; os demais valores, comuns a todas as atividades, que devam ser computados no lucro real e no resultado ajustado (base de cálculo da CSLL).

Em relação à Contribuição Social devida com base no resultado efetivamente apurado pela pessoa jurídica que explora atividade rural, aplicam-se as regras comuns às demais pessoas jurídicas, com observância da possibilidade de se utilizar integralmente as despesas do ano da aquisição de bens do ativo imobilizado, adquiridos para uso na atividade rural, o que igualmente ocorre com o imposto de renda, conforme item 11.3.1.3.

11.3.1.1 Incentivos fiscais admitidos às pessoas jurídicas que optam pelo Lucro Real

a) Os bens do ativo não circulante imobilizado (máquinas e implementos agrícolas; veículos de cargas e utilitários rurais; reprodutores e matrizes etc.), exceto a terra nua, quando destinados à produção, podem ser depreciados, integralmente, no próprio ano-calendário de aquisição.

b) À compensação dos prejuízos fiscais e das bases de cálculo negativas da CSLL, decorrentes da atividade rural com o lucro da mesma atividade, não se aplica o limite de 30% de que trata os artigos 15 e 16 da Lei nº 9.065, de 1995.

11.3.1.2 Benefício dos bens do ativo não circulante imobilizado, depreciados integralmente

Com relação à escrituração do valor dos bens do ativo não circulante imobilizado, a pessoa jurídica pode optar pelo benefício de considerá-los como integralmente depreciados no ano-calendário de aquisição, mediante a aplicação da taxa normal a qual será registrada na contabilidade, e o complemento para atingir o valor integral do bem constituirá exclusão para fins de determinação da base de cálculo do imposto correspondente à atividade rural.

Na determinação do lucro real, o valor da depreciação excluído do lucro líquido deverá ser controlado na Parte B do e-Lalur e na Parte B do e-Lacs, e adicionado ao lucro líquido da atividade rural no mesmo valor da depreciação que vier a ser registrada a partir do período de apuração seguinte ao da aquisição, na escrituração comercial. Na alienação de bens do ativo imobilizado, o saldo da depreciação, existente na Parte B do e-Lalur e na Parte B do e-Lacs, será adicionado ao lucro líquido da atividade rural.

Exemplo: Uma pessoa jurídica, que explora atividade rural, adquiriu em 1º/01/2019 um trator agrícola por R$ 100.000,00 para uso exclusivo no plantio, na colheita e no transporte de produtos agrícolas. Considerando-se que a taxa de depreciação do utilitário rural é 20%, e que a empresa optou pelo pagamento de Imposto sobre a Renda e da CSLL por estimativa (balanço anual), o valor do incentivo fiscal de redução do lucro líquido para determinação do lucro real da atividade será determinado da seguinte forma.

Depreciação acelerada dos bens do Ativo Não Circulante – Imobilizado

Trator agrícola (máquinas e implementos rurais): valor R$100.000,00 e taxa de depreciação de 20% a.a.

Ano	ECD/Livro-Diário		Escrituração Fiscal e-Lalur/e-Lacs	
	Despesas de Depreciação	Depreciação Acumulada	Exclusão	Adição
2019	R$ 20.000,00	R$ 20.000,00	R$ 80.000,00	xxxx
2020	R$ 20.000,00	R$ 40.000,00	xxxx	R$ 20.000,00
2021	R$ 20.000,00	R$ 60.000,00	xxxx	R$ 20.000,00
2022	R$ 20.000,00	R$ 80.000,00	xxxx	R$ 20.000,00
2023	R$ 20.000,00	R$ 100.000,00	xxxx	R$ 20.000,00
TOTAL	R$ 100.000,00		R$ 80.000,00	R$ 80.000,00

O valor excluído de R$ 80.000,00 deverá ser controlado na Parte B do e-Lalur e na Parte B do e-Lacs.

O valor de R$ 20.000,00, correspondente à depreciação registrada na contabilidade a partir do período de apuração seguinte ao de aquisição do utilitário, deverá ser adicionado ao lucro líquido para determinação do lucro real.

Na apuração da base de cálculo da CSLL, deverá ser observado o mesmo procedimento adotado em relação à apuração da base de cálculo do imposto de renda da pessoa jurídica.

11.3.1.3 Custos ou despesas que podem ser atribuídos à atividade rural

Podem ser incluídos como custo ou despesa da atividade rural: o custo de demarcação de terrenos (cercas, muros ou valas); de construção ou de manutenção de escolas primárias e vocacionais; de dependências recreativas; de hospitais e ambulatórios para seus empregados; de despesas com obras de conservação e utilização do solo e das águas; de estradas de acesso e de circulação; de saneamento e de distribuição de água; despesas de compra, transporte e aplicação de fertilizantes e corretivos do solo; custo de construção de casas de trabalhadores; despesas com eletrificação rural; custo das novas instalações indispensáveis ao desenvolvimento da atividade rural e relacionados com a expansão da produção e melhoria da atividade.

11.3.1.4 Investimentos que podem ser atribuídos à atividade rural

Podem ser incluídos como investimento da atividade rural e imobilizados os seguintes itens: benfeitorias resultantes de construção, instalações, melhoramentos, culturas permanentes, essências florestais e pastagens artificiais, aquisição de tratores, implementos e equipamentos, máquinas, motores, veículos de carga ou utilitários, utensílios e bens de duração superior a um ano, e animais de trabalho, de produção e de engorda. Além de serviços técnicos especializados, devidamente contratados, visando a elevar a eficiência do uso dos recursos da propriedade ou da exploração rural; insumos que contribuam destacadamente para a elevação da produtividade, tais como reprodutores, sementes e mudas selecionadas, corretivos do solo, fertilizantes, vacinas e defensivos vegetais e animais; atividades que visem especificamente à elevação socioeconômica do trabalhador rural; prédios e galpões para atividades recreativas, educacionais e de saúde; estradas que facilitem o acesso ou a circulação na propriedade; instalação de aparelhagem de comunicação e de energia elétrica; e bolsas para a formação de técnicos em atividades rurais, inclusive gerentes de estabelecimento e contabilistas.

11.3.1.5 Como deverão ser comprovadas as receitas e as despesas de custeio, gastos e investimentos da atividade rural?

A receita bruta da atividade rural decorrente da comercialização dos produtos deverá ser sempre comprovada por documentos normalmente utilizados nesta atividade, tais como, nota fiscal de produtores, nota fiscal de entrada, nota promissória rural vinculada à nota fiscal do produtor, e demais documentos reconhecidos pelas fiscalizações estaduais. As despesas de custeio e os investimentos serão comprovados por meio de documentos idôneos, tais como nota fiscal, fatura, duplicata, recibo, contrato de prestação de serviços, laudo de vistoria de órgão financiador e folha de pagamentos de empregados, de modo que possa ser identificada a destinação dos recursos. Ressalte-se que de acordo com as regras da legislação fiscal que regem a dedutibilidade de despesas e custos, todos os gastos e dispêndios efetuados pela pessoa jurídica deverão obrigatoriamente encontrar-se lastreados e comprovados por documentos hábeis e idôneos, sob pena de serem considerados indedutíveis na determinação do lucro real para fins da apuração do IRPJ.

11.3.1.6 Avaliação de estoques

De acordo com a legislação do Imposto de Renda, os estoques de produtos agrícolas, animais e extrativos podem ser avaliados pelos preços correntes de mercado, segundo as práticas usuais de avaliação utilizadas em cada tipo de atividade. A faculdade de avaliar o estoque de produtos agrícolas, animais ou extrativos ao preço corrente de mercado aplica-se não só aos produtores, mas também aos comerciantes e industriais que operem com tais produtos. Essa possibilidade não impede que as empresas que exerçam atividades agropastoris ou extrativas adotem outro tipo de determinação do custo, desde que previsto em lei.

11.3.1.7 Diferimento da receita de avaliação do estoque

Segundo o artigo 16 da Instrução Normativa 257 SRF/2002, a contrapartida do aumento do Ativo em decorrência da atualização do valor dos estoques de produtos agrícolas, animais e extrativos destinados à venda, tanto em virtude do registro no estoque de crias nascidas no período de apuração, como pela avaliação do estoque a preço de mercado, constitui receita operacional que comporá a base de cálculo do Imposto sobre a Renda no período de apuração em que ocorrer a venda dos respectivos estoques.

A receita operacional mencionada anteriormente no período de sua formação constituirá exclusão do lucro líquido, e deverá ser controlada na Parte "B" do e-Lalur.

No período de apuração em que ocorrer a venda dos estoques atualizados, a sua entrega como permuta ou dação em pagamento com outros bens, a receita operacional controlada na Parte "B" do e-Lalur deverá ser adicionada ao lucro líquido para efeito de determinação do lucro real.

O mesmo tratamento fiscal de diferimento mencionado será aplicado à Contribuição Social sobre o Lucro Líquido, conforme o artigo 106 da Instrução Normativa 390 SRF/2004.

11.3.1.8 A escrituração das operações relativas à atividade rural

A forma de escrituração das operações é de livre escolha da pessoa jurídica rural, desde que mantenha registros permanentes com obediência aos preceitos da legislação comercial e fiscal, e às normas brasileiras de contabilidade emanadas pelo Conselho Federal de Contabilidade, devendo observar métodos ou critérios contábeis uniformes no tempo, e registrar as mutações patrimoniais segundo o regime de competência, sendo obrigatória a manutenção do e-Lalur para a apuração do lucro real, e do e-Lacs para apuração do resultado ajustado.

A escrituração deverá ser entregue em meio digital ao Sistema Público de Escrituração Digital (SPED) (DL 1.598, de 1977, art. 7º, § 6º, com redação dada pela Lei nº 12.973, de 2014, art. 2º).

11.3.2 Lucro Presumido ou Arbitrado

A pessoa jurídica que exerce atividade rural poderá optar pela tributação com base no lucro presumido, desde que não se utilize de qualquer um dos incentivos aplicáveis a essa atividade, observadas as normas aplicáveis às demais pessoas jurídicas.

A pessoa jurídica rural pagará o Imposto de Renda sobre o lucro arbitrado nas hipóteses e condições previstas para as demais pessoas jurídicas. Uma dessas hipóteses é que o fisco federal poderá descaracterizar os registros e as apurações contábeis por entender não compatíveis ou em conformidade com a legislação, e assim arbitrar o lucro determinando uma base de cálculo para o imposto de renda maior do que a do lucro presumido. O contribuinte pessoa jurídica também poderá a seu critério julgar que o arbitrado seja mais favorável que o presumido em casos onde não consiga comprovar a conformidade legal dos documentos e registros contábeis. Neste caso, 9,6%.

Na tributação com base no lucro presumido ou arbitrado, a apuração trimestral é obrigatória, qualquer que seja a atividade da pessoa jurídica.

Para efeito de determinação do lucro presumido ou arbitrado, as pessoas jurídicas que desenvolvem atividades rurais devem aplicar sobre a receita bruta apurada a cada trimestre o percentual de 8 (lucro presumido) ou 9,6% (lucro arbitrado), respectivamente, resultando desta forma na base de cálculo do lucro presumido do qual será calculado 15% de imposto de renda, observadas as mesmas regras do adicional de 10% para a parcela que exceder R$ 20.000,00 de lucro presumido por mês. À parcela assim determinada deverão ser acrescidos os ganhos de capital, os rendimentos e ganhos líquidos auferidos em aplicações financeiras, as demais receitas e os resultados positivos não abrangidos na receita bruta.

Em relação à Contribuição Social, as regras de cálculo da contribuição devida por pessoas jurídicas que exercem atividades rurais, optantes pela tributação do IRPJ com base no lucro presumido ou arbitrado, são as comuns aplicáveis a qualquer empresa optante por esse regime.

11.3.3 Simples Nacional

As pessoas jurídicas com atividade rural poderão optar pela tributação no Simples Nacional na condição de microempresas (ME) ou empresas de pequeno porte (EPP), desde que não incorram em nenhuma situação impeditiva.

Consideram-se ME ou EPP a sociedade empresária, a sociedade simples e o empresário a que se refere a Lei nº 10.406/2002, art. 966, devidamente registrados no Registro de Empresas Mercantis ou no Registro Civil de Pessoas Jurídicas, conforme o caso, desde que:

a) no caso da microempresa, aufira em cada ano-calendário receita bruta igual ou inferior a R$ 360.000,00; e
b) no caso da empresa de pequeno porte, aufira em cada ano-calendário receita bruta superior a R$ 360.000,00 e igual ou inferior a R$ 4.800.000,00.

O Simples Nacional é um regime tributário diferenciado e simplificado para cálculo e recolhimento de impostos e contribuições devidos pelas microempresas (ME) e empresas de pequeno porte (EPP), previsto na Lei Complementar nº 123/2006. Trata-se, portanto, de uma opção tributária que unifica o recolhimento dos seguintes impostos e contribuições:

Competência federal:

- Imposto sobre a Renda da Pessoa Jurídica (IRPJ);
- Imposto sobre Produtos Industrializados (IPI);
- Contribuição Social sobre o Lucro Líquido (CSLL);
- Contribuição para o Financiamento da Seguridade Social (COFINS);
- Contribuição para o PIS/PASEP;
- Contribuição Patronal Previdenciária (CPP) para a Seguridade Social, a cargo da pessoa jurídica, de que trata o art. 22 da Lei nº 8.212/1991, exceto no caso da microempresa e da empresa de pequeno porte que se dedique às atividades de prestação de serviços referidas no § 5º-C do art. 18 da Lei Complementar 123/2006.

Competência estadual e do Distrito Federal:

- Imposto sobre Operações Relativas à Circulação de Mercadorias e sobre Prestações de Serviços de Transporte Interestadual e Intermunicipal e de Comunicação (ICMS).

Competência municipal e do Distrito Federal:

- Imposto sobre Serviços de Qualquer Natureza (ISSQN).

Por meio da Solução de Consulta Disit nº 242/2009 da 8ª Região Fiscal (São Paulo), a Secretaria da Receita Federal do Brasil (RFB) se manifestou favoravelmente quanto à opção pelo Simples Nacional, bem como no sentido da aplicação do Anexo I para as receitas decorrentes da atividade rural.

As pessoas jurídicas que exploram a atividade rural na condição de ME ou EPP, optantes pelo Simples Nacional, devem apurar o valor devido mensalmente determinado, mediante aplicação da alíquota efetiva, calculada a partir das alíquotas nominais constantes da tabela do Anexo I da Lei Complementar nº 123/2006, alterada pela Lei Complementar nº 155/2016 sobre a base de cálculo, observando-se que devem ser segregadas as receitas brutas auferidas no mercado interno, e aquelas decorrentes da exportação.

Sobre a receita bruta auferida no mês, incidirá a alíquota efetiva determinada na forma do subtópico 13.3, podendo tal incidência se dar, à opção do contribuinte, na forma regulamentada na Resolução CGSN nº 140/2018 sobre a receita recebida no mês (regime de caixa), sendo essa opção irretratável para todo o ano-calendário.

Para tanto, o contribuinte deverá considerar destacadamente, para fim de pagamento, as receitas decorrentes da revenda de mercadorias-objeto da atividade rural das demais receitas, caso haja.

As alíquotas para o Simples Nacional variam conforme a faixa de faturamento acumulada nos últimos 12 meses, conforme demonstrado na tabela a seguir:

Receita Bruta Total em 12 meses	Alíquota	Quanto descontar do valor recolhido
Até R$ 180.000,00	4%	-x-x-x-
De 180.000,01 a 360.000,00	7,3%	R$ 5.940,00
De 360.000,01 a 720.000,00	9,5%	R$ 13.860,00
De 720.000,01 a 1.800.000,00	10,7%	R$ 22.500,00
De 1.800.000,01 a 3.600.000,00	14,3%	R$ 87.300,00
De 3.600.000,01 a 4.800.000,00	19%	R$ 378.000,00

A alíquota definida em cada faixa da tabela citada inclui os seguintes tributos: IRPJ, Contribuição Social, Pis, Cofins, Contribuição Previdenciária Patronal, e o ICMS.

Além desses tributos, as pessoas jurídicas que desenvolvem a atividade rural devem ainda recolher a contribuição previdenciária retida de contribuintes individuais, inclusive os titulares e sócios que lhes tenham prestado serviço (11%); a contribuição descontada dos empregados (8, 9 ou 11%), como também as contribuições à Previdência Social (2,1%) e ao SENAR (0,2%), retidas nas aquisições de produtos rurais de Produtores Rurais Pessoas Físicas – Segurado Especial e/ou Contribuinte Individual.

11.4 Pessoa Física

11.4.1 Quem se beneficia

Considera-se Atividade Rural para fins dos benefícios fiscais a este setor:

- agricultura;
- pecuária;
- extração e exploração vegetal e animal;
- exploração de apicultura, avicultura, cunicultura, suinocultura, sericicultura, piscicultura e outros cultivos de animais;
- transformação de produtos decorrentes da atividade rural, sem que sejam alteradas a composição e as características do produto *in natura*, que será feita pelo próprio agricultor ou criador com equipamentos e utensílios normalmente empregados nas atividades rurais, utilizando exclusivamente

matérias-primas produzidas na área rural explorada, tais como a pasteurização e o acondicionamento do leite, bem como do mel e do suco de laranja, acondicionados em embalagem de apresentação.

♦ A partir de 1977, foi considerado como atividade rural o cultivo de florestas que se destinam ao corte para comercialização, consumo ou industrialização.
♦ A venda de sêmen de reprodutor e produção de embriões em geral, alevinos e girinos em propriedade rural, independentemente de sua destinação (reprodução ou comercialização).

(Instruções Normativas SRF nº 138/90, 125/92 e 17/96).

Atenção: a inclusão, pela pessoa física ou jurídica, na apuração do resultado da atividade rural de rendimentos auferidos em outras atividades além das relacionadas com o objetivo de desfrutar de tributação mais favorecida, constitui fraude e sujeita o infrator à multa de 150% do valor da diferença do imposto devido (Lei nº 8.023/90, art. 18).

11.4.2 Como calcular o resultado na exploração rural

O art. 22 da Instrução Normativa SRF 17/96 regula a forma de apuração do resultado da atividade rural, a partir do ano-calendário de 1996, em face das modificações introduzidas pela Lei nº 9.250/95.

O resultado da exploração da atividade rural por pessoas físicas, a partir do ano-calendário de 1996, deverá ser feito mediante escrituração do livro-caixa, exceto para os contribuintes cuja receita anual dessa atividade seja de valor até R$ 56.000,00, estando estes dispensados da escrituração do livro.

A partir do ano de 2019, a RFB exige que os produtores rurais pessoas físicas que exploram a atividade rural nas condições previstas na Lei 8.023/1990 e alterações, regulamentada pela IN SRF 83/2001, fiquem obrigados ao cumprimento de uma nova obrigação acessória: o livro-caixa digital do produtor rural (LCDPR). A obrigação deverá ser cumprida por aqueles que auferirem (regime de caixa) receita bruta total superior a R$ 3,6 milhões em face da IN RFB 1.848/2018. O produtor rural poderá optar por enviar o LCDPR com receita bruta inferior a esse limite.

O resultado (lucro ou prejuízo) da atividade rural será apurado à base do regime financeiro (regime-caixa), ou seja, *Receitas Recebidas* menos *Despesas Pagas*.

A receita bruta da atividade rural é constituída pelo montante das vendas dos produtos oriundos das atividades definidas como rural, exploradas pelo próprio produtor-vendedor.

A receita bruta decorrente da venda dos produtos deverá ser comprovada por documentos normalmente utilizados, tais como nota fiscal de produtor, nota fiscal de entrada, nota promissória rural vinculada à nota fiscal do produtor e demais documentos reconhecidos pelas legislações estaduais.

As despesas de custeio e os investimentos são aqueles necessários à percepção dos rendimentos e à manutenção da fonte produtora, relacionados com a natureza da atividade exercida.

Consideram-se investimentos todas as aplicações de recursos financeiros que visem ao desenvolvimento da atividade para expansão da produção, ou melhor, da atividade rural (implementos agrícolas, corretivos, benfeitorias, eletricidade rural, reprodutores etc., exceto a terra nua).

Os bens utilizados na produção, quando vendidos, serão tratados como receita da atividade agrícola, exceto o valor da terra nua, que será tributado de acordo com a Lei nº 7.713/88.

As receitas, despesas e demais valores, que integram o resultado e a base de cálculo, serão expressos em reais (R$), na data do efetivo recebimento e pagamento.

Exemplo: o Sr. Elígio S. é um produtor rural domiciliado na cidade de Porto Feliz (SP). Durante o ano-calendário de 2019, ele realizou várias operações de venda de produtos agrícolas da colheita do ano de 2018, conforme as Notas Fiscais de Produtores emitidas no valor de R$ 720.000,00. Também adquiriu, durante o mesmo ano-calendário, vários implementos agrícolas, realizou várias construções rurais e pagamentos de mão de obra dos empregados etc., comprovados pelas respectivas notas fiscais e recibos, que totalizaram R$ 610.000,00.

O Sr. Elígio S. sempre escriturou o livro-caixa, principalmente nesse ano-calendário em que a Receita Bruta ultrapassou o valor mínimo de R$ 56.000,00, estabelecido na legislação do imposto de renda, o que torna obrigatória a exigência da escrituração. E, por último, ele possui um prejuízo a compensar, no valor de R$ 40.000,00.

Vejamos a apuração do Resultado Tributável, base de cálculo do Imposto de Renda Pessoa Física.

Em R$

Receita Bruta Total	01	1.000.000,00
Despesas de Custeio e Investimentos (Registrados e Apurados Livro-Caixa)	02	800.000,00
Resultado I	03	200.000,00
Prejuízo do Exercício Anterior	04	50.000,00
Resultado após a Compensação de Prejuízo	05	150.000,00
Opção pelo Arbitramento sobre a Receita Bruta Total (20%) da Linha 01	06	150.000,00
Resultado Tributável	07	75.000,00

O resultado tributável é decorrente da comparação entre os valores das linhas (05 e 06); o menor deles nesse caso é R$ 75.000,00.

Esse valor tributável, apurado no "Demonstrativo da Atividade Rural",[2] deverá ser somado aos demais rendimentos do Sr. Elígio S., se for o caso, para determinação da base de cálculo do Imposto de Renda pessoa física.

11.4.3 Tributação simplificada e parceria

O produtor rural poderá optar pelo cálculo do resultado (lucro) da atividade simplesmente aplicando o percentual de 20% sobre a Receita Bruta no ano-calendário.

Todavia, a pessoa física que optar por essa modalidade de tributação simplificada perderá o direito à compensação do total dos prejuízos.

Essa opção não dispensa o contribuinte da comprovação das receitas e despesas, qualquer que seja a forma de apuração do resultado.

É lógico que essa alternativa dificilmente será interessante, uma vez que não se deduzem os incentivos para fins de apuração da base de cálculo do imposto. Como já vimos, a lei permite que os investimentos (exceto a terra nua) sejam considerados despesas quando escriturados no livro-caixa.

Os arrendatários, os condôminos e os parceiros na exploração da atividade rural, comprovada a situação documentalmente, pagarão o imposto separadamente, na proporção dos rendimentos que couberem a cada um.

11.4.4 Prejuízos

O prejuízo apurado pela pessoa física poderá ser compensado integralmente com o resultado positivo obtido nos anos-calendário posteriores. Para compensação futura, o prejuízo deverá estar destacado em reais.

11.4.5 Outras considerações

A pessoa física fica obrigada à conservação e à guarda do livro-caixa e dos documentos fiscais.

---

[2] O demonstrativo da atividade rural é parte integrante da Declaração de Ajuste Anual, e deverá ser preenchido pelo contribuinte pessoa física que se enquadre em qualquer uma das condições a seguir:
   a) apurou resultado positivo da atividade rural, em qualquer montante, e desde que esteja obrigado a apresentar a Declaração de Ajuste Anual;
   b) o montante de sua participação nas receitas brutas das unidades rurais exploradas individualmente, em parceria ou condomínio, em 2009, por exemplo, foi superior a R$ 86.075,40, caso tenha exclusivamente receitas de atividade rural;
   c) deseja compensar saldo-prejuízo acumulado.

A pessoa física deve entregar esse demonstrativo completo, no caso de apresentação da declaração--modelo, ou de encerramento de espólio, ou saída definitiva do país.

Em 2019, a pessoa física que obteve receita bruta superior a R$ 142.798,50 em atividade rural ao longo de 2018 precisa declarar os valores recebidos. Outra hipótese de obrigatoriedade é para quem quer compensar prejuízos de outros anos. Se o contribuinte teve perdas na atividade rural de R$ 1 milhão em 2017, por exemplo, e lucro de R$ 1 milhão em 2018, ele poderá usar o prejuízo para compensar o lucro de 2018. Porém, para fazer isso é necessário ter registrado as perdas.

Após apurar o resultado (pelo Livro-caixa ou Simplificado), este será base de cálculo do imposto de renda devido.

Para o ano-calendário de 2019, a pessoa física determinará o Imposto de Renda devido, da seguinte forma:

Se a base de cálculo for de até R$ 28.559,70, ela estará isenta do pagamento do IR.

Dependendo da renda, a alíquota do Imposto de Renda varia nas seguintes faixas: 0%, 7,5%, 15%, 22,5% e 27,5%.

O imposto apurado poderá ser pago em até seis quotas iguais, mensais e sucessivas.

TESTES

1. Ficam isentas do IR (Demonstrativo da Atividade Rural) as pessoas físicas cuja receita bruta anual da atividade rural no ano-calendário de 2018 não ultrapasse o valor nominal de:
   ( ) a) R$ 100.000,00
   ( ) b) R$ 142.798,50
   ( ) c) R$ 28.559,70
   ( ) d) R$ 86.075,40

2. Em qual das alternativas seguintes a isenção ao IR é aplicada normalmente?
   ( ) a) Numa empresa constituída sob a forma de sociedades por ações.
   ( ) b) Numa empresa cujo titular, sócios e respectivos cônjuges participem com mais de 5% do capital de outra pessoa jurídica.
   ( ) c) Numa prestadora de serviços profissionais, importadora de produtos estrangeiros, imobiliárias etc.
   ( ) d) N.D.A.

3. Não podem ser consideradas atividades rurais:
   ( ) a) Apicultura (criação de abelhas) e sericicultura (bicho-da-seda).
   ( ) b) Venda de pescado *in natura* e avicultura (aves).
   ( ) c) Indústrias de transformação de produtos animais e vegetais.
   ( ) d) Indústrias extrativas vegetal e animal.

4. As pessoas jurídicas com atividade rural podem incluir no regime tributário receitas não operacionais, tais como:
   ( ) a) Receitas decorrentes de descontos obtidos de fornecedores de insumos e equipamentos agrícolas.
   ( ) b) Receitas financeiras de aplicações de recursos no período compreendido entre dois ciclos de produção.
   ( ) c) Receitas de aluguel ou arrendamento de pastos, depósitos, máquinas ou instalações, comprovadamente ociosos.
   ( ) d) Não podem incluir receitas não operacionais.

5. No caso de uma empresa de exploração simultânea de atividade rural e outra de atividade não rural, a alíquota do IR será de:
   ( ) a) 15% para ambos os casos, desde que mantidas as escriturações separadamente, considerando a alíquota adicional, se for o caso.
   ( ) b) 25% apenas para a atividade rural beneficiada e 30% para a outra, devendo haver discriminação na contabilização.
   ( ) c) 30% para ambos os casos, uma vez que a empresa se descaracteriza como exclusivamente agropastoril.
   ( ) d) 25% para a atividade rural beneficiada, mais o adicional sobre a atividade não beneficiada, mantendo os registros separadamente.

6. São empresas rurais propriamente ditas:
   ( ) a) As que desenvolverem atividades mercantis com produtos agropastoris, como revenda de sementes, animais para corte etc.
   ( ) b) As que transformarem produtos agrícolas e pecuários em subprodutos.
   ( ) c) As que se dedicarem a florestamento e reflorestamento, prestando serviços a terceiros, como administração e manutenção de serviços florestais.
   ( ) d) N.D.A.

7. A alíquota do Imposto de Renda – PJ – para venda de terrenos agrícolas será (quando houver lucro) de:
   ( ) a) 15%
   ( ) b) 30%
   ( ) c) 35%
   ( ) d) N.D.A.

8. A Cia. Rural Sol Nascente Ltda., com apuração do Lucro Real anual, adquiriu, em 1º de julho de 2019, uma máquina colheitadeira cuja vida útil é de 5 anos, por R$ 110.000,00 com financiamento obtido no Finame-Rural e, com periodicidade de pagamento anual, utilizou-se do benefício fiscal da depreciação acelerada.

Qual o valor do encargo da depreciação contabilizada em 31-12-2019?

( ) a) R$ 18.000,00
( ) b) R$ 22.000,00
( ) c) R$ 11.000,00
( ) d) R$ 110.000,00
( ) e) R$ 15.000,00

9. Qual a parcela a ser excluída em 31-12-2019, na apuração do Lucro Real correspondente ao benefício fiscal?

( ) a) R$ 110.000,00
( ) b) R$ 88.000,00
( ) c) R$ 11.000,00
( ) d) R$ 99.000,00
( ) e) R$ 22.000,00

10. Supondo que a referida empresa, em 2019, tenha optado pela apuração do Lucro Real trimestralmente, qual o valor da depreciação a ser adicionado ao Lucro Líquido para determinação do Lucro Real do terceiro trimestre de apuração (30-09-2019)?

( ) a) R$ 5.500,00
( ) b) R$ 11.000,00
( ) c) R$ 22.000,00
( ) d) R$ 5.000,00
( ) e) R$ 80.000,00

Com base nos dados a seguir, responda às Questões 11 e 12:

A Fazenda Brasil Verde S.A. tem como atividade principal a produção e a comercialização de sêmen e embriões para o mercado interno e externo. Durante o ano-calendário de 2019, ela recolheu Imposto de Renda Pessoa Jurídica e Contribuição Social sobre o Lucro com base na estimativa, e em 31-12-20X6 apurou o seguinte:

Receita Líquida da venda de embriões	R$ 180.000,00
Receita Líquida da venda de sêmen	R$ 100.000,00
Receita Líquida da venda de botijão para acondicionamento de sêmen e embriões	R$ 120.000,00
Custos e Despesas da venda de embriões	R$ 80.000,00
Custos e Despesas da venda de sêmen	R$ 80.000,00
Custos e Despesas da venda de botijão	R$ 100.000,00
Custos e Despesas Indedutíveis comuns às atividades exploradas pela empresa	R$ 30.000,00

11. Assinale a alternativa CORRETA:

    ( ) a) A produção e comercialização de sêmen não são consideradas atividades rurais.

    ( ) b) A produção e comercialização de sêmen e embriões são consideradas atividades rurais, e o resultado da atividade rural apurado pela empresa deverá incluir os decorrentes das operações acessórias (venda e custos) de botijões.

    ( ) c) A produção e comercialização de sêmen e embriões são consideradas atividades rurais, e o resultado apurado da atividade rural pela empresa não deverá incluir os decorrentes das operações acessórias (venda e custos) de botijões.

    ( ) d) A comercialização de botijões poderá ser considerada atividade rural ou comercial.

    ( ) e) A produção de sêmen e embriões é considerada atividade rural; todavia, sua comercialização não.

12. Um produtor rural "A" comprometeu-se a vender 3.000 sacos de arroz. Porém, a safra teve perdas, produzindo apenas 2.000 sacas. Para atender ao contrato, ele adquiriu do produtor rural "B", 1.000 sacas. O valor do contrato de venda da operação realizada pelo produtor rural "A" corresponde a R$ 36.000,00. Qual o valor da receita da atividade rural do produtor rural "A" em reais?

    ( ) a) R$ 36.000,00

    ( ) b) R$ 24.000,00

    ( ) c) R$ 12.000,00

    ( ) d) R$ 20.000,00

    ( ) e) R$ 30.000,00

EXERCÍCIOS

1. A Companhia Subdesenvolvida, empresa agropecuária, obteve uma receita de R$ 300.000 em X1.

    a) Seus custos foram:

– Mão de obra e encargos	R$ 100.000
– Mudas e sementes	R$ 22.000
– Custos	R$ 33.000

    b) Os investimentos no ano-base foram:

– Estradas	R$ 5.600
– Tratores	R$ 20.800

c) Despesas Operacionais (R$50.000)

Pede-se: calcular o Imposto de Renda a pagar da Cia. Subdesenvolvida.

2. A Agronegócios Sol Poente S.A. apresenta receita de R$ 100.000 e despesas de R$ 40.000. Houve um investimento em estábulo de R$ 20.000.

O Imposto de Renda devido pela empresa será de R$ _____.

Os investimentos que serão aproveitados, se houverem, serão de R$ _____.

3. Companhia Brasil Novo (pegar dados apresentados a seguir).

A empresa comprou cinco tratores no ano de 2019 por R$ 180.000 cada. No custo do produto vendido, constam adubos no valor de R$ 400.000. Com esses dados, preencha os espaços a seguir.

O Lucro Real para fins do cálculo de IR e deduzindo os investimentos é de R$ _____.

O Imposto de Renda a Pagar, à base de alíquota de _____ %, será de R$ _____ .

DRE em 2019

Receita Operacional	10.000.000
(–) Custo do Produto Vendido	(6.000.000)
Lucro Bruto	4.000.000
(–) Despesas Operacionais	
de Vendas	(500.000)
Administrativas	(800.000)
Financeiras	(700.000)
Dividendos	(1.000.000)
Lucro Operacional	3.000.000
(+) Alienação de Terras	1.000.000
Lucro antes do Imposto de Renda	4.000.000

4. A MarSeg – Agropecuária Ltda. teve uma receita bruta de R$ 490 mil e os seguintes dados durante o ano:

   a) Custos no valor de R$ 110 mil.

   b) A empresa construiu sede indispensável no período, no valor de R$ 50 mil.

   c) Houve receitas diversas no período:

   Lucro na venda de imóvel – R$ 50 mil

   Aluguel de pasto comprovadamente ocioso – R$ 5 mil

   Pede-se: apurar o Imposto de Renda devido no período.

12

O Fluxo de Caixa no Setor Rural

 VEJA NESTE CAPÍTULO

- A importância do fluxo de caixa.
- A demonstração do fluxo de caixa nos Estados Unidos.
- Regime de caixa × regime de competência.
- Estrutura do fluxo de caixa.
- Caixa modelo direto.
- Caixa modelo indireto.
- Analisando o fluxo de caixa.

Cremos que a experiência e os constantes debates sobre o uso do Fluxo de Caixa como principal relatório contábil no setor rural dos Estados Unidos, e agora no Brasil, são de grande interesse não só para a comunidade agropecuária brasileira, como também para os demais setores contábil-financeiros. A nova Lei das Sociedades Anônimas introduz essa demonstração (com o título **Demonstração dos Fluxos de Caixa**) no lugar da Demonstração de Origens e Aplicações de Recursos (DOAR). A Lei é a nº 11.638 de 2007.

12.1 Contabilidade à base do caixa (método de caixa) nos EUA

Esse é o método que a maioria dos negócios agropecuários usa nos EUA, dada sua simplicidade em considerar apenas os recebimentos e pagamentos. Quase a totalidade dos pequenos agropecuaristas usa esse método, em que o lucro no ano (resultado) é obtido *subtraindo* **das vendas recebidas** as **despesas pagas**. Acréscimos nos estoques agropecuários resultantes da atividade operacional, *como é o caso do crescimento do gado ou da plantação*, não são considerados ganhos por esse método, mas a acumulação de novas compras de insumos, como fertilizantes e outros, é considerada uma despesa do ano a partir do momento em que eles são pagos. Portanto, despesas como depreciação de prédios e máquinas, produtos consumidos pela família etc., não são consideradas como tal, pois não representam um efetivo desembolso de caixa.

Há diversas *vantagens* no uso desse método aos olhos de muitos administradores rurais nos EUA. Uma delas é sua **simplicidade**. Ao assumir esse método, o agropecuarista evita manter registros detalhados de estoques, depreciação etc. Além disso, reduz o pagamento, a princípio, de **Imposto de Renda**, por ocasião da compra de insumos à vista no ano corrente, admitindo que pelo menos parte dele será usada no ano seguinte. Assim, os administradores rurais podem controlar as flutuações anuais em seus lucros tributáveis – e, portanto, em seu Imposto de Renda devido pela manipulação do momento da venda e compra de seus insumos.

Em relação aos pecuaristas americanos que estão continuamente expandindo suas operações, usando esse método podem evitar desembolso com Imposto de Renda por um período de tempo, aumentando seu caixa líquido. Isso porque parte de sua criação mantida para crescimento/engorda (que provoca desembolso no caixa) será reconhecida antes da venda do gado (entrada dos recursos resultantes da venda). Dessa forma, consideram-se os desembolsos no caixa para a criação do rebanho, mas não se considera o ganho do crescimento, provocando uma sequência da redução do lucro tributável enquanto houver expansão do rebanho.

Os produtos rurais também reconhecem algumas *desvantagens* que esse método poderia ocasionar. Uma delas é a ocorrência da venda de uma produção que estava acumulada, à espera de um melhor preço. Essas vendas provocam um abrupto crescimento no lucro e, consequentemente, no Imposto de Renda a pagar. Outra desvantagem é que, por meio desse método, é proibido reduzir do lucro que gera o Imposto de Renda certas reduções (perdas) no ano corrente referentes a colheitas e animais.

12.1.1 Regime de Competência *versus* Caixa

Por outro lado, o regime de competência (ou econômico) é o preferido pelos profissionais contábeis, pois não há distorção na apuração do resultado (como ocorre no regime caixa); o lucro é reconhecido no ano em que ele é gerado (mesmo que não tenha ainda se transformado totalmente em caixa). Por meio desse método, é possível reconhecer as perdas na produção e no rebanho em estoque. Essas perdas podem reduzir o lucro tributável, diminuindo, portanto, o imposto devido.

O regime de competência considera as vendas geradas no período, enquanto o regime de caixa considera apenas as vendas recebidas (encaixe). No que tange à despesa, o primeiro considera as despesas consumidas, sacrificadas no período, enquanto o segundo considera apenas as despesas pagas (desembolsadas).

De maneira geral, o regime de caixa é considerado não científico, já que ele é manipulável. Vamos admitir uma empresa que em novembro constata um lucro elevado no acumulado do ano e, com isso, pagaria muito Imposto de Renda. Num regime caixa, o administrador poderia vender seus estoques para receber no início de janeiro, postergando recebimento (assim essas vendas passariam para o ano seguinte), e antecipar pagamentos de fornecedores, reduzindo, assim, seu lucro.

Por outro lado, enquanto a simplicidade caracteriza o método à base do caixa (tornando-se uma vantagem), a complexidade representa uma desvantagem para o uso da Contabilidade no regime de competência, principalmente para pequenos e médios negócios agropecuários, envolvendo um quadro muito mais amplo de registros contábeis, ajustes, provisões etc. De maneira geral, a utilização do regime de caixa num negócio agropecuário em expansão propicia, nos EUA, como já vimos, a princípio, reduções de Imposto de Renda.

Em termos de Imposto de Renda **no Brasil**, destacamos que, para a Pessoa Física, a apuração do resultado é à base do regime caixa, não sobrando alternativa para o pequeno e médio agropecuaristas. Todavia, ainda que poucos, há aqueles que fazem Contabilidade pelo regime de competência pensando num sistema de informação mais adequado para a tomada de decisão.

No que tange à Pessoa Jurídica, a tributação do Imposto de Renda incide sobre o resultado apurado pelo Regime de Competência (exceto se optar pelo lucro presumido), com ajustes adicionais previstos pelo Regulamento do Imposto de Renda. Dessa forma, para fins fiscais, a Contabilidade à base de caixa não tem valor.

12.2 Demonstração dos fluxos de caixa e sua importância na agropecuária quando integrada com o fluxo econômico

A partir de 1989, a Demonstração do Fluxo de Caixa (DFC) tornou-se obrigatória nos EUA, compondo o conjunto das demonstrações financeiras. No Brasil passa a ser obrigatória a partir de 2008.

A DFC ajuda, entre outras utilidades, a avaliar o **potencial** da empresa em gerar fluxos futuros de caixa, a honrar seus compromissos, pagar dividendos e identificar sua necessidade de recursos financeiros externos. A DFC melhor evidencia as razões das diferenças entre o lucro líquido e as entradas (recebimentos) e saídas (pagamentos), bem como os efeitos na posição financeira da empresa resultante das transações financeiras e não financeiras (operações que não afetam o caixa) durante um período.

A DFC poderá ser um instrumento importante para analisar a ligação entre o saldo de caixa líquido evidenciado no Balanço Patrimonial e o Lucro Líquido obtido por meio do regime de competência.

Normalmente, as instituições que concedem crédito rural avaliam o passado e querem projetar o desempenho futuro da empresa para tomar a decisão mais adequada na estipulação e na concessão do crédito. Os emprestadores de recursos analisam a viabilidade de um retorno de pagamento (ou seja, a capacidade de pagamento do tomador do empréstimo) a curto prazo por meio da DFC e a lucratividade e rentabilidade (considerando a diferença entre receita e despesa) por meio da Demonstração de Resultado, feita à base do regime de competência.

Tudo isso porque uma empresa pode gerar caixa sem ter lucro (venda de estoque a preço baixo, venda de ativo Não Circulante, acréscimo de contas a pagar), concluindo-se que só o caixa não revela todos os fatos. Por outro lado, uma empresa pode ter lucro e concomitantemente não conseguir pagar seus compromissos, sendo que só a apuração do resultado à base de competência não mede a verdadeira saúde financeira da empresa. Assim, a combinação dos dois fluxos (financeiro e econômico) permite uma melhor análise dos emprestadores do dinheiro.

Ainda que haja grande variação no resultado (lucro) entre os dois regimes, não invalida o método de caixa, pois ele é muito importante para diversas decisões a serem tomadas no âmbito financeiro. O que é importante é não usá-lo de maneira isolada, mas sempre em conjunto com outras demonstrações ou ainda integrando-o com a demonstração econômica.

12.3 Estrutura da demonstração dos fluxos de caixa

Para a finalidade de uma boa análise, a DFC é dividida em três grupos:

a) *Atividade Operacional:* envolve a produção e venda de bens e serviços relativos à atividade operacional da empresa. No setor rural, haveria necessidade de subtrair, além das despesas operacionais pagas, a retirada de dinheiro para a manutenção da família, que corresponde a salários de trabalho e administração dos mesmos.

b) *Atividade Referente a Investimento:* focaliza o fluxo de caixa para compra e venda de bens de capital (máquinas, implementos agrícolas), animais de reprodução (criação), planos de aposentadoria etc.

c) *Atividade de Financiamento:* inclui os financiamentos, empréstimos, amortizações da dívida, capital dos proprietários, operações com *leasing* etc.

Dessa forma, a DFC revela associações entre essas três categorias. Por exemplo, as operações de novos finaciamentos e empréstimos estão ligadas aos pagamentos realizados no período referente a esse tipo de dívida contraída no passado, na seção *atividade de financiamento*. Dentro da seção *atividade operacional*, há a indicação da disponibilidade do caixa para cobrir as despesas, os juros, as retiradas da família etc. Mostra ainda se a geração de caixa está sendo suficiente para cobrir os financiamentos na seção *atividade financeira*, e assim sucessivamente.

12.3.1 Método direto

A DFC pode ser dividida em método direto e método indireto.

O **método** chamado **direto** tem como principal vantagem mostrar as entradas (receitas) e saídas (despesas) do caixa operacional. O conhecimento desses montantes facilita a projeção de fluxos futuros. A comparação da DFC com o fluxo econômico é recomendada. De forma muito simples podemos apresentar esse método:

Atividades Operacionais
Receita Operacional Recebida (–) Despesas Operacionais Pagas de Vendas Administrativas Financeiras (juros etc.)
Caixa Gerado no Negócio + Outras Receitas Recebidas (–) Outras Despesas Pagas (–) Imposto de Renda Contribuições Pagas
Caixa Líquido após Impostos **Atividades de Investimentos** Aquisição de Não Circulante (–) Vendas de Não Circulante **Atividades de Financiamentos** Novos Financiamentos Aumento de Capital em Dinheiro (–) Dividendos
Resultado Financeiro Líquido

12.3.2 Método indireto

O **método** chamado **indireto** começa com o Lucro Líquido à base do regime de competência e os ajustes das transações das receitas e despesas que não afetam o caixa, mas que refletirão no resultado econômico, fazendo assim uma reconciliação entre os dois fluxos no que tange às atividades operacionais.

A principal vantagem do método indireto é que focaliza a diferença entre o lucro líquido econômico (DRE) e o lucro líquido financeiro (DFC), considerando as atividades operacionais. A primeira finalidade do relatório financeiro é prover informações sobre o desempenho do negócio por meio da apuração do resultado (lucro ou prejuízo) e seus componentes. Investidores, credores e outros que estão preocupados com uma avaliação prospectiva do fluxo líquido de caixa estão muito interessados nessas informações. Eles estão muito interessados em conhecer quanto vão ganhar no futuro, acima de qualquer outra informação. Demonstrações financeiras que mostram somente receitas e pagamentos do caixa durante um período de tempo, como um ano, não podem adequadamente indicar se o desempenho do negócio está com o sucesso desejado.

Se o método indireto é usado, as variações líquidas no ativo circulante são consideradas na seção *operacional*. Presumivelmente, essas considerações fornecem suficientes informações para analisar as principais mudanças nas contas do balanço. Contudo, para um ativo Não Circulante, com a exceção do rebanho de reprodução, acréscimos ou decréscimos brutos resultantes das entradas ou saídas do caixa são registrados na seção *investimentos da DFC*, a fim de mostrar os específicos investimentos ou desinvestimentos do negócio.

O procedimento é paralelo para o passivo, com o intuito de analisar os empréstimos com uma entrada de caixa. Novamente, se o método indireto é usado, somente os acréscimos ou decréscimos líquidos do passivo circulante são mostrados na seção *operacional*, enquanto os montantes do fluxo de caixa de novos empréstimos e pagamentos de financiamentos são registrados na seção *financiamentos da DFC* para passivos de prazo longo.

Para estruturar esse método, há necessidade de fazer alguns *ajustes* no Lucro Líquido obtido na Demonstração do Resultado à base de competência, para se comparar com o fluxo gerado pelo caixa. Seria praticamente a comparação de um fluxo econômico com o financeiro.

Por exemplo, a depreciação é uma despesa não desembolsada pelo caixa, mas que reduz o lucro na Demonstração de Resultado do Exercício à base de competência. Para reconciliar o Lucro Líquido com o Caixa Líquido, a depreciação deveria ser somada de volta ao Lucro.

Essa reconciliação é uma ferramenta muito útil para análise, principalmente das instituições que concedem crédito. Em pouco tempo, se entenderá a saúde financeira da empresa, relacionando-se com a situação econômica da mesma.

A DFC modelo indireto poderia ser estruturada assim:

Atividades Operacionais
Lucro Líquido (*Obtido na DRE – Fluxo Econômico*)
(+) Depreciação e outras despesas econômicas (*não afetam o caixa*)
Ajustes por mudança no Ativo Circulante
Aumento/Diminuição em Duplicatas a Receber
Aumento/Diminuição em Estoques etc.
Ajustes por mudança no Passivo Circulante
Aumento/Diminuição em Fornecedores
Aumento/Diminuição em Salários a Pagar etc.
Caixa Líquido nas Atividades Operacionais

Atividades de Investimentos
Aquisição de Ativo Não Circulante
(–) Vendas de Ativo Não Circulante
Atividades de Financiamentos
Novos Financiamentos
Aumento de Capital em Dinheiro
(–) Dividendos
Resultado Financeiro Líquido

Outra Maneira de Demonstrar as Atividades Operacionais no Modelo Indireto

Lucro Líquido Obtido na Demonstração do Resultado do Exercício
Ajustes:
Itens Referentes à Receita
Acréscimos/decréscimos na safra e animais de engorda (e outros estoques)
Acréscimos/decréscimos nas contas a receber na fazenda
Ganhos/perdas de capital na venda de reprodutores e implementos agrícolas
Total dos ajustes na receita para ser subtraído/somado ao L. Líquido
Itens Referentes a Despesas
Despesas de ativos não usados e itens ainda não pagos
Depreciação
Total dos ajustes na despesa a ser adicionado ao L. Líquido
Caixa Líquido Originado da Atividade Operacional

12.4 Análise do fluxo de caixa em negócios rurais

Como já vimos, a Demonstração do Fluxo de Caixa (DFC) proporciona informações necessárias principalmente para avaliar as atividades operacionais de um negócio rural. Se a análise for em conjunto com a Demonstração do Resultado do Exercício e o Balanço Patrimonial, podem ser obtidas importantes informações sobre o fluxo de caixa. Assim, para uma boa análise, a DFC, como sugerida no item anterior, é dividida em três partes: operacional, de investimentos e de financiamentos.

Para desenvolvimento de uma análise, vamos apresentar um exemplo:

O Caso "Boi Gordo e Animais Ltda." (adaptado de Thomas Frey e Arnold Oltmans) é um bom exemplo de análise.

"George Bem-Sucedido" tem uma fazenda de 88 alqueires onde ele produz grãos e cria gado. Seu rebanho consiste em 60 bovinos e, em média, 1.800 porcos ao ano. Em

20X6 ele obteve um Lucro Líquido de R$ 51.688. Todavia, usando a Demonstração do Fluxo de Caixa, podem ser reveladas informações sobre o negócio, não evidenciadas na Demonstração do Resultado do Exercício, que informou o lucro acima (R$ 51.688).

Por exemplo, na seção *Caixa Operacional*, é possível determinar se o Caixa que entrou referente à receita foi suficiente para pagar a despesa operacional, os juros, os impostos e as retiradas da família para sobreviver. George tem um caixa líquido de $ 47.688 após ter pago suas despesas em 20X6 (veja DFC a seguir).

Na seção *investimento* (veja a DFC), observamos a utilização de $ 15.000 do Caixa, principalmente em decorrência de novos investimentos. Na seção Operações de Financiamento, notamos um Caixa líquido cujo pagamento principal foi praticamente o dobro das novas entradas. Isso reflete fortemente na capacidade de pagamento da fazenda. George realmente reduziu as operações de empréstimos para $ 33.000 (comparando a liquidação de $ 46.000 contra os novos recursos de $ 13.000). No total, o Caixa usado em $ 36.000 indica um elevado pagamento de dívida para as instituições financeiras. O acréscimo líquido do Caixa foi de $ 3.312, reconciliados com o Balanço Patrimonial:

Balanço Patrimonial	Início de 20X6	Fim de 20X6
Caixa	$ 5.000	$ 1.688

O desempenho da atividade refletido no Caixa em 20X6 indica claramente uma forte restituição de empréstimos e a capacidade de financiar as operações com as próprias receitas operacionais geradas no negócio. Todavia, como pode ser visto na DFC – Modelo Direto, na sequência, não fica bem claro se os estoques foram vendidos a preços mais baixos e se permitiu contas a pagar com a finalidade de gerar caixa. Se isso for verdade, poderia ser vista nos dados da Demonstração de Resultado a base de regime de competência e, assim, traria problemas no futuro para geração de caixa.

A proposta de Reconciliação vista no Modelo Indireto elimina rapidamente esse risco. O primeiro sinal positivo é o Lucro Líquido de $ 51.688, ou seja, $ 4.000 a mais que o caixa líquido das operações. Nos ajustamentos realizados abaixo do item *receita*, a safra, os animais em estoque e outros estoques aumentaram em $ 11.000, significando um bom desempenho no futuro em termos de caixa. No item *despesas ajustadas*, a depreciação de $ 42.000 pode ser comparada com os novos investimentos mostrados na seção Investimentos, no valor de $ 30.000.

Assim, uma boa utilização do caixa aconteceu na reposição de bens de capital, embora numa taxa inferior à depreciação. Isso certamente trará implicações em anos futuros. Toda essa análise seria enriquecida na comparação com fluxos projetados e na comparação com a demonstração do ano anterior. Veja, a seguir, os dois fluxos referidos, modelos direto e indireto:

Demonstração de Fluxo de Caixa – Modelo Direto – Boi Gordo e Animais Ltda.	
Para o ano findo – 20X6	
Fluxo de Caixa decorrente das Atividades Operacionais	
Caixa recebido referente à produção agropecuária	325.000
Caixa pago para compra de ração	(19.312)
Caixa pago referente às despesas operacionais	(163.000)
Juros pagos no ano	(50.000)
Contribuições e impostos pagos	(17.000)
Lucro Financeiro Líquido	75.688
Retiradas para Manutenção da Família	(28.000)
Caixa Líquido Gerado pela Atividade Operacional	**47.688**
Fluxo de Caixa Gerado pelos Investimentos	
Caixa recebido de vendas de gado reprodutor (cria)	12.000
Caixa recebido de vendas de implementos agrícolas	7.000
Desembolso na compra de gado reprodutor	(2.000)
Desembolso na aquisição de implementos agrícolas	(28.000)
Desembolso para plano de aposentadoria	(4.000)
Caixa Líquido Decorrente de Investimentos	**(15.000)**
Fluxo de Caixa Gerado por Atividades Financeiras	
Amortização de Financiamento	(24.000)
Pagamento de Empréstimo	(46.000)
Novos Empréstimos	13.000
Novos Financiamentos	21.000
Caixa Líquido Resultante das Operações Financeiras	**(36.000)**
Decréscimo de caixa no período	(3.312)
Caixa no início do período de 20X6	5.000
Caixa no final do período de 20X6	1.688
Método Indireto	
Reconciliação do Lucro Líquido com o Caixa gerado na Atividade Operacional	
Lucro Líquido Obtido na Demonstração do Resultado do Exercício	51.688
Ajustes:	
Itens Referentes à Receita	
Acréscimo na safra e animais de engorda (e outros estoques)	11.000
Decréscimo nas contas a receber da fazenda	(1.000)
Ganhos/perdas de capital na venda de reprodutores e i. agrícolas	9.000
Total dos ajustes na receita para ser subtraído do L. Líquido	(19.000)
Itens Referentes à Despesa	
Despesas de ativos não usados e itens ainda não pagos	1.000
Depreciação	42.000
Total dos ajustes na despesa a ser adicionado ao L. Líquido	43.000
Retiradas da família para sua manutenção	(28.000)
Caixa Líquido Originado da Atividade Operacional	**47.688**

12.4.1 Um exemplo de análise da parte operacional da Demonstração dos Fluxos de Caixa

O **método** chamado **direto** tem como principal vantagem mostrar as entradas (receitas) e saídas (despesas) do caixa operacional. O conhecimento desses montantes facilita a projeção de fluxos futuros. A comparação da DFC com o fluxo econômico é recomendada. Na Cia. Exemplo, abaixo, no Quadro 1, os maiores recursos do recebimento do caixa para a operação da fazenda originaram-se da venda de gado e aves (49%) e safras e sementes (37%) conforme pode ser visto. Esses dois produtos resultam em 86% do total do caixa recebido de clientes durante o ano. O Quadro 2, na Cia. Exemplo, identifica os maiores desembolsos do caixa: despesas gerais e administrativas e retiradas da família, em 40% e 30%, respectivamente, do total do caixa pago durante o ano. Caixa usado para pagar sementes constitui também uma significativa porção (25%) do total pago. As comparações entre esses montantes propiciam informações valiosas para os usuários.

E a experiência ainda mostra que os emprestadores de recursos gostam mais do método direto porque os montantes pagos e recebidos são particularmente importantes na avaliação das necessidades de empréstimos externos e em sua capacidade de retornar o pagamento desses empréstimos.

Demonstração dos Fluxos de Caixa	
Cia. Exemplo	**Método Direto**
Fluxo de Caixa – Atividade Operacional Caixa Recebido de Clientes (Quadro 1) Caixa Pago para Fornecedores e Empregados Pagamento de Imposto de Renda Pagamento de Juros Juros Recebidos *Caixa Líquido gerado da Atividade Operacional*	$ 223.206,00 – 82.834,00 – 25.620,00 – 23.680,00 2.100,00 93.172,00
Quadro 1: Caixa Recebido de Clientes durante o Ano Gado Bovino e Aves Safras e Sementes Receita não Rural Investimentos Temporários Rebanho de Reprodução Recebimentos do Governo e Dividendos *Caixa Recebido de Clientes durante o Ano*	110.000,00 49,00% 82.145,00 37,00% 13.033,00 6,00% 6.640,00 3,00% 6.290,00 3,00% 5.098,00 2,00% 223.206,00 100,00%
Quadro 2: Caixa Pago para Fornecedores e Folha de Pagamento Despesa Administrativa e Geral Sementes Retiradas da Família Compra Referente a Rebanho Bovino e Aves Pagamentos a Empregados *Caixa Pago a Fornecedores e Folha de Pagamento*	33.134,00 40,00% 24.866,00 30,00% 20.780,00 25,00% 2.904,00 4,00% 1.150,00 1,00% 82.834,00 100,00%

Análise do Fluxo de Caixa: Método Direto/Recebimentos (Quadro 1 da Cia. Exemplo).

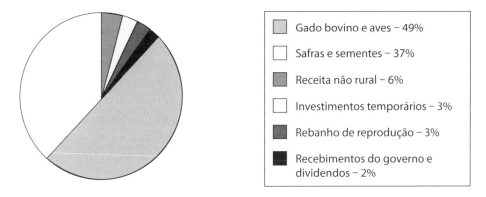

Análise de Caixa: Método Direto/Pagamentos (Quadro 2 da Cia. Exemplo).

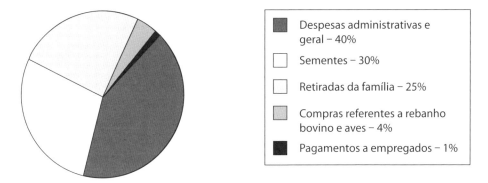

TESTES

1. Fluxo Financeiro é:
   ( ) a) Demonstração dos Fluxos de Caixa
   ( ) b) Demonstração do Resultado do Exercício
   ( ) c) Demonstração de Origens e Aplicação de Recursos
   ( ) d) As alternativas **a** e **c**

2. Fluxo Econômico é:
   ( ) a) Demonstração dos Fluxos de Caixa
   ( ) b) Demonstração do Resultado do Exercício
   ( ) c) Demonstração de Origens e Aplicação de Recursos
   ( ) d) As alternativas **a** e **c**

3. O Fluxo de Caixa no Brasil substituiu:
   ( ) a) Demonstração dos Fluxos de Caixa
   ( ) b) Demonstração do Resultado do Exercício
   ( ) c) Demonstração de Origens e Aplicação de Recursos
   ( ) d) As alternativas **a** e **c**

4. O Fluxo que foi criado em 1989 nos EUA foi:
   ( ) a) Demonstração dos Fluxos de Caixa
   ( ) b) Demonstração do Resultado do Exercício
   ( ) c) Demonstração de Origens e Aplicação de Recursos
   ( ) d) As alternativas **a** e **c**

5. Lucro pelo Regime de Competência está ligado a:
   ( ) a) Demonstração dos Fluxos de Caixa
   ( ) b) Demonstração do Resultado do Exercício
   ( ) c) Demonstração de Origens e Aplicação de Recursos
   ( ) d) As alternativas **a** e **c**

6. O Lucro poderá ser manipulado na:
   ( ) a) Demonstração dos Fluxos de Caixa
   ( ) b) Demonstração do Resultado do Exercício
   ( ) c) Demonstração de Origens e Aplicação de Recursos
   ( ) d) As alternativas **a** e **c**

7. Os Emprestadores de dinheiro gostam mais da:
   ( ) a) Demonstração dos Fluxos de Caixa
   ( ) b) Demonstração do Resultado do Exercício
   ( ) c) Demonstração de Origens e Aplicação de Recursos
   ( ) d) As alternativas **a** e **c**

8. O Investidor preferencialmente quer:
   ( ) a) Demonstração dos Fluxos de Caixa
   ( ) b) Demonstração do Resultado do Exercício
   ( ) c) Demonstração de Origens e Aplicação de Recursos
   ( ) d) As alternativas **a** e **c**

9. Para se apurar lucro em uma empresa usa(m)-se:
   ( ) a) Demonstração dos Fluxos de Caixa

( ) b) Demonstração do Resultado do Exercício
( ) c) Demonstração de Origens e Aplicação de Recursos
( ) d) As alternativas **a** e **b**

10. Modelos Diretos e Indiretos são peculiares de:
( ) a) Demonstração dos Fluxos de Caixa
( ) b) Demonstração do Resultado do Exercício
( ) c) Demonstração de Origens e Aplicação de Recursos
( ) d) As alternativas **a** e **c**

EXERCÍCIOS

1. Faça a análise da Demonstração dos Fluxos de Caixa pelo Método Indireto.

    O **método** chamado **indireto** começa com o Lucro Líquido à base do regime de competência e os ajustes das transações das receitas e despesas que não afetam o caixa, mas que refletirão no resultado econômico, fazendo assim uma reconciliação entre os dois fluxos no que tange às atividades operacionais, como pode ser visto:

Demonstração dos Fluxos de Caixa: Método Indireto – Cia. Exemplo	
Atividades Operacionais dos Fluxos de Caixa	
Lucro Líquido	$ 64.747
Ajustamentos para reconciliar o Lucro Líquido para o...	
Caixa Líquido gerado na Atividade Operacional	
– Depreciação e Amortização	$ 35.359
– Ganho na Venda de Caminhão e Máquinas	$ (11.800)
– Perda na Venda do Rebanho Reprodutor	$ 4.000
– Decréscimo nas Contas a Receber	$ 2.400
– Decréscimo nas Contas a Pagar e Despesas Incorridas	$ (1.534)
Caixa Líquido Gerado pelas Atividades Operacionais	**$ 93.172**
Investimentos e Financiamentos da Demonstração dos Fluxos de Caixa	
Caixa Líquido Gerado pela Atividade Operacional	$ 93.172
Caixa da atividade INVESTIMENTOS	
– Originado da Venda de Gado Reprodutor	$ 9.500
– Originado da Venda de Máquinas	$ 11.000
– Originado da Venda de Caminhão Rural	$ 800
– Pagamento por Compra de Máquinas	$ (47.500)
– Pagamento por Conta de Plano de Aposentadoria	$ (1.950)
– Outros Pagamentos	$ (1.060)
Caixa Líquido Gerado na Atividade Investimentos	**$ (19.210)**

Caixa da atividade FINANCIAMENTOS	
Pagamento de Títulos de Curto Prazo	$ (41.000)
Pagamento de Títulos de Longo Prazo	$ (29.970)
Amortização de Financiamento	$ (13.000)
Caixa Líquido usado em atividade de Financiamento	$ (83.970)
Decréscimo Líquido no Caixa	$ (10.008)
Caixa no Início do Período	$ 33.000
Caixa no Final do Ano	$ 22.992

2. Uma outra abordagem – Projeção da DFC

Há os que tratam a DFC como uma ferramenta para administradores, investidores e credores para importantes tomadas de decisões. Administradores podem usar a DFC para ajudar a melhorar os ganhos e crescimento do negócio. Percebendo como os lucros de seus clientes estão aumentando, sua expansão e prosperidade, investidores e credores estão especialmente interessados em saber do potencial do retorno de seus créditos para aqueles clientes. Para tanto, dois fundamentais usos da DFC são possíveis: (a) *análise do desempenho* passado e (b) *análise de projeções para o futuro*. Há diversas outras abordagens disponíveis, porém o método apresentado neste estudo utiliza-se de índices de análise e modelos hipotéticos de análise da DFC.

Na análise do desempenho passado, a primeira meta é gerar informações adicionais para administradores, investidores e credores. Detalhes sumarizados proporcionam uma visão das atividades operacionais, investimentos e financiamentos para importantes decisões gerenciais. A análise do desempenho passado avalia as fontes do caixa, o uso do caixa e o crescimento e expansão do negócio.

No que se refere às previsões de fluxo de caixa operacional, diversas pesquisas contábeis têm sido realizadas. A maioria desses estudos utiliza-se de vários modelos matemáticos para as projeções anuais de fluxos futuros de caixa. Os autores, todavia, abordam as reconciliações com o lucro líquido apurado pelo regime de competência como um importante instrumento para projeções, baseando-se nos dados registrados no passado.

Faça uma projeção hipotética para a Boi Gordo e Animais Ltda. neste capítulo e depois analise os aspectos relevantes.

Bibliografia

ANCELES, Pedro Einstein dos Santos. *Tributação da Renda e do Patrimônio Rural*. Escola de Administração Fazendária (Esaf), 1999.

AYER, W.; WILLETT, Gayle S. The tax reform act of 1986. Western regional extension. *Publication 106*, Universidade do Arizona, Dec. 1987.

BRASIL. Decreto n° 9.580, de 22 de novembro de 2018. Regulamenta a tributação, a fiscalização, a arrecadação e a administração do Imposto sobre a Renda e Proventos de Qualquer Natureza. Disponível em: http://www.planalto.gov.br/ccivil_03/_ato2015-2018/2018/decreto/D9580.htm. Acesso em: 31 ago. 2019.

BRASIL. Ministério da Economia. *Perguntas e Respostas Pessoa Jurídica 2019*. Disponível em: http://receita.economia.gov.br/orientacao/tributaria/declaracoes-e-demonstrativos/ecf-escrituracao-contabil-fiscal/perguntas-e-respostas-pessoa-juridica-2019. Acesso em: 16 out. 2019.

BURCKEL, Dary; DUGHTREY, Zoel W.; WATTERS, Michael P. Analysing an agribusiness statement of cash flows. *Agribusiness*. New York: John Wiley, 1991, v. 7.

CABRA, Hector Horário Murcia. Administración de empresas agropecuarias. *Temas de Orientación Agropecuaria*. Bogotá, 1974.

COAD. *Atividades rurais*: tratamento tributário. Disponível em: http://www.coad.com.br/files/trib/html/pesquisa/ir/em31563.htm. Acesso em: 03 set. 2019.

COMITÊ DE PRONUNCIAMENTOS CONTÁBEIS. *Pronunciamento Técnico CPC 04 – Ativo Intangível*. Disponível em: http://www.cpc.org.br/CPC/Documentos-Emitidos/Pronunciamentos/Pronunciamento?Id=35. Acesso em: 18 out. 2019.

COMITÊ DE PRONUNCIAMENTOS CONTÁBEIS. *Pronunciamento Técnico CPC 06 – Operações de arrendamento mercantil*. Disponível em: http://www.cpc.org.br/CPC/Documentos-Emitidos/Pronunciamentos/Pronunciamento?Id=37. Acesso em: 18 out. 2019.

COMITÊ DE PRONUNCIAMENTOS CONTÁBEIS. *Pronunciamento Técnico CPC 16 – Estoques*. Disponível em: http://www.cpc.org.br/CPC/Documentos-Emitidos/Pronunciamentos/Pronunciamento?Id=47. Acesso em: 18 out. 2019.

COMITÊ DE PRONUNCIAMENTOS CONTÁBEIS. *Pronunciamento Técnico CPC 26 – Apresentação das Demonstrações Contábeis*. Disponível em: http://www.cpc.org.br/CPC/Documentos-Emitidos/Pronunciamentos/Pronunciamento?Id=57. Acesso em: 18 out. 2019.

COMITÊ DE PRONUNCIAMENTOS CONTÁBEIS. *Pronunciamento Técnico CPC 27 – Ativo Imobilizado*. Disponível em: http://www.cpc.org.br/CPC/Documentos-Emitidos/Pronunciamentos/Pronunciamento?Id=58. Acesso em: 18 out. 2019.

COMITÊ DE PRONUNCIAMENTOS CONTÁBEIS. *Pronunciamento Técnico CPC 28 – Propriedade para investimento*. Disponível em: http://www.cpc.org.br/CPC/Documentos-Emitidos/Pronunciamentos/Pronunciamento?Id=59. Acesso em: 18 out. 2019.

COMITÊ DE PRONUNCIAMENTOS CONTÁBEIS. *Pronunciamento Técnico CPC 29 – Ativo Biológico e Produto Agrícola*. Disponível em: http://www.cpc.org.br/CPC/Documentos-Emitidos/Pronunciamentos/Pronunciamento?Id=60. Acesso em: 18 out. 2019.

D'AURIA, Francisco. *Contabilidade rural*. 4. ed. São Paulo: Nacional, 1956.

DUNN, Daniel J.; FREY, Thomas L. Discriminant analysis of loans for cash grain farm. *Agricultural Finance Review*, 36, 1976.

FREY, Thomas; OTMANS, Arnold. The statement of cash flows. *AGRI Finance*, Universidade de Illinois, p. 4-89.

FRÚGOLI, Lourenço E. *Administração contábil e financeira na empresa agropecuária*. Fundap. Secretaria da Agricultura do Estado de São Paulo, 1977.

GASPAR, Luiz Carlos. *Contabilização e controle do rebanho*. Apostila. Fazenda Guará Agroindustrial, 1981.

HAREAU, Fernando. *Contabilidade agropecuaria*. 3. ed. Buenos Aires: Hemisfério Sul, 1977.

IUDÍCIBUS, Sérgio de. *Teoria da contabilidade*. São Paulo: Atlas, 1982.

IUDÍCIBUS, Sérgio de; MARION, José C. *Dicionário de termos contábeis*. 2. ed. São Paulo: Atlas, 2005.

IUDÍCIBUS, Sérgio de; MARTINS, Eliseu; GELBCKE, Ernesto Rubens. *Manual de contabilidade das sociedades por ações*. São Paulo: Atlas, 1981.

JACINTO, Roque. *Contabilidade industrial*. São Paulo: Brasiliense, 1981.

JAMES, Sydney C. *Farm accounting and business analysis*. Iowa: State University Press/Ames, 1974.

JEFFREY, A. G. *Contabilidade agropecuaria*. 2. ed. Zaragoza: Acribia, 1986.

LEITE, Nilza Teixeira. *Contabilidade rural*. Apostila. Faculdade de Agronomia e Zootecnia "Manuel Carlos Gonçalves". Departamento de Ciências Sociais Rurais, 1979.

LOPES DE SÁ, A. *Dicionário de contabilidade*. 7. ed. São Paulo: Atlas, 1986.

MANUAL DE CONTABILIDADE RURAL. Editado pelo Cebrae, 1977. CEAG-MG.

MARION, José Carlos. *Contabilidade básica*. 10. ed. São Paulo: Atlas, 2009.

MARION, José Carlos. *Contabilidade da pecuária*. São Paulo: 8. ed. Atlas, 2006.

MARION, José Carlos. *Contabilidade empresarial*. 10. ed. São Paulo: Atlas, 2009.

MARION, José Carlos. *Custo de suínos e análise de balanços na agropecuária*. São Paulo: New University, 1985.

MARION, José Carlos. *Depreciação na agropecuária* – XII Jornada de Contabilidade, Economia e Administração do Cone Sul – 14 a 17 de novembro de 1984. Porto Alegre.

MARION, José Carlos. *Informações objetivas*. Temática Contábil. Boletins n°s 31, 32 e 33/83 (com republicações atuais).

NEVES E VICECONT, Silvério; PAULO E. V. *Imposto de renda pessoa jurídica*. Frase, 1998.

PENSON JR., John B.; LINS, David A. *Agriculture finance*: an introduction to micro and macro concepts. Englewood Cliffs: Prentice Hall, 1980.

RAMOS, Alkíndar de Toledo. *O problema da amortização dos bens depreciáveis e as necessidades administrativas das empresas*. Boletim nº 54, FEA/USP.

RECOMENDATION of the farm financial standards task force: financial guidelines for agricultural producers. Texas, Texas A & M University, College Station, 1991.

REGULAMENTO DO IMPOSTO DE RENDA aprovado pelo Decreto nº 3.000 de 26 de março de 1999.

ROCHI, Carlos Antonio de. Custo unitário de produção pecuária (cálculo e aplicações). *Revista Paulista de Contabilidade*, nº 460. Sindicato dos Contabilistas de São Paulo.

SANTIAGO, Alberto Alves. *Pecuária de corte no Brasil central*. Secretaria da Agricultura do Estado de São Paulo, Instituto de Zootécnica.

SEGER, Daniel J.; LINS, David A. Cash versus accrual measures of farm income. *North Central Journal of Agricultural Economics*, Universidade de Illinois, v. 8, nº 2, July 1986.

TENÓRIO e MAIA, IGOR e JOSÉ MOTTA. *Dicionário de direito tributário*. 3. ed. Consulex, 1999.

TIBAU, Arthur Oberlaender. *Pecuária intensiva*. 4. ed. São Paulo: Nobel, 1978.

VALLE, Francisco. *Manual de contabilidade agrária*. São Paulo: Atlas, 1983.

VALLE, Francisco; ALOE, Armando. *Contabilidade agrícola*. 5. ed. São Paulo: Atlas, 1976.

Índice Remissivo

A

Agropecuária integrada com o fluxo econômico, 211
Ajuste a valor justo, 105
Alienação da terra nua, 191
Almoxarifado, 81
Amortização, 61, 62, 71
Análise
    da parte operacional da demonstração dos fluxos de caixa, 218
    do fluxo de caixa em negócios rurais, 215
Animais de trabalho, 99
Ano agrícola × exercício social, 3
Apicultura, 2
Apuração
  anual, 192
  de resultado, 89
  do custo
    inventário periódico, 86
    inventário permanente, 89
  trimestral, 192
Arboricultura, 2
Arrendamento, 9
Associação na exploração da atividade agropecuária, 8
Atividade(s)
  agrícola, 2, 4, 11
  agroindustrial, 2
  de financiamento, 212
  operacional, 212
  pecuária, 5
    tipos de, 98
  referente a investimento, 212
  rural, 189
    classificação para Imposto de Renda, 189
    no Código Civil, 7
    tratamento tributário, 189
  zootécnica, 2
Ativo(s)
  biológicos, 9, 11, 12, 37
    aspectos tributários, 50
    classificação do gado para corte e para reprodução, 99
    contabilização do, 48
    cultura agrícola, 62
    em formação, mensuração quando não há mercado ativo na condição atual, 46
    florestas e espécies vegetais de menor porte, 68
    pecuária, 66
  circulante, 99
  de longo prazo de maturação, 44
    que promovem colheitas sucessivas, 44
    que promovem uma única colheita final, 46
  não circulante, 99
Aumento da vida útil na cultura permanente, 26
Avaliação
  de estoques, 195
  de mercado objetiva e estável, 156
  do bezerro, 157
  na mudança de categoria
    anual, 159
    e no encerramento do balanço, 159

semestral, 159
  no encerramento do balanço, 160
Avicultura, 2

B

Balanço patrimonial, 80, 101
  classificação do gado no, 98
Bens do ativo não circulante imobilizado, benefício dos, 193

C

Cálculo(s) do custo
  do bezerro, 175
  do gado vendido e das novilhas transferidas, 126
Cana-de-açúcar, 69
Capital
  de exercício, 8
  fundiário, 8
Casos de depreciação, 62
Ciclo operacional, 100, 155
Classificação
  do gado
    no balanço patrimonial, 98
    para corte e para reprodução, 99
  dos encargos financeiros na cultura permanente, 27
Colheita, 11, 18
  da cultura permanente, 23
Comodato, 9
Condomínio, 9
Confrontação da despesa, 153, 160
Contabilidade
  à base do caixa (método de caixa) nos EUA, 209
  agrícola, 3
  agropecuária, 3
  da agroindústria, 3
  da pecuária, 3, 97, 115, 141
  de ativos biológicos, 37
  rural, 3
  zootécnica, 3
Contabilização
  das despesas financeiras na cultura permanente, 26
  do ativo biológico, 48
    conforme o CPC 29, 165
  pelo método de custo, 115
Crescimento natural, 155
Cria, 98
Criação de animais, 2
Critério para distribuição de custo aos bezerros, 182
Cultura(s)
  agrícola, 62
  hortícola e forrageira, 2
  permanente, 21, 24, 44
    aumento da vida útil, 26
    classificação dos encargos financeiros, 27
    colheita ou produção da, 23
    contabilização das despesas financeiras, 26
    custos indiretos, 24
    divulgação adicional, 28
    início da depreciação, 26
    perdas extraordinárias, 26
    que promovem colheitas sucessivas, 44
    que promovem uma única colheita final, 46
    tratos culturais da, 22
  semiperenes, 21
  temporárias 1, 17
    considerando o valor justo, 39
Cunicultura, 2
Curto e longo prazos na pecuária, 100
Custo(s)
  atribuídos à atividade rural, 194
  corrigido, 144
  considerando os bezerros a nascer, 176, 181
  de armazenamento, 19
  de cultura, 18
  de produção, 104
  × despesa, 18
  do gado vendido e das novilhas transferidas, 126
  específico, 176, 181
  extracontábeis, 142

com correção monetária dos
  estoques, 143
histórico, 115
  críticas ao, 139
  dados para o exemplo, 117
  exceções aceitas, 140
  técnica para utilização na pecuária, 116
indiretos na cultura permanente, 24
médio
  do rebanho, 175, 176
  dos reprodutores, 176, 179
na pecuária, 139
por hectare, 65

D

Demonstração
  do resultado do exercício, 80, 103
  dos fluxos de caixa, 211, 212
Depreciação, 26, 61, 62, 66
  do gado de reprodução, 67
  na agropecuária, 61
Despesa do período, 18
Diferimento da receita de avaliação do
  estoque, 196
Dividendos, 157

E

Empresário, 7
Empresas rurais, 1
Engorda, 98
Entendimento fiscal na agropecuária, 62
Escrituração das operações relativas à
  atividade rural, 196
Estoques, 81
Exaustão, 61, 62, 68
  das pastagens, 70
Exercício social e imposto de renda, 6

F

Financiamentos para custeio, 26
Florestas e espécies vegetais de menor
  porte, 68
Fluxo(s)
  contábil na atividade agrícola, 17

de caixa
  de ativo biológico oriundo de planta
    portadora, 52
  de ativos florestais replantados, 48
  descontado, 47
  no setor rural, 209
Forma(s)
  de tributação, 191
  jurídica de exploração na agropecuária, 6
  menos onerosa de pagar Imposto de
    Renda, 191
Forrageiras, 70
Frustração ou retardamento de safra
  agrícola, 26

G

Gado(s), 2
  bovino, 98
  de renda, 99
  reprodutor, 99

I

Imobilizado, 83
Impairment test, 74
Implementos agrícolas, 63, 64
Imposto de Renda, 158, 191, 210
Incentivos fiscais admitidos às pessoas
  jurídicas que optam pelo lucro real, 193
Início da depreciação na cultura
  permanente, 26
Insubsistências ativas, 106, 107
Inventário(s), 84
  periódico, 85
    apuração do custo, 86
    operacionalização do plano de contas, 87
  permanente, 85
    apuração do custo, 89
Investidor agropecuário com a propriedade
  da terra, 8
Investimentos que podem ser atribuídos à
  atividade rural, 195

L

Lançamentos contábeis, 91

Lucro
 líquido
  econômico, 213
  financeiro, 213
  presumido ou arbitrado, 196
  real, 191

M

Mão de obra não produtiva, 66
Matéria-prima, 81
Método(s)
 a valor de mercado, 107, 108
 de avaliação
  do ativo, 38
  pelo preço de mercado, 153
 de custo, 107
 direto, 213
 indireto, 213
Momento da avaliação, 158
Mudança
 de preço, 168
 física, 168

N

Nascimento(s) do bezerro, 110
 método do valor de mercado, 110
 métodos de custo, 111
 planejados, 158
Necessidade de custo, 142

O

Operacionalização do plano de contas, 84, 87
Outros gastos, 105

P

Parceiro
 outorgado, 9
 outorgante, 9
Parceria, 8
Pastagem, 70
 artificial, 70
 natural, 70

Pasto
 cultivados, 70
 nativo, 70
Pecuária, 2, 66
Perdas extraordinárias, 26
Pessoa
 física, 6, 199
 jurídica, 6
Piscicultura, 2
Planejamento tributário, 191
Planificação contábil na atividade agrícola, 79
Plano de contas, 100
Plantas portadoras, 44, 45
Preço
 corrente de mercado, 107
 real de custo, 107
Prejuízos, 202
Produção
 agrícola, 11
 da cultura permanente, 23
Produto(s)
 acabado, 81
 agrícola, 9
  com colheitas em períodos diferentes, 5
 em elaboração, 81
Produtor rural autônomo, 7
Provisionamento das despesas de distribuição, 160

R

Ranicultura, 2
Rateio do custo do rebanho em formação, 118, 120, 124, 126, 178
Realização da receita, 153
Receita(s)
 da atividade rural, 190
 realizada antes da venda, 154
Reconhecimento da receita na pecuária, 155
Recria, 98
Recuperação do ativo, 74
Regime de competência versus caixa, 210

Resultado
  da atividade rural, 190
  da venda de reprodutores ou matrizes, 191
  da venda do imobilizado, 191

S

Sericicultura, 2
Simples Nacional, 197
Sistema auxiliar de contas, 90, 104
Sociedade
  civil, 7
  comercial, 7
  empresária, 7
  rural, 7
Superveniências ativas, 106

T

Taxa(s)
  de depreciação, 71
  de desconto, 47
Término do exercício social com cultura ou colheita em andamento, 93
Transformação biológica, 11
Tratos culturais da cultura permanente, 22
Tributação simplificada e parceria, 202

V

Valor justo, 12, 107
  dos ativos biológicos de uma cultura temporária, 42
Variação patrimonial líquida, 105, 106